Anna Greve
Kolonials Erbe in Museen

Edition Museum | Band 42

Anna Greve (PD Dr. phil.), geb. 1973, ist Kunsthistorikerin und Privatdozentin der Universität Bremen. Sie leitet das Referat »Museen, Staatsarchiv, Landesarchäologie, Landesamt für Denkmalpflege, Obere Denkmalschutzbehörde, Kulturgutschutz« beim Senator für Kultur der Freien Hansestadt Bremen.

Anna Greve

Koloniales Erbe in Museen

Kritische Weißseinsforschung in der praktischen Museumsarbeit

[transcript]

Bibliografische Information der Deutschen Nationalbibliothek
Die Deutsche Nationalbibliothek verzeichnet diese Publikation in der Deutschen Nationalbibliografie; detaillierte bibliografische Daten sind im Internet über http://dnb.d-nb.de abrufbar.

Umschlaggestaltung: Kordula Röckenhaus, Bielefeld
Umschlagabbildung: Ngozi Schommers: (Un)Framed Narratives, 2017. Installation in der Ausstellung »Der blinde Fleck. Bremen und die Kunst in der Kolonialzeit«, Kunsthalle Bremen, © Ngozi Schommers
Lektorat: Eltje Böttcher
Druck: Majuskel Medienproduktion GmbH, Wetzlar
Print-ISBN 978-3-8376-4931-4
PDF-ISBN 978-3-8394-4931-8
https://doi.org/10.14361/9783839449318

Gedruckt auf alterungsbeständigem Papier mit chlorfrei gebleichtem Zellstoff.
Besuchen Sie uns im Internet: *https://www.transcript-verlag.de*
Unsere aktuelle Vorschau finden Sie unter
www.transcript-verlag.de/vorschau-download

Inhalt

incipe[1]

1 Siehe hierzu die letzte Fußnote im Buch.

Vorwort
Vier Gründe für die Beschäftigung mit dem kolonialen Erbe

Die Beschäftigung mit dem kolonialen Erbe in deutschen Museen mag auf den ersten Blick als ein randständiges Spezialthema erscheinen.[1] Hält man jedoch inne und fragt sich grundsätzlich, welche gesellschaftliche Funktion Museen im 21. Jahrhundert eigentlich (noch) haben, erweisen sich die Fragen nach historischer Verantwortung und gegenwärtiger Identität als zentral. Die Gründungsgeschichte von Museen ist untrennbar mit der Epoche der Aufklärung im 18. Jahrhundert und dem Kolonialismus verbunden. Dies wirkt bis heute fort.

1 Da ich mich im Folgenden auf das koloniale Erbe in deutschen Museen aus kunst- und museumswissenschaftlicher Perspektive konzentriere, soll an dieser Stelle explizit festgehalten werden, dass die Entstehungsgeschichte des deutschen Kolonialismus, seine Vergleichbarkeit zu demjenigen anderer europäischer Nationen und deren multiple Verflechtungen durch Territoriumsübernahmen entlang der Geschichte sowie der Einfluss der Kolonialisierten auf Entwicklungen in Europa umfangreiche weitere Themengebiete sind, die hier nicht einmal gestreift werden können. Vergleiche hierzu jüngst James Kitchen: Krieg gewonnen, Friedensschluss verloren? Frankreichs und Großbritanniens Kolonialreiche nach dem Ersten Weltkrieg, in: Aus Politik und Zeitgeschichte, Jg. 69 (2019), H. 15: Pariser Friedensordnung, S. 24-37. – Zudem sei angemerkt, dass die inhaltliche Arbeit an dem folgenden Text am 17. Juni 2019 beendet wurde und folglich den zu dem Zeitpunkt gegebenen Diskussionsstand des Themas in Deutschland berücksichtigt.

1. Eine diverse Gesellschaft benötigt die Anerkennung einer geteilten Geschichte

Koloniales Erbe ist die übliche deutsche Übersetzung des international gebräuchlichen Begriffs *colonial heritage*. Damit werden materielle Zeugnisse, Traditionen und Gedankenmuster gleichermaßen bezeichnet, die auf die Zeit des Kolonialismus zurückgehen und bis in die heutigen Gesellschaften sowohl ehemals kolonialisierter Länder als auch ehemaliger Kolonialmächte fortwirken. Ihre Geschichten sind durch eine strukturelle Machtasymmetrie geprägt und miteinander verflochten (*entangled history*). Ausdrücklich nicht gemeint ist ein Erbe im juristischen Sinne, das auch ausgeschlagen werden könnte.

500 Jahre Kolonialgeschichte – vornehmlich von Europa ausgehend – haben die Welt geprägt und bedürfen daher einer multiperspektivischen Aufarbeitung, um die verschiedenen Positionen zu verstehen, die es heute angesichts der gemeinsamen Erfahrung einer geteilten Geschichte gibt; im Englischen: *shared history*. Denn dies hat konkrete Auswirkungen auf die Weiterentwicklung Europas und das Verhältnis zu Menschen und Regierungen aus anderen Weltgegenden – und *vice versa*. Nachfahren/Nachfahrinnen von einst versklavten Menschen haben andere Interessen an Erinnerungspolitik als diejenigen, deren Vorfahren/Vorfahrinnen z.B. durch den Kolonialhandel reich wurden.

Es kann heute nicht alleine um die Frage einer möglicherweise vererbten Schuld gehen, die wiedergutgemacht werden könnte. Vielmehr müssen die Ausbeutungsstrategien analysiert und individuelle Emotionen zu dem Thema zur Kenntnis genommen und in einen Austausch gebracht werden. Mit Blick in die Zukunft gilt es, gemeinsam dafür einzutreten, dass die Allgemeinen Menschenrechte und die Grundwerte der Französischen Revolution *Freiheit*, *Gleichheit* und *Solidarität* tatsächlich für alle Menschen gelten und unteilbar sind. Denn dies sind die Errungenschaften der europäischen Aufklärung, die paradoxerweise in der Zeit des sich etablierenden Kolonialismus entwickelt wurden und heute die Attraktivität des Lebens in Europa ausmachen – zumindest für die meisten Menschen weltweit, unabhängig von dem Regierungssystem, in dem sie leben. Diese Diskrepanz ist ein wesentlicher Faktor für heutige Migrationsbewegungen, neben Naturkatastrophen und ökonomischer Ungleichheit. Vor diesem Hintergrund legen postkoloniale Theoretiker/-innen wie Dipesh Chakrabarty großen Wert darauf, dass die

Idee der Aufklärung nicht originär europäisch zu verorten sei, sondern als in einem globalen Entwicklungsprozess Entstandenes begriffen werden müsse.[2]

Vor dem Hintergrund dieses grundlegenden Themas von globaler Dimension nehmen Museen als Archive von Kunst- und Kulturobjekten eine besondere Rolle ein. Sie sind gesellschaftliche Wissensspeicher und haben seit ihrer Gründung die prominente Funktion, Orte der gesellschaftlichen Reflexion von Geschichte und Gegenwart zu sein. Das Deutsche Hygiene-Museum in Dresden widmete sich beispielsweise mit der sehr gut besuchten Ausstellung *Rassismus. Die Erfindung von Menschenrassen* (2017/18) der Konstruktion von ›Rasse‹ durch die Wissenschaft und durch das Museum als Institution.[3] Tatsächlich liegt es nahe, das Thema *Koloniales Erbe* in Museen anhand konkreter Beispiele exemplarisch zu reflektieren. Mein Ziel ist es, damit Anregungen für die praktische Arbeit im Museum in einer sich radikal verändernden Gesellschaft zu geben. Ich möchte Mut für neuartige Gedanken und Fragestellungen über Geschichte und Identität machen. Keinesfalls soll damit aber der Anspruch erhoben werden, dass sich die gravierenden Probleme von Migration und Armut vom Museum aus lösen ließen!

2. Kulturgeschichte ist ein transkultureller Prozess

Postkoloniale Museologie nimmt Museen im Kontext einer verflochtenen Weltkulturengeschichte in den Blick. Dabei geht es nicht nur um Objekte aus außereuropäischen Gegenden oder um interkulturelle Ansätze, sondern auch um veränderte Perspektiven auf den klassischen Kanon der europäischen Kunst- und Kulturgeschichte. So eröffnete ein schlichter Satz in der Ausstellung *Thomas Gainsborough (1727-1788) – die moderne Landschaft* (2018) in der Hamburger Kunsthalle eine neue Dimension auf diese heute wenig modern erscheinende Kunst. Es wurde in einem Wandtext darauf hingewiesen, dass die Gemälde zur Zeit des voranschreitenden Kolonialismus entstanden. Mit dieser Information werden sie nicht mehr nur als ein Blick der

2 Vgl. Dipesh Chakrabarty: Europa als Provinz. Perspektiven postkolonialer Geschichtsschreibung, Frankfurt a.M. 2010 (1. engl. Aufl. 2000).

3 Vgl. Susanne Wernsing, Christian Geulen, Klaus Vogel (Hg.): Rassismus. Die Erfindung von Menschenrassen. Ausst.-Kat. Deutsches Hygiene-Museum Dresden, Göttingen 2018; Naika Foroutan et al. (Hg.): Das Phantom »Rasse«. Zur Geschichte und Wirkungsmacht von Rassismus (= Schriften des Deutschen Hygiene-Museums Dresden, Bd. 13), Köln 2018.

englischen Oberschicht auf die Landschaft im 18. Jahrhundert wahrgenommen. Ihr Verständnis im Kontext der damaligen Globalgeschichte eröffnet neue Sichtweisen und Brückenschläge in die Gegenwart: Zäune verweisen auf Gutsbesitz, Bauern als Produzenten kommen nur marginal vor, es ist die Zeit der beginnenden Industrialisierung, und Großbritanniens Aufstieg lässt sich wesentlich auf die Versklavung von Menschen und den Kolonialismus zurückführen. Dieses Beispiel zeigt, dass es gar nicht immer um tiefgehende Spezialanalysen gehen muss, sondern bereits das Herstellen bisher nicht gemachter Bezüge das historische Material in einem neuen Licht erscheinen lässt. Dadurch werden Identitätsbildungen jenseits des Dualismus ›wir/die Anderen‹ möglich, etwa durch die Feststellung länderübergreifender Ausbeutungsmechanismen. Denn Fakt ist, dass Kultur zwar das ist, was eine Gemeinschaft kennzeichnet – also insbesondere Lebensformen, Wertesysteme, Glaubensrichtungen, Mentalitäten und Traditionen –, es aber kaum möglich ist, zu definieren, wo genau eine bestimmte Kultur aufhört und eine andere anfängt. Gerade in diesen Übergangszonen sind Kreativität und Innnovation besonders groß. Daher widmet sich beispielsweise die von Sanjay Subrahmanyam entwickelte *connected history*[4] oder die von Monica Juneja vertretene Globale Kunstgeschichte[5] vornehmlich mikrohistorischen Analysen kultureller Übergänge.

Der heute viel gebrauchte Begriff *Diversität* meint nicht nur Interkulturalität, sondern gesellschaftliche Vielfalt insgesamt, also hinsichtlich der Kategorien *Geschlecht, Alter, Kultur, körperliche und geistige Beeinträchtigung* sowie *unterschiedlicher individueller Lebensentwürfe* im Allgemeinen. Dem liegt zugrunde, dass sich Gesellschaften immer mehr ausdifferenzieren und es unter Wahrung der Freiheit des Einzelnen, sein Leben nach eigenem Ermessen zu gestalten, aktuell darum geht, die ebenfalls hart erkämpften gesellschaftlichen Grundwerte des deutschen Verfassungsstaates gegen kulturelle und politische Radikalisierungen von links und rechts zu verteidigen. Angesichts zunehmender individueller Wissenszugänge über digitale Medien und eines immer diverseren (potentiellen) Publikums müssen Museen als

---

4 Vgl. Sanjay Subrahmanyam: Connected Histories. Notes towards a Reconfiguration of Early Modern Eurasia, in: Modern Asia Studies, Nr. 31 (1997) 3, S. 735-762.

5 Vgl. Monica Juneja: Global Art History and the »Burden of Representation«, in: Global studies. Mapping Contemporary Art and Culture, hg. v. Hans Belting et al., Ostfildern 2011, S. 274-297; Interview mit Monica Juneja about Global Art History: http://trafo.hypotheses.org/576 (7.1.2019).

mit ihren Objektsammlungen an feste Orte gebundene Institutionen einmal mehr ihre gesellschaftliche Relevanz unter Beweis stellen. In Deutschland werden sie immer noch zu einem großen Teil aus Steuergeldern finanziert. Die Kulturpolitik erwartet von ihnen nicht nur die sachgerechte Bewahrung des kulturellen Erbes, sondern sieht sie gleichfalls mit einem kulturellen Bildungsauftrag betraut. »Warum brauchen wir Museen? Was haben ihre Inhalte mit mir zu tun?« sind daher legitime Fragen der Bürger/-innen, die in einem Zusammenhang mit globalen Entwicklungen stehen.

3. Die Macht der Farbe schafft Differenzen

Insbesondere infolge des von Jutta Held und Norbert Schneider ausformulierten Ansatzes der Sozialgeschichte,[6] Kunst als Ausdruck von Gesellschaftsverhältnissen zu verstehen, ist die Kritische Weißseinsforschung für mich persönlich eine überzeugende Methode, um die Frage nach dem kolonialen Erbe und seinen heutigen Auswirkungen sachgerecht einordnen und beurteilen zu können. Die Dekonstruktion traditioneller Sichtweisen ist dabei nicht als vernichtende Demontage, sondern als Befreiungsakt für neue Sichtweisen zu begreifen. Bilder werden insbesondere in Hinblick auf ihre Machtverhältnisse begründende und zementierende Funktion analysiert.

Kritische Weißseinsforschung – ein Wortungetüm, das bei seiner Erfindung 2005 auf viel Widerstand stieß – ist ein neuer Versuch, den Fokus der postkolonialen Analysen von den Rassismus-Opfern auf die ihn verursachenden Strukturen zu lenken.[7] Letztere sind häufig historisch bedingt und werden unbewusst fortgeschrieben. Angehörige der *weißen* Mehrheitsgesellschaft waren zunächst empört, da sie sich meistens ihrer Definition dessen, was als Norm gilt, nicht bewusst sind. Nicht die rassistischen Ideologien von rechtsextremen Gruppierungen, sondern der alltägliche Rassismus in der Mitte der deutschen Gesellschaft wurde in den Fokus genommen. Insbesondere linke Wissenschaftler/-innen und Feministen/Feministinnen sahen sich durch die Differenzierung Schwarzer und *weißer* Positionen

---

6 Vgl. Jutta Held, Norbert Schneider: Sozialgeschichte der Malerei. Vom Spätmittelalter bis ins 20. Jahrhundert, Köln 1993.

7 Vgl. Maureen Maisha Eggers et al. (Hg.): Mythen, Masken und Subjekte. Kritische Weißseinsforschung in Deutschland, Münster 2005.

einer Mehrheit zugerechnet, von der sie sich ursprünglich durch ihre gesellschaftskritischen Analysen hatten entschieden abgrenzen wollen.[8] Ihre Solidarität mit Unterdrückten in anderen Weltgegenden und insbesondere Schwarzen Menschen im Rahmen der sogenannten Dritte-Welt-Bewegung wurde hinsichtlich ihres Profits bei der eigenen Profilierung als gesellschaftliche Außenseiter/-innen auf den Prüfstand gestellt. Und überhaupt: Warum ist dies ein deutsches Thema? Haben wir nicht mit der Erinnerungspolitik zum Nationalsozialismus genug zu tun? Maureen Maisha Eggers, Grada Kilomba, Peggy Piesche und Susan Arndt zeigten in ihrem Band *Mythen, Masken und Subjekte. Kritische Weißseinsforschung in Deutschland* (2005) überzeugend, dass zwar viele Einflüsse aus dem angloamerikanischen Raum kommen, es aber eine eigene deutsche Schwarze Geschichte gibt. Heute, im Jahr 2019, erscheint es mir wichtig, ausdrücklich zu sagen: Es geht dabei nicht um Multikulturalismus als Toleranzdiktat gegenüber kulturellen Werten und Praktiken, die der deutschen Verfassung widersprechen,[9] sondern um die Anerkennung der Tatsache, dass es seit vielen Jahrhunderten, aber insbesondere seit dem 20. Jahrhundert, eine deutsche Minderheit gibt, die eine dunklere Körperfarbe als die Mehrheit hat, hier geboren, aufgewachsen oder eingebürgert ist. Mit kulturellen oder politischen Differenzen hat das erstmal gar nichts zu tun.

4. Erinnerungspolitik kann multiperspektivische Identitäten befördern

Da die Kritische Weißseinsforschung anfänglich so umstritten war, ist ihre inzwischen erreichte Anerkennung umso erstaunlicher. Offenbar sind die gesellschaftlichen Rahmenbedingungen derzeit gut geeignet für ihre Entfaltung. Der Katalog zur Ausstellung *Deutscher Kolonialismus. Fragmente*

8 Zur unterschiedlichen Schreibweise Schwarze und *weiße* Menschen vgl. den Abschnitt *Die zentralen Begriffe Schwarz und weiß*.

9 Ich schließe mich der Positionierung von Elham Manea an, die großen Wert darauf legt, einen Standpunkt zu vertreten, der explizit weder links noch rechts ist. Nur aus einer mittleren Position heraus sei es möglich, die ideologischen Kämpfe, die sich im Fahrwasser postkolonialen Nachdenkens entwickelt haben, für alle Seiten gewinnbringend zu analysieren. Vgl. Elham Manea: Der alltägliche Islamismus. Terror beginnt, wo wir ihn zulassen, München 2018, S. 7-10.

seiner Geschichte und Gegenwart (2016) im Deutschen Historischen Museum in Berlin beginnt noch vor dem Inhaltsverzeichnis mit einer grundsätzlichen Anmerkung zur Problematik des durch den Kolonialismus geprägten Sprachgebrauchs, etwa hinsichtlich der Zuschreibungen »deutsch«, »europäisch«, »afrikanisch«, »schwarz«, »Rasse« usw.[10]

Der erste Satz der Einleitung in die Ausstellung *heikles erbe. Koloniale Spuren bis in die Gegenwart* (2016/17) des Landesmuseums Hannover lautete schlicht: »Wir sind umgeben von Spuren der Kolonialzeit.«[11] Von dieser Tatsache ausgehend, werden die Kolonialbezüge der Sammlungsbestände aufgearbeitet, zeitgenössische künstlerische und kuratorische Positionen aus den betreffenden Ländern miteinbezogen und nach Alternativen in einer postkolonialen Welt gefragt.

Die Kunsthalle Bremen war 2017 das erste Kunstmuseum in Deutschland, das sich dem Thema *Koloniales Erbe* in Verbindung mit der eigenen Sammlung widmete. Ein Aspekt der Ausstellung war eine Auseinandersetzung mit durch den Kolonialismus geprägten Begriffen, beispielsweise bei Werkbeschreibungen. Angesichts der Tatsache, dass es sich um Alternativtexte von Studierenden zu traditionellen Werkbeschreibungen handelte, erstaunt die Vehemenz, mit der diese in der Presse teilweise zurückgewiesen wurden.[12] Warum wurde nicht der Versuch, eine neue Sichtweise zu formulieren, begrüßt? So ging es bei der Erinnerung daran, dass die Südseebilder von Emil Nolde (1867-1956) unter gewaltvollen Bedingungen für die Porträtierten entstanden, nicht primär darum, ihren ästhetischen Eigenwert zu negieren, sondern diesen von dem Sockel der politischen und kulturellen Unantastbarkeit zu holen und historisch zu kontextualisieren.[13] Dadurch

10 Deutsches Historisches Museum (Hg.): Deutscher Kolonialismus. Fragmente seiner Geschichte und Gegenwart, Ausst.-Kat. Deutsches Historisches Museum Berlin, Darmstadt 2016.

11 Alexis von Poser, Bianca Baumann (Hg.): heikles erbe. Koloniale Spuren bis in die Gegenwart, Ausst.-Kat. Landesmuseum Hannover, Dresden 2016, S. 15.

12 Vgl. Hanno Rauterberg: Mit ***** fängt es an. Die Bremer Kunsthalle erforscht in einer couragierten Ausstellung ihre koloniale Geschichte. Das Ergebnis ist verheerend, in: Die Zeit, 20.8.2017: https://www.zeit.de/2017/36/kunsthalle-bremen-blinde-fleck-kolonialismus-ausstellung (9.9.2018).

13 Mit der am 12. April 2019 eröffneten Ausstellung *Emil Nolde – Eine deutsche Legende. Der Künstler im Nationalsozialismus* intendierte die Berliner Nationalgalerie ausdrücklich eine derartige Kontextualisierung. Bereits in der ersten Woche konnte die Ausstellung über

wurden den Besuchern/Besucherinnen neue Anknüpfungspunkte zur Auseinandersetzung mit dieser Kunst geboten. Das Museum vertrat eine selbstreflektierende und weiterlernende Position, indem es sich der Kritik in Begleitveranstaltungen stellte, und wurde damit 2018 auf der Jahrestagung des Deutschen Museumsbundes *Eine Frage der Haltung. Welche Werte vertreten Museen?* in Bremen zu einem zentralen Best-Practice-Beispiel.

Da ich als *weiße* Person, mit 17 aus Kolumbien nach Deutschland eingewandert, selber erlebt habe, dass es ein langwieriger geistiger und emotionaler (!) Prozess ist, die Kritische Weißseinsforschung zu verstehen, ist mir ihr schneller Erfolg und ihre Vereinnahmung durch einzelne politische Gruppierungen suspekt. Es geht nicht primär darum, auswendig zu lernen, welche Begriffe in einer rassistischen Tradition stehen, und sich neue Ersatzwörter anzugewöhnen. Als antirassistisch geschulte und/oder sensibilisierte ›Wissende‹ die ›Unwissenden‹ missionarisch darüber zu belehren, was ›richtig‹ ist, kann nicht der Weg sein. Was ist gewonnen, wenn beispielsweise der von vielen *weißen* Menschen in ihrer Kindheit geliebte Walt-Disney-Film über die amerikanische Prinzessin Pocahontas (1995) als rassistisch gebrandmarkt wird, ohne dass darüber ein Dialog möglich ist? Die Folge ist zumeist eine heftige Abwehr des Gesamtthemas. Ja, der Film ist rassistisch. Aber warum? Was macht es mit mir, wenn ich feststelle, dass in der Kindheit lieb Gewonnenes andere verunglimpft und verletzt? Wie kann ich mit anderen darüber ins Gespräch kommen? Es geht nicht darum, *weiße* Kultur zu demontieren. Vielmehr geht es um ein neues Denksystem mit dem Ziel, sich in einem ersten Schritt die Relativität der eigenen Wahrnehmung vor Augen zu führen und in einem zweiten Schritt neugierig nach den Perspektiven anderer zu fragen – und gerade nicht ereifernd zu dozieren. Die erstmalige Zusammenarbeit der Bremer Kunsthalle mit dem Afrika Netzwerk Bremen im Rahmen der Ausstellung *Der blinde Fleck. Bremen und*

10.000 Besucher/-innen verzeichnen. Der Direktor, Udo Kittelmann, äußerte gegenüber der Presse: »Das große Publikumsinteresse an dieser Ausstellung freut uns sehr. Es gehört zu den grundlegenden Aufgaben eines Museums, den kunsthistorischen Kanon, aber auch die eigene Sammlungsgeschichte kritisch und immer wieder aktuell zu hinterfragen.« – Starker Besucherandrang bei Nolde-Ausstellung, in: Berliner Morgenpost, 18.4.2019: https://www.morgenpost.de/berlin/article216983365/Starker-Besucherandrang-bei-Nolde-Ausstellung.html (18.4.2019); Aya Soika, Bernhard Fulda, Christian Ring (Hg.): Emil Nolde – Eine deutsche Legende. Der Künstler im Nationalsozialismus, Ausst.-Kat. Berliner Nationalgalerie, München 2019.

die Kunst in der Kolonialzeit deckte beispielsweise für das Kunsthallen-Team grundlegende Wahrnehmungsdifferenzen auf: War zunächst an ein von Nolde gemaltes Porträt als Würdigung einer Schwarzen Person gedacht und deshalb als Plakatmotiv vorgeschlagen worden, so lernten die *weißen* Kuratorinnen von Schwarzen Bremer/-innen, dass die um den Hals liegende Kette des Porträtierten in deren Augen die Assoziation eines versklavten Menschen hervorrief und deshalb keinesfalls als Plakatmotiv geeignet sei. Diejenigen, die keine Notwendigkeit der kritischen Reflexion der eigenen Wahrnehmung sehen, seien gefragt: Wie kann man Forderungen an andere richten, wenn man den eigenen Standpunkt für nicht hinterfragbar und diskutierbar hält? Erst wer einen reflektierten Standpunkt hat, kann sich auf gleicher Ebene mit anderen auseinandersetzen, ist frei, das Argument als Instrument zur Überzeugung einzusetzen. Das Hören der Bedürfnisse des Anderen und das Aushandeln von Kompromissen sind keinesfalls einseitige Forderungen und nicht auf kulturelle Differenzen beschränkt. Sie betreffen alle Menschen und die zwischen ihnen herrschenden Unterschiede hinsichtlich politischer Überzeugungen, der Wirtschaftsverhältnisse, der Bildungshintergründe, der Generationenangehörigkeit, der Freizeitinteressen usw. Für Kulturpolitik und Kulturinstitutionen geht es letztendlich darum, herauszufinden, was für möglichst viele Menschen von erheblichem Interesse ist, was einer speziellen Förderung – als außergewöhnliche Bereicherung – bedarf und wie der Wert traditioneller Programme zeitgemäß vermittelt werden kann, um sich auf diesem Weg selber weiterzuentwickeln.

Im Folgenden möchte ich zeigen, dass Kritische Weißseinsforschung eine bewährte und nützliche Methode ist, um das koloniale Erbe in Museen sichtbar zu machen, was wiederum helfen kann, diese als soziale Orte der Gegenwart zu beleben, mit dem politischen Ziel, lokale Identitäten, globale Verflechtungen und gesellschaftliche Zukunftswünsche zusammenzudenken und zu diskutieren. Es gilt, sich zu vergegenwärtigen, dass Solidarität gerade nicht in erster Linie die Parteinahme für gleiche bzw. ähnliche Menschen meint, sondern das Parteiergreifen für diejenigen, mit denen man wenig gemeinsame Erfahrungen teilt: »Denn radikale Solidarität basiert auf Differenz.«[14]

---

14 Jens Kastner, Lea Susemichel: Zur Geschichte linker Identitätspolitik, in: Aus Politik und Zeitgeschichte, Jg. 69 (2019), H. 9-11: Identitätspolitik, S. 17.

Einführung
Zu Programm und Theorie der Kritischen Weißseinsforschung

Kritische Weißseinsforschung untersucht das Paradigma *Weißsein* als Schlüsselkategorie von Rassismus. Es handelt sich dabei um eine aus der postkolonialen Theorie hervorgegangene Fokussierung zur Beschreibung und Analyse von Gesellschaftsverhältnissen. Ihre Potentiale werden hier für die kunsthistorische und museumswissenschaftliche Praxis vorgestellt. Die daraus erwachsenden Erkenntnisse können wiederum auf andere Bereiche der Gesellschaft und Wissenschaft angewandt werden.

1. Entstehungsgeschichte

Die Kulturgeschichte der Farben Weiß und Schwarz wurde vor allem vonseiten der Geschichtswissenschaft, Literaturwissenschaft und Filmwissenschaft bearbeitet. Zumeist wird von Schriftquellen ausgegangen, und die Argumentationen werden mit Beispielen aus der bildenden Kunst, der Werbung und dem Film illustriert. Die seit der Antike festzustellende moralische Aufladung des Weiß-Schwarz-Dualismus, später im europäischen Denken als korrespondierender Gegensatz zwischen Gut und Böse verstanden, liegt allen diesen Studien zugrunde. Die Hierarchisierung von ›Hautfarben‹ nach diesem Muster erscheint als logische Konsequenz.

Es war der Filmwissenschaftler Richard Dyer, der erstmals die Diskrepanz zwischen Weiß als Symbol, als Farbton und als Körperfarbe thematisierte.[1] Seine Aussage, dass sich die Idee von Weißsein als Neutralität in

1 Vgl. Richard Dyer: Coloured White, not Coloured, in: ders.: White, London/New York 1997, S. 41-81.

der europäischen Malerei der Renaissance etabliert habe, legt den Finger in die Wunde der europäischen Kunstgeschichte, da er diese kunsthistorische Epoche als Teil einer »racial identity«[2] versteht.

Die Kulturgeschichte von ›Rasse‹ als biologischer bzw. als sozialer Kategorie wurde vorwiegend von der Geschichtswissenschaft und der Soziologie aufgearbeitet. Es ist festgestellt worden, dass die Vorstellung von ›weißen‹, ›schwarzen‹, ›gelben‹ und ›roten‹ Menschen vor allem im Rahmen von Reiseliteratur und geschichtsphilosophischen Schriften diskursiv entstand.[3] Sander L. Gilman legte 1982 in *On Blackness without Blacks: Essays on the Image of the Black in Germany* erstmals ausführlich die Funktion von Schwarzen Personen in der deutschen Literatur zur Identitätskonstruktion der *weißen* Mehrheit dar.[4] Ein Jahr später erschien Toni Morrisons Kurzgeschichte *Recitatif* (1983), in der sie hegemoniale Definitions- und Interpretationsstrategien im Hinblick auf Weißsein infrage stellt.[5] Peggy Piesche hat darauf hingewiesen, dass nicht erst in den 1990er Jahren die *critical whiteness studies* als Analysemethode nach Deutschland übernommen wurden, sondern zeitgleich zur angloamerikanischen Forderung auch in Deutschland Schwarze Theoretiker/-innen in ihrem spezifischen Gesellschaftskontext einen ähnlichen Ansatz verfolgten. Im selben Jahr wie Morrisons *Recitatif* publizierte Diana Bonnelamé ihre Dissertation über die Initiationsverfahren *weißer* Jugendlicher evangelischen Glaubens, in der sie Methoden der Völkerkunde anwandte. Die Schwierigkeiten, denen sie mit diesem Ansatz im universitären Diskurs begegnete, dokumentierte sie in einem Film.[6]

---

2 Dyer: White 1997, S. 42.

3 Vgl. Walter Demel: Wie Chinesen gelb wurden. Ein Beitrag zur Frühgeschichte der Rassentheorien, in: Historische Zeitschrift, Nr. 255 (1992), S. 625-666; Valentin Groebner: Haben Hautfarben eine Geschichte? Personenbeschreibungen und ihre Kategorien zwischen dem 13. und dem 16. Jahrhundert, in: Zeitschrift für Historische Forschung (2003) 1, S. 1-17.

4 Vgl. Sander L. Gilman: On Blackness without Blacks. Essays on the Image of the Black in Germany, Boston 1982.

5 Vgl. Toni Morrison: Recitatif, in: Confirmation. An Anthology of African American Women, hg. v. Imamu Armiri Baraka, New York 1983, S. 243-261.

6 Vgl. Peggy Piesche: Das Ding mit dem Subjekt, oder: Wem gehört die Kritische Weißseinsforschung?, in: Mythen, Masken und Subjekte. Kritische Weißseinsforschung in Deutschland, hg. v. Maureen Maisha Eggers et al., Münster 2005, S. 14-17; Diana Bennelamé, Peter Heller: Wie andere Neger auch. Erkenntnisse einer afrikanischen Forscherin unter Deutschen, Freiburg: Barfuß-Film 1983 [Video: 80 Min.].

In dem drei Jahre darauf publizierten Sammelband *Farbe bekennen* (1986) erschien unter anderem die 1984 verfasste Diplomarbeit von May Ayim (Name ihrer Pflegefamilie: Opitz) zu Geschichte und Gegenwart Schwarzer Menschen in Deutschland, die als Initialwerk der Bewegung Schwarzer Deutscher gilt und als wegbereitend für die Kritische Weißseinsforschung gesehen werden kann.[7] Auch die oben angesprochenen Überlegungen Dyers zu *white* beziehen sich ausdrücklich auf die europäische Tradition der gegenwärtigen visuellen Kultur. Er publizierte sie erstmals 1988 in einem Aufsatz, 1997 in Buchform.[8]

Die hier nur kurz genannten Stationen zeigen, dass deutsche bzw. europäische Wurzeln und Bezüge der Thematik *Weißsein* bereits in den Anfängen dieser Forschungsrichtung gegeben waren. Zu Beginn der 1990er Jahre – zeitgleich mit der Formierung postkolonialer Analysemethoden – wird *whiteness* verstärkt von Schwarzen Theoretikern/Theoretikerinnen wie Toni Morrison und bell hooks als Wissenskategorie thematisiert.[9] Auch der Kulturtheoretiker Édouard Glissant und der Kunsthistoriker Kobena Mercer untersuchen in dieser Zeit die Literatur und visuelle Kultur der Gegenwart von einem Schwarzen Standpunkt aus.[10] Der *weiße* Literaturwissenschaftler Robert Young widmet sich hingegen in *White Mythologies* (1990) der westeuropäischen Geschichtsschreibung in der Tradition von Marxismus und Poststrukturalismus.[11]

Weißsein als Analysekategorie für Gesellschaftsverhältnisse fand einen schnellen Eingang in akademische Diskurse. Seit 1990 entstanden zahlreiche englischsprachige Arbeiten, die sich den Voraussetzungen der ideologischen Grundlegung einer ›weißen Rasse‹ und *weißen* Identitätskonstruktion widmeten, insbesondere vonseiten der Geschichtswissenschaft, Literatur-

7 Katharina Oguntoye, May Opitz, Dagmar Schulz (Hg.): Farbe bekennen. Afro-deutsche Frauen auf den Spuren ihrer Geschichte, Frankfurt a.M. 1991 (1. Aufl. 1986).

8 Vgl. Richard Dyer: White, in: Screen, Nr. 29 (1988) 4, S. 44-64; ders.: White, London/New York 1997.

9 Vgl. Toni Morrison: Playing in the Dark. Whiteness and the American Literary Imagination, Cambridge 1992; bell hooks: Black Looks. Race and Representation, Boston 1992.

10 Vgl. Kobena Mercer: Black Art and the Burden of Representation, in: Third Text, Nr. 10 (1990), S. 61-78; ders.: Welcome to the Jungle. New Positions in Black Cultural Studies, London 1994; Édouard Glissant: Introduction à une poétique du divers, Paris 1996.

11 Vgl. Robert Young: White Mythologies. Writing History and the West, London/New York 1990.

wissenschaft, Psychologie und Soziologie.[12] 1996 führte David Stowe die Bezeichnung *whiteness studies* für diesen neuen Forschungsansatz ein,[13] im folgenden Jahr gab Mike Hill eine erste Textsammlung für die akademische Lehre heraus.[14]

2005 erschien der Sammelband *Mythen, Masken und Subjekte. Kritische Weißseinsforschung in Deutschland* von Maureen Maisha Eggers, Grada Kilomba, Peggy Piesche und Susan Arndt mit Beiträgen Schwarzer und *weißer* Autoren/Autorinnen. Inzwischen liegt er in dritter Auflage sowie als E-Book vor. Der Band ist explizit auf Themen im deutschsprachigen Raum konzentriert, es werden aber auch die Theorie und Methoden der amerikanischen *critical whiteness studies* umfassend innerhalb der deutschsprachigen Geisteswissenschaften ausgelotet. Der Begriff *Kritische Weißseinsforschung* wird erstmals für den deutschen Kontext eingeführt. Der Kolonialismus wird als zentral für die innereuropäische Geschichte hervorgehoben, womit einerseits der europäische Rassismus thematisiert und anderseits die europäischen Wurzeln des als virulenter geltenden Rassismus in den USA betont werden. In der Folge erschienen in Deutschland drei Publikationen, die sich gegenüber der auf den deutschsprachigen Kontext fokussierten Kritischen Weißseinsforschung abgrenzen und bewusst mit der englischsprachigen Kategorie *whiteness* operieren.[15] Die Kunstgeschichte beteiligte sich zunächst nicht an dieser interdisziplinären Diskussion. Diese Lücke zu schließen, war das primäre Ziel meines aus *weißer* Perspektive verfassten Buches *Farbe* –

---

12 Vgl. insbesondere Theodore W. Allen: The Invention of the White Race, London 1994, 2 Bde.; Kim F. Hall: Thinks of Darkness. Economies of Race and Gender, Ithaca 1995; Ruth Frankenberg (Hg.): Displacing Whiteness. Essays in Social and Cultural Criticism, Durham 1997; Birgit Brander Rasmussen et al. (Hg.): The Making and Unmaking of Whiteness, Durham 2000; Alastair Bonnett: White Identities. Historical and International Perspectives, London 2000; Vron Ware, Les Back (Hg.): Out of Whiteness. Color, Politics, and Culture, Chicago 2002.

13 Vgl. David Stowe: Uncolored People. The Rise of Whiteness Studies, in: Lingua Franca (2006) September/Oktober, S. 68-77.

14 Vgl. Mike Hill (Hg.): Whiteness. A Critical Reader, London 1997.

15 Vgl. Verein für kritische Geschichtsschreibung (Hg.): Die Farbe »weiß«, WerkstattGeschichte, Nr. 39 (2005); Mineke Bosch, Hanna Hacker (Hg.): L'Homme. Europäische Zeitschrift für Feministische Geschichtswissenschaft, Jg. 16, H. 2: whiteness, Köln 2005; Martina Tißberger et al. (Hg.): Weiß – Weißsein – Whiteness. Kritische Studien zu Gender und Rassismus, Frankfurt a.M. 2006.

Macht – Körper. Kritische Weißseinsforschung in der europäischen Kunstgeschichte (2013).[16]

Trotz eines erheblichen Anteils deutschsprachiger Kunsthistoriker/-innen an der ikonografischen Bearbeitung des Themas ›dunkelhäutige Menschen in der europäischen Kunst‹ zwischen 1967 und 1987 ist gleichzeitig ein geringes Interesse der kritischen Kunstgeschichte in Deutschland an den theoretischen Zugängen zu dem Thema festzustellen, welche jedoch die seit den 1980er Jahren diskutierten *postcolonial studies* bieten.[17] Dies erklärt Viktoria Schmidt-Linsenhoff damit, dass die deutsche Kolonialgeschichte aufgrund ihrer geringeren räumlichen Ausdehnung und zeitlich kürzeren Dauer als z.B. die Kolonialgeschichten Frankreichs und Englands allgemein als unbedeutender galt. Zudem sei in der deutschen Gesellschaft die Aufarbeitung des Nationalsozialismus als wichtiger empfunden worden.[18] Schmidt-Linsenhoff kommt das Verdienst zu, den postkolonialen Ansatz in die deutschsprachige Kunstgeschichte eingeführt zu haben. Im Rahmen des von ihr mitbegründeten Sonderforschungsbereichs *Das Subjekt und die Anderen. Interkulturalität und Geschlechterdifferenz* (1997-2000) und des Graduiertenkollegs *Identität und Differenz. Geschlechterkonstruktion und Interkulturalität* (2000-2006) an der Universität Trier entstanden zahlreiche Arbeiten zum Themenfeld *Fremdheit und Konstruktion von Identitäten* zur Formierung eines europäischen Selbst.[19] Die Interferenz zwischen den Differenzkategorien *Geschlecht* und *Rasse* sind dabei ebenso zentral wie bei Griselda Pollock; auch

16 Vgl. Anna Greve: Farbe – Macht – Körper. Kritische Weißseinsforschung in der europäischen Kunstgeschichte, Karlsruhe 2013 (überarbeitete Habilitationsschrift Karlsruhe 2012).

17 Zu diesem Thema und der entsprechenden Forschungsliteratur vgl. Greve: Farbe 2013, S. 17-25.

18 Vgl. Viktoria Schmidt-Linsenhoff: Kunst und kulturelle Differenz oder: Warum hat die kritische Kunstgeschichte in Deutschland den postcolonial turn ausgelassen?, in: Postkolonialismus (= Jahrbuch Kunst und Politik, 4), hg. v. ders., Osnabrück 2002, S. 7-16.

19 Neben zahlreichen Dissertationen spiegeln die Trierer Sammelbände diesen Ansatz deutlich. Vgl. Herbert Uerlings, Karl Hölz, Viktoria Schmidt-Linsenhoff (Hg.): Das Subjekt und die Anderen. Interkulturalität und Geschlechterdifferenz vom 18. Jahrhundert bis zur Gegenwart, Berlin 2001; Schmidt-Linsenhoff: Kunst 2002; Annegret Friedrich (Hg.): Die Freiheit der Anderen. Festschrift für Viktoria Schmidt-Linsenhoff, Marburg 2004; Viktoria Schmidt-Linsenhoff, Karl Hölz, Herbert Uerlings (Hg.): Weiße Blicke. Geschlechtermythen des Kolonialismus, Marburg 2004.

Schmidt-Linsenhoffs Schwerpunkt liegt im 18. und 19. Jahrhundert.[20] In den aus ihrer Schule hervorgegangenen Studien wird von der sozialen Konstruktion von Rassen ausgegangen, *whiteness* als Analysekategorie erprobt – ohne allerdings auf die oben aufgeführte Tradition der Kritischen Weißseinsforschung Bezug zu nehmen.[21]

2. Die zentralen Begriffe Schwarz und weiß

Als politischer Identitätsbegriff wird Schwarz bewusst groß geschrieben. Dies hat sich auch in adjektivischer Verwendung im deutschen Diskurs um die Kritische Weißseinsforschung, auch bei deren Kritikern/Kritikerinnen, inzwischen etabliert.[22] Es fungiert als typografischer Stolperstein. Ausgedrückt wird damit die Eigenbezeichnung all derjenigen, die zu Objekten von Rassismus konstruiert werden. Dabei steht nicht die rassifizierte Position, sondern das Widerstandspotential gegenüber den hegemonialen *weißen* Strukturen im Vordergrund. In analytischer Verwendung schließt der Begriff ausdrücklich alle *People of Color* ein, d.h. unterschiedlich positionierte Personen, die – neben vielen anderen Differenzen – Erfahrungen von Rassifizierung teilen.[23]

---

20 Vgl. Griselda Pollock: Avant-Garde Gambits 1888-1893. Gender and the Colour of Art History (= Walter Neurath Memorial Lecture, Bd. 24), London 1992; Griselda Pollock: The Aesthetics of Difference, in: Art History, Aesthetics, Visual Studies, hg. v. Keith Moxey, Michael Ann Holley, Williamstown 2002, S. 147-174.

21 Vgl. Angela Rosenthal: Die Kunst des Errötens. Zur Kosmetik rassischer Differenz, in: Uerlings/Hölz/Schmidt-Linsenhoff: Subjekt 2001, S. 95-117; Katja Wolf: Schwarz-Weiß-Malerei. Beobachtungen zum Inkarnat in Bildnissen mit Mohrenpagen, in: Friedrich: Freiheit 2004, S. 137-144; Katja Wolf: »Und ihre siegreichen Reize steigert im Kontrast ein Mohr«. Weiße Damen und schwarze Pagen in der Bildnismalerei, in: Schmidt-Linsenhoff/Hölz/Uerlings: Weiße Blicke 2004, S. 19-36. – 2010 fasste Schmidt-Linsenhoff ihre Forschungen in der zweibändigen Publikation *Ästhetik der Differenz* zusammen: Viktoria Schmidt-Linsenhoff: Ästhetik der Differenz. Postkoloniale Perspektiven vom 16. bis 21. Jahrhundert, Marburg 2010, 2 Bde.

22 So beispielsweise auch im *Nationalen Aktionsplan gegen Rassismus* der Bundesregierung, vgl. den Abschnitt *Rassismus gegen Schwarze Menschen* in: https://www.bmfsfj.de/blob/116798/5fc38044a1dd8edec34de568ad59e2b9/nationaler-aktionsplan-rassismus-data.pdf, Juni 2017 (13.6.2019), S. 11.

23 Vgl. Eggers et al.: Mythen 2005, S. 13.

Eine Anwendung dieser Definition in der europäischen Kunstgeschichte führt dazu, dass sämtliche Figuren, die aus *weißer* Perspektive durch eine dunkle Körperfarbe als ›Andere‹ markiert und/oder durch Accessoires wie Turbane exotisiert sind, analytisch der Kategorie Schwarz zuzuordnen sind. Das entspricht der aus der *weißen* Definitionsmacht heraus geprägten historischen Bezeichnung M[...].[24] Mit dunkler Körperfarbe dargestellte Christen/Christinnen und hell ausgeführte Personen muslimischen Glaubens widersetzen sich der einfachen Formel Schwarz = Muslim/a = fremd/anders. Weder sprachlich noch analytisch ist dies bisher adäquat berücksichtigt worden. Aufgrund der scheinbaren Evidenz des Sichtbaren zeigt sich in der europäischen Kunstgeschichte sehr viel klarer als in anderen Disziplinen, dass wir es mit der Verzahnung einer sozialen Kategorie mit einer visuellen Markierung zu tun haben. Um der Wechselwirkung zwischen der immateriellen Idee von Schwarzsein und der materialisierten sichtbaren dunklen Körperfarbe auf der Leinwand auf die Spur zu kommen, erscheint es während des Analyseprozesses sinnvoll, beide Aspekte des Bildmediums zu differenzieren. Denn die sprachliche Gleichsetzung erstens des Farbtons Schwarz mit zweitens der Symbolik der Farbe Schwarz, drittens Schwarz als politischem Begriff und viertens dunkler Körperfarbe – die auf der Leinwand aus einer Vielzahl von Brauntönen hergestellt wird – nimmt mir als Kunsthistorikerin die sprachliche Möglichkeit, differenziert über Farbtöne und ihre Wirkung zu sprechen. Zudem verwischt sie die Ebenen von historischen und gegenwärtigen Lebensrealitäten und künstlerischen Repräsentationen.

Deshalb habe ich eine sprachliche Differenzierung von Farbbezeichnungen einerseits und entsprechenden sozialen Kategorien andererseits in den Diskurs der Kritischen Weißseinsforschung eingeführt. Sie wurde in An-

24 Aufgrund der damit verbundenen rassistischen Denktradition werden die Begriffe *Mohr* und *Neger* inzwischen häufig – wenn sie nicht vermeidbar sind – nicht mehr ausgeschrieben, so dass es dann heißt: M[...] bzw. N[....]. In der Bezeichnung M[...] verschmolzen sind das griechische *mauros/moros* (das »dumm« und »gottlos« bedeutet) und das lateinische *maurus* (das »schwarz« und »dunkel« bedeutet). Zunächst wurde sie von den Griechen auf die Bewohner/-innen Äthiopiens, später auf diejenigen Mauretaniens angewandt. Im mittelalterlichen Spanien wurden auch die Personen muslimischen Glaubens auf der iberischen Halbinsel und im westlichen Maghreb als *moros* bezeichnet. Von Anfang an war dieser Begriff, in dem Farb- und Herkunftsangaben vermischt wurden, negativ konnotiert. Vgl. Wilhelm Pape: Griechisch-Deutsches Wörterbuch, Graz 1954, Bd. 2, S. 101/226 (1. Aufl. 1848); Susan Arndt, Antje Hornscheidt (Hg.): Afrika und die deutsche Sprache. Ein kritisches Nachschlagewerk, Münster 2004, S. 168.

lehnung an Mitchells Differenzierung zwischen *picture* (als materialisiertes Bild auf einer Leinwand) und *image* (als Bildidee) entwickelt.[25]

Für die materialisierte Ebene im Bild wird im Folgenden *Körperfarbe* im Sinne des mittelalterlichen *complexio*-Begriffs verwendet.[26] Das Konzept ›Hautfarbe‹ als Synonym zu ›Rasse‹ ist derart mit Bedeutung aufgeladen, dass es zur bloßen Beschreibung der Materialität (sei es in der Realität oder im Abbild, dem Kunstwerk) nicht geeignet ist. Der Begriff Körperfarbe ist hingegen weniger mit rassifizierten Vorstellungen aufgeladen und so – obwohl auch nicht neutral (es gibt keine neutralen Begriffe) – trotzdem besser geeignet, um die bloße Materialität zu erfassen. Mit *complexio* war im Mittelalter ein individueller (momentaner) körperlicher Zustand gemeint. Erst um 1500 entstand das Konzept unveränderlicher, kollektiver ›Hautfarben‹. Insofern schlage ich vor, von dunklen und hellen Körperfarben auf der Leinwand zu sprechen. Von ihrer visuellen Wahrnehmung ausgehend muss jeweils im Einzelnen geklärt werden, was diese Farbgebung zur Entstehungszeit des Kunstwerkes für eine Bedeutung hatte: ob sie im Sinne der christlichen Schwarz-Weiß-Symbolik eingesetzt wurde, oder ob damit rassifizierte Positionen gemeint waren. Das in der europäischen Kunstgeschichte häufig anzutreffende Phänomen der Verkleidung kann auf diesem Wege sprachlich präzise beschrieben werden: Wenn sich *weiße* Personen im

25 Vgl. Greve: Farbe 2013, S. 29-37; William T. J. Mitchell: What Is an Image?, in: New Literary History, Nr. 15 (Frühjahr 1984) 3, S. 503-537.

26 Die Vorstellung der menschlichen *complexio* wurde in Anlehung an die Säftelehre des antiken Arztes Galenos von Pergamon (ca. 129-199) entwickelt, die wiederum aus arabischen Quellen übernommen worden war. Einzelne Körper wurden als Mischungsverhältnis von Flüssigkeiten wie Blut und Galle verstanden. Farbbezeichnungen waren in diesem System als Körper- und nicht als Hautfarben gemeint. Die Vorstellung von Haut als einer Oberfläche über dem Fleisch entwickelte sich erst später. Vgl. Bernard Lewis: Race and Color in Islam, New York/London 1971, S. 18-28; Ian Maclean: The Renaissance Notion of Woman. A Study in the Fortunes of Scholasticism and Medical Science in European Intellectual Life, Cambridge 1980; Ulrich Heinen: Haut und Knochen – Fleisch und Blut. Rubens Affektmalerei, in: Rubens Passioni. Kultur der Leidenschaften im Barock, hg. v. ders., Göttingen 2001, S. 70-109; Valentin Groebner: Haben Hautfarben eine Geschichte? Personenbeschreibungen und ihre Kategorien zwischen dem 13. und dem 16. Jahrhundert, in: Zeitschrift für Historische Forschung (2003) 1, S. 1-17; ders.: Maculae. Hautzeichen als Identifikationsmerkmale zwischen dem 14. und 16. Jahrhundert, in: Micrologus. Natura, Scienze e Società Medievali XIII. La pelle umana, hg. v. Thalia Bero, Florenz 2005, S. 345-358; ders.: Mit dem Feind schlafen. Nachdenken über Hautfarben, Sex und »Rasse« im spätmittelalterlichen Europa, in: Historische Anthropologie (2007) 2, S. 327-338.

Bild mit dunkler Körperfarbe darstellen lassen, suggerieren sie ein Schwarzes Widerstandspotential, das letztendlich ihre *weiße* Definitionsmacht dadurch untermauert, dass sich zumeist Indizien in dem Gemälde finden, die auf die tatsächliche soziale Positionierung des Dargestellten verweisen, z.B. nicht konsequent ausgeführte dunkle Körperfarbgebung, einzelne Accessoires, Gesten oder Handlungen.

Anders als der Begriff Schwarz wird der Begriff *weiß* in dem Diskurs um die Kritische Weißseinsforschung unterschiedlich verwendet. Optieren einige Autoren/Autorinnen für die Großschreibung, um beide Begriffe als soziale Konstruktionen sichtbar zu machen,[27] lehnten die Herausgeberinnen von *Mythen, Masken und Subjekte* die damit einhergehende Gleichrangigkeit ab und entschieden sich für die kleine Kursivschreibung.[28] Im Gegensatz zu Schwarzen Personen sind *weiße* Personen Subjekte rassistischer Strukturen und Handlungen, sich dessen aber selten bewusst. Der unbewusste Selbstkonstruktionsprozess der *weißen* Mehrheit soll daher durch eine andere Schreibweise sichtbar gemacht werden. Wie Schwarz ist *weiß* ein typografischer Stolperstein, der die Wahrnehmung von ungleichen Machtverhältnissen schärfen soll.

Es gibt keine zwei gleichen Körperfarben, und selbst der Farbton der Haut eines Individuums unterliegt Schwankungen. In der europäischen Kunstgeschichte ist insbesondere seit dem 15. Jahrhundert eine große Ausdifferenzierung heller Körperfarben in Kombination mit individuellen Gesichtszügen einerseits und eine Stereotypisierung dunkler Haut in Kombination mit ›afrikanisierten‹ Gesichtszügen andererseits zu beobachten. Um diese in den Werken angelegte Asymmetrie sichtbar zu machen, muss helle Körperfarbgebung überhaupt erst einmal benannt werden, ist sie doch üblicherweise die unmarkierte Norm, während dunkle Körperfarbe als Abweichung davon stets benannt wird. So mag zunächst der Eindruck entstehen, dass durch die starke Gruppenbildung – hier die helle, dort die dunkle

27 Vgl. Mineke Bosch, Hanna Hacker: Editorial, in: dies.: whiteness 2005, S. 8; Eske Wollrad: Forum »Weißsein und Gender« – Risiken kritischer Forschung zu Weißsein im deutschsprachigen Raum, in: ebd., S. 145, Anm. 1; Tißberger et al.: Weiß 2006, S. 12; Jana Husmann-Kastein: Schwarz-Weiß. Farb- und Geschlechtssymbolik in den Anfängen der Rassenkonstruktionen, in: ebd., S. 44, Anm. 6; Isabell Lorey: Der weiße Körper als feministischer Fetisch. Konsequenzen aus der Ausblendung des deutschen Kolonialismus, in: ebd., S. 61, Anm. 1.

28 Vgl. Eggers et al.: Mythen 2005, S. 13.

Körperfarbe – eine Differenz verhärtet würde. Es ist aber gerade durch die Bewusstmachung eben dieser Gruppenbildung mein Ziel, zu zeigen, dass in der Wahrnehmung der Farbdifferenz der Verweis auf das eigentlich zentrale Paradigma *weiß* in der europäischen Kunst steckt.

3. Weißsein als expliziter Gegenstand der Kritischen Weißseinsforschung

Weiße Personen beschreiben sich über Alter, Geschlecht, Beruf, Religion, nicht aber in Bezug auf ihr Weißsein. Wenn sie betonen, das habe doch keinen Einfluss auf ihre Person, dann suggerieren sie Neutralität und setzen zugleich Weißsein als universelle, neutrale Norm, während ›Rasse‹ als nur Schwarze Menschen betreffendes Problem definiert wird. Durch die unkritische Negierung des Unterschieds – aus Unwissen oder in wohlmeinender Absicht – werden einerseits die eigenen strukturellen Privilegierungen und andererseits die alltäglichen Ausgrenzungs- und Diskriminierungserfahrungen von Schwarzen Menschen geleugnet.[29] Sich dieser Reflexion zu verweigern, hat zur Folge, dass grundlegende Verflechtungen von Wissenschaft und Herrschaft nicht aufgedeckt werden (können) und bestehendes gesellschaftliches Unrecht fortgeschrieben wird. Dies aufzudecken ist Aufgabenstellung der Kritischen Weißseinsforschung.

Kritisch kommt vom griechischen *krīnein* und bedeutet »scheiden, trennen, sondern«.[30] In Platons *Theaitetos* wird der Begriff explizit im Sinne von »das Wahre vom Falschen unterscheiden« verwendet.[31]

29 Vgl. Susan Arndt: Koloniale Mythen und Weiß-Sein. Rassismus in der deutschen Afrikaterminologie, in: TheBlackBook. Deutschlands Häutungen, hg. v. AntiDiskriminierungs-Büro Köln/cyberNomads, Frankfurt a.M. 2004, S. 113.

30 Vgl. Wilhelm Pape: »κρίνω«, in: ders.: Griechisch-Deutsches Wörterbuch, Graz 1954, Bd. 1, S. 1509 (1. Aufl. 1848).

31 Vgl. Platon: Theaitetos 150b, übers. v. E. Martens. – Zu dem Begriff *Kritik* insgesamt vgl. Hermann Paul: »Kritik«, in: ders.: Deutsches Wörterbuch. Bedeutungsgeschichte und Aufbau unseres Wortschatzes, Tübingen 2002, S. 570-571 (1. Aufl. 1897); Wolfgang Pfeifer (Hg.): »Krise« und »kritisch«, in: Ethymologisches Wörterbuch des Deutschen, München 1999, S. 735 und S. 736 (1. Aufl. 1989); Claus von Bormann: »Kritik«, in: Historisches Wörterbuch der Philosophie, Basel 1971-2007, Bd. 4, S. 1249-1267.

Im Deutschen ist der Begriff *Kritik* seit dem 18. Jahrhundert insbesondere im Sinne von Immanuel Kant (1724-1804) gebräuchlich. Kant verstand darunter die transzendentale Selbstkritik der Vernunft, die Beurteilung und Berichtigung der Erkenntnis.[32] Sein Projekt der *Kritik der reinen Vernunft* bezieht er ausdrücklich auf die Vernunft als Vermögen zu schließen:

> »Ich verstehe aber hierunter nicht eine Kritik der Bücher und Systeme, sondern die des Vernunftsvermögens überhaupt, in Ansehung aller Erkenntnisse, zu denen sie, unabhängig von aller Erfahrung, streben mag, mithin die Entscheidung der Möglichkeit oder Unmöglichkeit einer Metaphysik überhaupt und die Bestimmung so wohl der Quellen, als des Umfanges und der Grenzen derselben, alles aber aus Prinzipien.«[33]

Zur Zeit Kants wurde *Kritik* zum zentralen Begriff einer ganzen Epoche. Selber bezeichnete er die Aufklärung auch als »Zeitalter der Kritik«.[34] Dass sie dennoch nur einen Anfang darstellte, war ihm dabei durchaus bewusst, wenn er etwa feststellte: »Der kritische Weg ist allein noch offen.«[35] Wenn wir heute davon sprechen, dass jemand »unkritisch« ist, dann unterstellen wir, dass er bzw. sie nicht genau hinschaut, keine (offenkundigen) Unterschiede wahrnimmt und damit dem Gegenstand bzw. der Situation nicht gerecht wird. Wir folgen Kants Ausführungen zum Vernunftsvermögen und setzen ein Urteilsvermögen voraus.

Die Frankfurter Schule knüpfte mit ihrer kritischen Theorie an diese Tradition an. Neu war die Einbeziehung des sozialen Kontextes in den Forschungsprozess und die Forschungsergebnisse. Im Gegensatz zu der in der Antike noch herrschenden Vorstellung einer von Gott gegebenen Weltordnung wurde nun der Mensch als Produzent seines sozialen Umfeldes – also

32 Axel Hutter: Das Interesse der Vernunft: Kants ursprüngliche Einsicht und ihre Entfaltung in den transzendentalphilosopischen Hauptwerken, Hamburg 2003, S. 113.

33 Immanuel Kant: Kritik der reinen Vernunft, Vorrede zur 1. Aufl. 1781, A XII.

34 Ebd., A XI, Fußnote 1. Vollständig heißt es: »Unser Zeitalter ist das eigentliche Zeitalter der Kritik, der sich alles unterwerfen muss. Religion, durch ihre Heiligkeit, und Gesetzgebung durch ihre Majestät, wollen sich gemeiniglich derselben entziehen. Aber alsdenn erregen sie gerechten Verdacht wider sich, und können auf unverstellte Achtung nicht Anspruch machen, die die Vernunft nur demjenigen bewilligt, was ihre freie und öffentliche Prüfung hat aushalten können.«

35 Ebd., A 856.

auch in der Herstellung von Differenz – in den Blick genommen. Entsprechend hatte Max Horkheimer (1895-1973) bereits 1937 formuliert:

»Die Systeme der Disziplinen enthalten die Kenntnisse in einer Form, die sie unter den gegebenen Umständen für möglichst viele Anlässe verwertbar macht. Die soziale Genesis der Probleme, die realen Situationen, in denen die Wissenschaft gebraucht, die Zwecke, zu denen sie angewandt wird, gelten ihr selbst als äußerlich. – Die kritische Theorie der Gesellschaft hat dagegen die Menschen als die Produzenten ihrer gesamten historischen Lebensformen zum Gegenstand.«[36]

Seitdem wird vor die Bezeichnungen geisteswissenschaftlicher Disziplinen – wie beispielsweise Kunstgeschichte – häufig ein »kritisch« gesetzt, um anzuzeigen, dass es in Differenz zu dem positivistischen Wissenschaftsverständnis des 19. Jahrhunderts nicht mehr nur um das Sammeln und Ordnen von Fakten geht, sondern diese vielmehr in ihrem historischen und sozialen Kontext analysiert und interpretiert werden.

In dieser Denktradition stehend, leistet die Kritische Weißseinsforschung als Theorie die Kritik der reinen *weißen* Perspektive und damit eine Dekonstruktion traditioneller (*weißer*) Sichtweisen. Konkreter ist sie eine Methode mit dem Ziel, die Perspektiven *weißer* Menschen von den Perspektiven nicht *weißer* Menschen analytisch zu trennen, um diese gesondert zu Wort kommen zu lassen.

Stark umstritten ist dabei die zunächst absolut erscheinende Definition zweier Gruppen und die Zusammenfassung nicht *weißer* Menschen unter der Bezeichnung Schwarze Menschen. Vielfach wird der umfassender erscheinende Begriff *People of Color* verwendet. Da es mir hier zunächst um das Analysepotential der Theorie geht, bleibe ich bewusst bei den als Gegensätze definierten deutschsprachigen Perspektivbezeichnungen. Im Verlauf der Anwendung auf verschiedene Sammlungsarten und Museumstypen werde ich nachweisen, dass die analytische Schärfe nicht – wie zunächst zu vermuten – Differenzen festschreibt. Vielmehr kann sie verstärkt zur Selbstkritik der Vernunft führen, wodurch das Bauen von Brücken zwischen den Extremen möglich wird. Die Berichtigung der (eigenen) Erkenntnis, zur verbes-

36 Max Horkheimer: Traditionelle und kritische Theorie [1937]. Nachtrag [1937], in: ders.: Kritische Theorie, Frankfurt a.M. 1977, S. 576.

serten Wahrnehmung unterschiedlicher Lebensrealitäten in der Grauzone dazwischen, wird auf diesem Wege motiviert. Erst dadurch können blinde Flecken in der Kommunikation und im Handeln erkannt werden, wird ein gemeinsames Ringen um Positionen und Entwickeln von Zukunftsperspektiven möglich. So ist die Kritische Weißseinsforschung unter dem Motto der Kritik auch eine Klärung der Differenzen Schwarzer und *weißer* Perspektiven auf die Welt und zeigt, dass die Sichtweisen nur zusammengenommen der Wirklichkeit am nächsten sind.

4. Erste Erkenntnisse

In der europäischen Kunstgeschichte wird seit 20 Jahren intensiv über das im 19. Jahrhundert angelegte Selbstverständnis des Faches Kunstgeschichte und die Möglichkeit/Unmöglichkeit der weltweiten Anwendung ihrer spezifischen Methoden diskutiert. Wiederholt wurde festgestellt, dass sie nur in sehr begrenztem Maße für die globale Praxis taugen, die Kunstproduktion anderer Weltgegenden adäquat zu erfassen. Umso mehr muss sie sich für Fachfremde verständlich machen, will sie den Anschluss und somit ihre Legitimation nicht verlieren.

Wissenschaftliches Selbst-Verständnis

Mithilfe der Kritischen Weißseinsforschung lässt sich die *weiße* Dominanz in der europäischen Kunstgeschichte gut fassen. Bis vor wenigen Jahren manifestierte sie sich bereits in der üblichen Nicht-Benennung von heller Körperfarbe bei Werkbeschreibungen. Inzwischen stelle ich bei Studierenden zunehmend fest, dass sich dies ändert. Erst das konsequente Mitdenken vergangener und gegenwärtiger gesellschaftlicher Diversität macht das Fach für transkulturelle Analysen ›fit‹. Die einfach klingende, in der Umsetzung aber emotional und intellektuell anstrengende Forderung lautet: das Aufgeben der Vorstellung, dass Wissenschaft objektiv und neutral sein könne; das Realisieren, dass die eigene *weiße* Perspektive auch nur eine von vielen subjektiven Wahrnehmungen der Welt ist. Innovativ ist die sich daraus ergebende neue Nähe zwischen forschendem Subjekt und erforschtem Objekt. Herrschaftsverhältnisse können nicht mehr als in der Vergangenheit eingefroren oder ›gottgegeben‹ betrachtet werden. Eine persönliche

Distanzierung durch Historisierung von Ungleichheit wird unmöglich. Die Markierung der eigenen Perspektive widerspricht dem traditionellen *weißen* Wissenschaftsverständnis als objektivem Standard und ist genau deshalb unabdingbare Voraussetzung und ein entscheidender Schritt in Richtung der Akzeptanz der Tatsache, dass es in einer globalen Kunstgeschichte nicht um Beliebigkeit, sondern um reale Multiperspektivität geht, die niemals von nur einem Individuum, sondern nur von einem polyphonen Kollektiv vertreten und legitimiert werden kann.[37]

Ressourcenverteilung

Aus Perspektive der Kritischen Weißseinsforschung sehe ich an diesen aktuellen Debatten um die Frage der Globalisierungsmöglichkeiten des Faches Kunstgeschichte das Problem, dass sie sehr schnell von der Verdammung eines früheren Eurozentrismus zu der Forderung nach neuen, d.h. neutralen Wissenschaftsmethoden kommen. Anhand konkreter Objekte und Fallstudien sollen sie entwickelt werden. Die Machtposition der diskutierenden *weißen* Subjekte bleibt dabei zumeist unbenannt.[38] Die Dichotomie Europa/Nicht-Europa wird durch eine Synthese in neuen Analyseräumen ersetzt. Die Ursprünge, die Dominanz und die Fortsetzung des dichotomischen Denkens im schreibenden Selbst werden dabei kaum miteinbezogen. Zentrale Fragen sind so m.E. bisher kaum angesprochen worden: Inwieweit sind *weiße* Kunsthistoriker/-innen dazu bereit, ihren bisherigen Kanon loszulassen, indem sie nicht nur ergänzende Studien betreiben, sondern materielle Ressourcen (Stipendien, Forschungsprojekte usw.) umwidmen? Muss nicht eine Umsteuerung von der Erforschung von Einzelfragen im Werk eines niederländischen Künstlers zur erstmaligen Inventarisierung von Kunst vieler nichteuropäischer Länder erfolgen, um an dem Ausgleich zwischen Spezialwissen und Nicht-Wissen zu arbeiten? Unabhängig von neuen thematischen Schwerpunkten stellt sich die Frage, ob nicht gezielt Kunsthistoriker/-innen des Globalen Südens gefördert werden sollten, ohne sie allerdings auf ihre Rolle als ›Andere‹ festzulegen. Welcher Platz wird Wissenslücken und Nicht-Wissen im bisherigen Kanon eingeräumt und wie soll damit im Prozess des angestrebten Umbaus des Kanons verfahren werden? Für wen sind

37 Siehe hierzu exemplarisch das Kapitel ›*Das Eigene*‹ *als Ausgangspunkt*.

38 Siehe hierzu exemplarisch das Kapitel ›*Das Fremde*‹ *als Ausgangspunkt*.

welche Ansätze und Diskussionen interessant? Wer partizipiert an diesen Debatten, und wer sind eigentlich die potentiellen Zuhörer/-innen?

Werktitel

Werke der europäischen Kunstgeschichte werden heute in der ganzen Welt ausgestellt. Dadurch ist eine neue Sensibilität für historische Werktitel und Bildbeschreibungen mit rassistischen Konnotationen entstanden.[39] In den seltensten Fällen stammen sie tatsächlich aus der Entstehungszeit der Werke. Zumeist sind sie Produkte des 19. Jahrhunderts und seinem auch vom Kolonialismus geprägten Zeitgeist. Es lohnt sich, auf Veränderungen in der Wortwahl bei der Werkrezeption zu achten und zu überlegen, welche Begriffswahl heute angebracht erscheint. Welche Sinnverschiebungen ergaben frühere Umbenennungen? Spielen Körperfarbe und/oder Physiognomie des/der Dargestellten tatsächlich eine spezifische Rolle? Welchen Zweck erfüllt die Benennung dunkler Körperfarbe, wenn helle Körperfarbe üblicherweise nicht benannt wird?

Bildbeschreibung

Die Beschreibung eines Werkes ist der in der europäischen Kunstgeschichte übliche erste Schritt zu seiner Erschließung. In dem Moment, wo ich das Gesehene in Sprache fasse, schafft meine eigene Wahrnehmung Realität. Daher gibt bereits die Begriffswahl häufig die Richtung an, in die weitere Interpretationen führen werden. Insofern sind eine besondere Aufmerksamkeit bei unterschiedlich dargestellten Körperfarben und das Feststellen von Asymmetrien in der Bennungspraxis angebracht. Betrifft etwa eine Pauschalisierung Bildfiguren mit dunkler Körperfarbe, wird der Hinweis auf die damit einhergehende Fortschreibung kolonialen Denkens häufig als Überempfindlichkeit bewertet. Das Sprechen von *weißen* Bildfiguren wird dagegen als überflüssige, pauschale Gruppenbildung aufgefasst. Der Sprachgebrauch bei der Bezeichnung des Bildpersonals spiegelt stärker die rassifizierte Position der jeweiligen Autoren/Autorinnen sowie die entsprechenden Diskurse ihrer Zeit als diejenigen zur Entstehungszeit des betreffenden Kunstwerks. Eine Beeinflussung durch diese Diskurse lässt sich nicht vermeiden, kann

39 Siehe hierzu exemplarisch das Kapitel *Topoi im Umgang mit Weißsein*.

nur selbstkritisch reflektiert werden.[40] Die Überlegung, wie die *weiße* Ausdrucksweise auf Schwarze Bildbetrachter/-innen bzw. Leser/-innen wirken könnte, kann eine hilfreiche Strategie zur Überprüfung des eigenen Anteils an Rassifizierungsprozessen sein. Was wird allgemein mit einem im *weißen* Sprachgebrauch üblichen Begriff assoziiert? Ist z.B. die Begriffsverwendung hinsichtlich dunkel ausgeführter Figuren derart, dass sie nicht auf hell ausgeführte Figuren angewendet werden würde?

Bildraum

In dem Moment, wo der Maler (oder die Malerin) seinen Pinsel in eine Farbe taucht, trifft er eine – vielleicht unbewusste – Entscheidung, d.h., die Darstellung dunkler oder heller Körperfarben in einem Kunstwerk ist niemals Zufall. Sehen wir die Kunst als Ausdruck von Gesellschaftsverhältnissen, dann ist die unterschiedliche Körperfarbe für uns ein Indiz für unterschiedliche Herkunft, soziale Unterschiede, gesellschaftliche Differenzen. Unabhängig davon erfüllt die Farbe aber auch eine ästhetische Funktion. Zieht eine bestimmte Körperfarbe die Aufmerksamkeit der Betrachter/-innen auf sich? Erfolgt dadurch eine Gliederung des Bildraumes? Ist beispielsweise eine Figur mit dunkler Körperfarbe derartig platziert, dass von ihr aus das Werk mit den ansonsten hellen Figuren erschlossen werden kann?

Ikonografie

Während nichteuropäische Kunst und Kunstproduzenten/-produzentinnen von der europäischen Kunstgeschichte erst in der jüngeren Zeit verstärkt beachtet werden, sind Nichteuropäer/-innen ein häufiges Motiv in der älteren, christlichen Ikonografie.[41] Dadurch ist eine grundsätzliche Asymmetrie, ein ungleiches Machtverhältnis, gegeben: Die europäischen Subjekte (Auftraggeber/-innen, Künstler/-innen, Kunstrezipienten bzw. -rezipientinnen und Wissenschaftler/-innen) verfügen über Nichteuropäer/-innen als Objekte, die im Sinne der eigenen Intentionen als solche konstruiert werden. Die Herkunft der Themen und das wandernde christliche Zentrum – aus Perspektive der europäischen Kunstgeschichte – von Jerusalem über Byzanz und

40 Siehe hierzu exemplarisch das Kapitel *Kulturverwaltung im Dialog mit der Zivilgesellschaft*.

41 Siehe hierzu exemplarisch das Kapitel *Die Macht der Farbe*.

Ravenna nach Rom werden durch exotisierte Versatzstücke angedeutet. Die Selbsterfindung Europas als Zentrum, Maßstab und Norm erforderte eine permanente Negierung von Beziehungen zum Rest der Welt. Im Sinne der Kritischen Weißseinsforschung kann von einem Weißwerden des christlichen Europas gesprochen werden. Um den Widerspruch zu bewältigen, dass diese Identität zwar einerseits auf der Integration einiger Aspekte nichteuropäischer bzw. Schwarzer Traditionen und andererseits auf dem Ausschluss anderer fußt, wird der in der Antike als geografische Einheit aufgefasste Mittelmeerraum und seine Geschichte in Fragmente zerlegt.[42]

Das postkoloniale Projekt, Europa zu »provinzialisieren«,[43] kann auf historische Vorbilder zurückgreifen. Die auf Isidor von Sevilla (um 560-636) zurückgehenden T-O-Karten zeigen die europäische Selbstdefinition als Peripherie gegenüber dem Zentrum Jerusalem. Der Blick auf eine Weltkarte kann Studierende der Kunstgeschichte im ersten Semester darauf aufmerksam machen, wie klein das Territorium ist, dessen Kunst sie zu studieren beabsichtigen, und wie groß entsprechend ihr Nicht-Wissen über nicht europäische Kunst bleiben wird. Die bloße Benennung anderer Bildtraditionen und historischer Kontaktmomente zwischen ihnen erweckt sowohl Frustration als auch Neugierde, die als zwei Seiten einer Medaille notwendig sind: das Einsehen der eigenen Begrenztheit und der Antrieb zum Fragen nach dem, was sich jenseits des europäischen Tellerrandes befindet.

Körperfarbe

Zwischen dem 16. und 18. Jahrhundert wurden in Europa ›Hautfarben‹ stereotypisiert und als wesentliche ›Rassenmerkmale‹ stilisiert. Farbe ist nicht nur Material des Künstlers/der Künstlerin, sondern gleichsam eine zentrale Bezugsgröße der europäischen Kunstgeschichte, und so liegt die Frage nahe, inwiefern die bildende Kunst bereits vor dieser Zeit Anteil an rassistischen Diskursen hatte bzw. diese visuell vorbereitete. An anderer Stelle habe ich ausführlich nachgewiesen, dass die Etablierung von Differenz zum einen durch die Materialisierung imaginärer Bilder auf der Leinwand unterstützt und zum anderen durch die Auffassung dessen als Normalität von der euro-

42 Siehe hierzu exemplarisch das Kapitel *Zur Neuverortung mittelalterlicher Schatzkunst.*

43 Vgl. Chakrabarty: Europa 2010.

päischen Kunstgeschichte fortgeschrieben wurde.[44] *Weiße* Menschen haben helle Körper, sind aber nicht weiß. Die Überlagerung der sozialen Kategorie *weiß* mit einer Farbbezeichnung ist mit deren symbolischer Bedeutung zu erklären. Die Kunsttheorie seit der Renaissance hatte einen wesentlichen Anteil an der Etablierung der metaphorischen Benennungspraxis. Die Marginalisierung Schwarzer Menschen in der europäischen Kunstgeschichte erfolgte sowohl durch ihre technische Ausführung in Werken der bildenden Kunst als auch durch ihre Nicht-Thematisierung in Kunsttheorie und Kunstrezeption. Dunkel ausgeführte Figuren wurden von *weißen* Malern im 16. Jahrhundert sowohl in Form einer ›gemalten Unsichtbarkeit‹ am Bildrand als auch an zentraler Stelle im Bildraum als Blickfang und Interpretationsschlüssel platziert. In der gleichen Zeit etabliert sich helle Körperfarbe sowohl in der Ölmalerei als auch der Kunsttheorie als Normalität und zentrales Bewertungskriterium der europäischen Malerei. Angesichts dessen bekommt die Frage nach strukturellem Rassismus in der europäischen Kunstgeschichte eine besondere Relevanz und wird zugleich ein unbequemes Thema. Diese zentrale Eigenschaft von Weißsein, nämlich den objektiven und universellen Geltungsanspruch, gilt es mit den Methoden der Kritischen Weißseinsforschung zu dekonstruieren. So erklärt es sich, dass Weißsein als Analysekategorie in der europäischen Kunstgeschichte erst dann greifbar wird, wenn sich das *weiße* Fach durch Schwarze Perspektiven – etwa Studierende aus unterschiedlichen Weltgegenden – herausgefordert sieht und die Illusion der eigenen *weißen* als universellen Perspektive nicht aufrechterhalten kann.

In den folgenden Kapiteln werden die Anwendungsmöglichkeiten der Kritischen Weißseinsforschung im Museums- und Ausstellungsbetrieb erläutert, denn »Gedanken ohne Inhalt sind leer, Anschauungen ohne Begriffe sind blind«.[45]

44 Greve: Farbe 2013, S. 217-232.

45 Immanuel Kant: Kritik der reinen Vernunft [1781], A51.

Analysen
Zur Anwendung der Methode der Kritischen Weißseinsforschung

Die folgenden Texte tragen alle die Signatur der Kritischen Weißseinsforschung und richten den Blick auf verschiedene Sammlungsarten und Museumstypen. Dadurch mögen sich bisweilen argumentative Doppelungen ergeben, die jedoch zeigen, welche Kerngedanken der Methode unverzichtbar sind, um das jeweils vorhandene Material zu erschließen.

Als Methode habe ich die Kritische Weißseinsforschung mit meiner Habilitationsschrift *Farbe – Macht – Körper. Kritische Weißseinsforschung in der europäischen Kunstgeschichte* (2013) in die kunsthistorische Forschung eingeführt. Ihre damals nur skizzierte museumsbezogene Anwendung erprobte ich anschließend zwischen 2013 und 2019 an konkreten Beispielen. Diese sind hier zum ersten Mal versammelt und stellen damit eine Fortsetzung dar. Zugleich sind sie eine Einführung in mehrere Bremer Museen aus dieser ganz speziellen Perspektive, und ich möchte sie als Anregungen für weitere Forschungen verstanden wissen. Ziel war es, herauszufinden, ob die Anwendung der Methode der Kritischen Weißseinsforschung zu neuen Blickwinkeln und praktischen Veränderungen im Museumswesen führen kann, etwa im Umgang mit Objekten und Publikum. Auf jedes einzelne Haus bezogen, stehen noch umfassende Recherchen und Analysen zu Objekten aus kolonialen Kontexten an. Viele haben sich auf den Weg gemacht, ihre Bestände aus postkolonialer Perspektive neu zu befragen und mit der Zivilgesellschaft über veränderte Präsentationsformen zu diskutieren.

Als vorbereitender Einstieg in das Thema der Kritischen Weißseinsforschung werden im ersten Text *Zur Neuverortung mittelalterlicher Schatzkunst* exemplarisch – anhand von syrischen Gläsern und italienischen Olifanten aus den Staatlichen Kunstsammlungen Dresden – transkulturelle Entstehungsprozesse mittelalterlicher Schatzkunst analysiert. Bezüge zum *Oldenburger Wunderhorn* und zu afrikanisch-portugiesischen Elfenbeinschnitzereien beweisen, dass eine Befreiung des Denkens aus Epochen- und Ländergrenzen sinnvoll ist, um derartige Kunstkammerobjekte verstehen zu können. Frühere globale Verflechtungen lassen die heutigen weniger außergewöhnlich erscheinen und bieten Traditionen zum Anknüpfen.

Der zweite Text befasst sich mit *Identitätsfragen an die traditionelle Institution Heimatmuseum*. Heimatmuseen sind aus lokalen Traditionen erwachsen und erscheinen damit *per se* als konservativ; es identifizieren sich aber immer weniger Menschen mit ihren Inhalten: weil die Generation, die sie gegründet und gepflegt hat, ausstirbt, Menschen sich heute seltener dauerhaft lokal binden, Jüngere und Zugezogene gleichermaßen zu den präsentierten Objekten und Geschichten keinen eigenen Bezug haben. Allerdings schlummern in diesen Häusern – wie am Beispiel des Heimatmuseums Schloss Schönebeck gezeigt wird – häufig andere Objekte und Geschichten, die neuem Publikum durchaus Anknüpfungspunkte an das eigene Leben bieten können. Vielleicht ist es nicht mehr die im 19. Jahrhundert in Deutschland übliche Milchkanne aus Blech, sondern ein besticktes Püppchen als aus Südamerika stammendes Reisesouvenir. Lokal- und Globalgeschichte waren schon immer miteinander verflochten.

Noch grundlegender als die Heimatmuseen sehen sich die einstigen Völkerkundemuseen bzw. heutigen Weltmuseen infrage gestellt. *›Das Fremde‹ als Ausgangspunkt* stellt exemplarisch dar, dass sie sich in einem Dilemma zwischen Verfremdung und Identitätskonstruktion befinden. Einst im engen Zusammenhang mit dem Kolonialismus entstanden, sind sie auf der Suche nach einer neuen gesellschaftlichen Legitimation. Sie möchten gegenwärtigen Schwarzen Positionen Raum geben, sich als Institutionen selbstkritisch reflektieren, aber nicht auflösen. Die Frage, in welchem Maße Kritik von außen erforderlich ist, um Veränderungen im eigenen Selbstverständnis anzustoßen, um gesellschaftlich relevant zu bleiben, ist von grundlegender Bedeutung und weist über den Problembereich Weltmuseen weit hinaus.

Als Pendant zum Weltmuseum ist das Landesmuseum zu verstehen. Es nimmt *›Das Eigene‹ als Ausgangspunkt*. So ist das Thema *Kolonialismus und seine Folgen* in Bremen inzwischen nicht nur im Übersee-Museum, sondern auch im Focke-Museum präsent. Schrittweise werden Perspektiven von Eingewanderten bei Sonderausstellungen zu einzelnen Epochen miteinbezogen, wodurch bisherige blinde Flecken erst sichtbar werden und zugleich neue Möglichkeiten der Verknüpfung von Lokal- mit Globalgeschichte eröffnet werden.

Die Macht der Farbe thematisiert den Silberschatz der Kompanie der Schwarzen Häupter zu Riga in den Museen Böttcherstraße. Er ist Zeuge einer bis ins Mittelalter zurückreichenden Bremer Tradition. Es wird dargelegt, dass die vielschichtige Farbsymbolik von Schwarz der Grund war, warum sich *weiße* Bremer Kaufleute eine Figur mit dunkler Körperfarbe als ›Markenzeichen‹ wählten. Dieses komplexe Verfahren der Identitätskonstruktion durch die Abgrenzung von Etabliertem und die Integration von Neuem macht neugierig darauf, wie heute Gruppenidentitäten erhalten bzw. neu geschaffen werden.

Die *Topoi im Umgang mit Weißsein* legen dar, wie Dunkelhäutigkeit und Hellhäutigkeit als Kategorien der Wahrnehmung in der europäischen Malerei erst über einen jahrhundertelangen Prozess entstanden. Wie auch an Werken in der Bremer Kunsthalle nachvollzogen werden kann, wurde Haut zuvor malerisch sehr unterschiedlich dargestellt. Auch die Beschreibungen des Aussehens in der frühen europäischen Reiseliteratur waren sehr viel differenzierter als diejenigen in der Zeit der Aufklärung, als eigentlich sehr viel mehr Wissen über die Welt zur Verfügung stand. Sich dies zu vergegenwärtigen hilft, den heutigen Blick aus der konfrontativen Schwarz-Weiß-Kategorisierung zu befreien und die Aufmerksamkeit auf die fließenden Übergänge und zahlreichen individuellen Varianten zu lenken. Denn die Freiheit des Einzelnen vor Kollektivzuordnungen und Gruppenzwängen ist eine wesentliche Errungenschaft moderner Gesellschaften, die es zu schützen gilt.

In dem Text *Kulturverwaltung im Dialog mit der Zivilgesellschaft* über den Stadtdialog *Kolonialismus und seine Folgen* (2016-2019) wird Bremens Verflechtung und Bezug zur Kolonialzeit dargelegt. Die vielfältigen Vorstellungen aus Politik, Kulturinstitutionen und Zivilgesellschaft, wie mit dieser Vergangenheit umzugehen ist, werden aus der Moderatorenrolle heraus beschrieben und vor dem Hintergrund aktueller wissenschaftlicher Erkenntnisse in ein Verhältnis zueinander gebracht. Das Ergebnis ist ein Plädoyer für ein postkoloniales Erinnerungskonzept, das als multiperspektivisches, sich permanent weiterentwickelndes Mosaik zu verstehen ist: kein Minimalkonsens, sondern ein lebendiger, generationenübergreifender Gesellschaftsprozess, in dem unterschiedlichste Positionen nebeneinanderstehen, argumentativ in Dialog miteinander treten.

Der Analyse-Teil dieses Buches startet mit mittelalterlichen Objekten und endet inmitten des gegenwärtigen Globaldialogs um Provenienzforschung und Restitutionsfragen. Der *Umgang mit dem kolonialen Erbe* ist zu einem internationalen Aushandlungsprozess geworden. In Deutschland haben die Kulturminister/-innen der Länder im März 2019 gemeinsam mit der Staatsministerin des Bundes für Kultur und Medien, der Staatsministerin im Auswärtigen Amt für internationale Kulturpolitik sowie den kommunalen Spitzenverbänden *Erste Eckpunkte zum Umgang mit Sammlungsgut aus kolonialen Kontexten* verabschiedet, die es nun mit Leben zu füllen gilt. Notwendig sind neue Ideen und Kooperationen, berührt sind aktuelle Machtverhältnisse. Die Museen sind aufgefordert, sich mit ihrer spezifischen Expertise sowohl in diesen Prozess miteinzubringen als auch ihren Besuchern/Besucherinnen Möglichkeiten zu eröffnen, sich eine eigene Meinung zu bilden und sich in diesem aktuellen Diskussionsfeld zu orientieren.

Wir befinden uns im Stadium des Experimentierens. Verschiedenste Meinungen müssen berücksichtigt und reflektiert werden. Die Zukunft wird zeigen, welche Positionen sich durchsetzen, verworfen werden oder nebeneinander bestehen werden. Die Arbeitsweisen von *oral history* und Mikrohistorie sind Bestandteil des Selbstverständnisses der Kritischen Weißseinsforschung, in der ich mich als Wissenschaftlerin immer auch fragen muss, was ich selber an Denkstruktur mitbringe und in die Reflexion meines Forschungsgegenstandes hineinlege – quasi als Metaebene der Reflexion. Wissen wurde und wird von Menschen im Verlauf ihres Lebens produziert: durch praktische Erfahrung und theoretische Reflexion. Beides muss in einen Zusammenhang gebracht werden. Diese Erkenntnis, die auf eine lange Tradition verweist, gilt es heute insbesondere in den Geisteswissenschaften wieder zur Anwendung zu bringen. Bereits Platon hatte im *Theaitetos* diskutiert, dass es Fragen sind, die Wissen hervorbringen, und dieses eine wahre Meinung, verbunden mit Erklärungen,[1] ist: »Der Mensch ist das Maß aller Dinge.«[2]

---

1 Platon: Theaitetos, 201cf.

2 Platon: Theaitetos, 178b. Vollständig heißt es: »Der Mensch ist das Maß aller Dinge, wie ihr sagt, o Protagoras, des Weißen, des Schweren, des Leichten, kurz aller Dinge ohne Ausnahme von dieser Art. Denn er hat das Kennzeichen davon in sich selbst, indem er sie für solches haltend wie ihm begegnet richtig vorstellt für sich selbst und wie sie sind.« Übers. v. Friedrich Schleiermacher, hg. v. Gunther Eigler, Darmstadt 2011 (1. Aufl. 1970).

1. Kunstkammer

Objektgruppen wie syrische Gläser und Olifanten aus dem 11. bis 13. Jahrhundert sind vornehmlich als Bestände europäischer Kunstkammern des 16. und 17. Jahrhunderts in den Fokus der Forschung geraten.[3] Vonseiten der kunsthistorischen Mediävistik und Orientalistik sind vereinzelte Aufsätze zu verzeichnen. Derartige Objekte werden unter dem Schlagwort *exotica* gehandelt, welche die inzwischen für die Kunstkammern konstatierte Systematik stören. Hort Bredekamp bezeichnet ihre gleichzeitige Aufstellung in den Bereichen *naturalia, artificialia* und *scientifica* gar als »systematisch unsinnig«.[4] Die Kontroversen um die Interpretation der Kunstkammer als zukunftsgerichtetes »Laboratorium der Wissenschaft«[5] (Horst Bredekamp) oder eher rückwärtsgewandte mnemotechnische Institution – wie es Klaus Minges ausdrücken würde[6] – werden hier nicht das Thema sein. Die aktuelle Konjunktur der Kunstkammer-Forschung gibt lediglich den Anlass,[7] die Kategorie *exotica* zu diskutieren.

---

3 Der vorliegende Text entspricht im Wesentlichen meinem Habilitationsvortrag, gehalten am 14. November 2012 an der Fakultät für Architektur des Karlsruher Instituts für Technologie (KIT). Ich danke insbesondere Prof. Dr. Monica Juneja (Universität Heidelberg) und Prof. Dr. Norbert Schneider (KIT) für ihre weiterführenden Diskussionsbeiträge, die in die Textfassung miteingeflossen sind.

4 Horst Bredekamp: Antikensehnsucht und Maschinenglaube. Die Geschichte der Kunstkammer und die Zukunft der Kunstgeschichte, Berlin 2007, S. 39 (1. Aufl. 1993).

5 Ebd., S. 512.

6 Vgl. Klaus Minges: Das Sammlungswesen in der frühen Neuzeit. Kriterien der Ordnung und Spezialisierung, Münster 1998, S. 117-124.

7 Horst Bredekamp erklärt die Konjunktur des Themas Kunstkammer m.E. schlüssig mit den Parallelen zur aktuellen Medienrevolution, durch die sich neue Denknetzwerke und visuelle Vergleichsmöglichkeiten über das Internet ergeben. Vgl. Bredekamp: Antikensehnsucht 2007, S. 99-101. Insbesondere Ausstellungskatalogen der letzten Jahrzehnte ist es zu verdanken, dass einzelne Objekte der Kunstkammern erforscht und kontextualisiert wurden. Vgl. z.B. Museen der Stadt Gotha (Hg.): Von der Kunstkammer zum Schloßmuseum Gotha: 350 Jahre Sammlungen für Kunst und Wissen auf Schloß Friedenstein, Ausst.-Kat. Museen der Stadt Gotha, Gotha 1990; Kunsthalle Bonn (Hg.): Wunderkammer des Abendlands. Museum und Sammlung im Spiegel der Zeit, Ausst.-Kat. Kunsthalle Bonn, Bonn 1995; Horst Bredekamp (Hg.): Theater der Natur und Kunst: Wunderkammern des Wissens, Ausst.-Kat. Humboldt-Universität zu Berlin, Berlin 2000, 2 Bde.; Susanne König-Lein (Hg.): Weltenharmonie. Die Kunstkammer und die Ordnung des Wissens, Ausst.-Kat. Herzog Anton Ulrich-Museum Braunschweig, Braunschweig 2000; Wilfried Seipel (Hg.): Exotica: Portu-

Zur Neuverortung mittelalterlicher Schatzkunst: Syrische Gläser und italienische Olifanten

Sicherlich erscheinen einer mitteleuropäischen Betrachterin im 21. Jahrhundert ein syrisches Glas (vgl. Abb. 1) und ein Olifant (vgl. Abb. 2) ›exotisch‹,[8] also außergewöhnlich, fremd und damit aus der Ferne stammend: allerdings eher aufgrund des figurativen Dekors, das ästhetischen Kategorien folgt, die nicht vertraut sind, denn aufgrund des Materials Glas bzw. Elfenbein. Aber ist dies nicht nur ein zeitgenössischer Eindruck? Tut sich hier eine Interpretationsfalle auf, die durch die Annahme kultureller Konstanten entlang der Jahrhunderte bedingt ist? Im Folgenden wird anhand ausgewählter Objektgruppen exemplarisch nachgezeichnet, wie der durch die Stilgeschichte entwickelte unbedingte Wille zur Kategorienbildung dazu geführt hat, dass transkulturelle Objektgeschichten in der europäischen Kunstgeschichte nicht wahrgenommen oder ignoriert wurden, denn Fragen nach ihnen wären der Kategorisierung zuwidergelaufen. Es zeigt sich, dass das Überschreiten von Kultur- und Zeitgrenzen neue Denkmöglichkeiten eröffnet. Fragen wie die nach dem wissenschaftlichen Nutzen der Kategorie *exotica* beispielsweise sind dann nicht ein von heute aus gedachter Ansatz, der der Vergangenheit unangemessen übergestülpt wird, sondern können vielmehr dazu beitragen, in Vergessenheit geratene historische Zusammenhänge aufzudecken und sogar konkretes Wissen über einzelne Objekte ans Tageslicht befördern.

gals Entdeckungen im Spiegel fürstlicher Kunst- und Wunderkammern der Renaissance, Ausst.-Kat. Kunsthistorisches Museum Wien, Milano 2000; Ursula Angelmaier (Hg.): Aus der Kunstkammer Würth, Meisterwerke von 1500 bis 1800, Ausst.-Kat. Kunsthalle Würth, Künzelsau 2003; Dirk Syndram, Antje Scherner (Hg.): In fürstlichem Glanz: Der Dresdner Hof um 1600, Ausst.-Kat. Staatliche Kunstsammlungen Dresden, Mailand 2004; Renate Eikelmann (Hg.): Kunst- und Wunderkammer Burg Trausnitz, Ausst.-Kat. Burg Trausnitz, München 2004; Martin Eberle (Hg.): Die Kunstkammer auf Schloss Friedenstein, Ausst.-Kat. Stiftung Schloss Friedenstein Gotha, Gotha 2010.

8 Zum Begriff *exotica* als Synonym für »aus der Ferne stammend« vgl. Dominik Collet: Die Welt in der Stube. Begegnungen mit Außereuropa in Kunstkammern der Frühen Neuzeit, Göttingen 2007, S. 29-30.

Syrische Gläser

Syrische Gläser sind aufgrund ihrer technischen und ästhetischen Qualität sowie ihrer häufigen christlichen Motive in der Forschung immer wieder als europäische Produkte diskutiert worden. Inzwischen ist bewiesen, dass es sich in großem Maße um syrische Exportartikel handelt, die gelegentlich in Europa neu eingefasst wurden. Eine umgekehrte Entwicklung der geografischen Zuschreibung ist hinsichtlich der Olifanten zu beobachten. Galten sie aufgrund des Materials Elfenbein einst als nach Europa eingeführte arabische bzw. afrikanische Produkte, so ist heute sicher, dass die mittelalterlichen Exemplare ausschließlich in Europa für den europäischen Markt hergestellt wurden. Diese Feststellung war der Anlass, beide Objektgruppen gemeinsam in den Blick zu nehmen. Als *tertium comparationis* kann einmal die Entstehungszeit, dann die primäre Funktion eines profanen Statussymbols und in Einzelfällen die Funktion als Trinkgefäß im Jagdkontext gelten. Die einstigen Luxusprodukte verloren in der Zusammenschau europäischer Kunstkammern ihre auf den Gebrauchswert bezogene Selbstverständlichkeit und erhielten einen neuen Status als *exotica*.

Als ich erstmals die zwei syrischen Gläser im Grünen Gewölbe zu Dresden sah, fragte ich mich, wie es zu verstehen ist, dass die syrischen Gläser aus dem 13. Jahrhundert im 16. Jahrhundert von deutschen Goldschmieden neu eingefasst wurden (vgl. Abb. 1).

Wirkten die Gläser auf die europäischen Nutzer unfertig? Sollte ihre fremdartige Ästhetik in ein europäisches Erscheinungsbild eingebunden werden oder sollte ihnen eine würdigende Rahmung gegeben werden? Handelt es sich also um eine Veredelung mittelalterlicher Schatzkunst zu Zwecken neuartiger Kunstkammerpräsentation?

Abbildung 1: Glasbecher

Syrien, um 1200. Fassung: Deutsch, Anfang 15. Jh.
Grünes Gewölbe, Dresden

Im 19. Jahrhundert wurden syrische Gläser von europäischen Wissenschaftlern stilgeschichtlich untersucht, nach Fundorten und Dekor klassifiziert.[9] Inwiefern die Zuordnung einzelner Fragmente zur Aleppo-, Damaskus- oder Fusṭāṭ-Gruppe haltbar ist, stand lange im Zentrum der Forschung.[10] Aus heutiger sozialgeschichtlicher Perspektive sind die Fragen nach der Produktion für den Export und den Verbindungen zur venezianischen Glasproduktion interessanter.[11] Die große Wertschätzung des syrischen Glases belegen zeitgenössische Quellen. Der sich um 1384 in Damaskus aufhalten-

9 Vgl. Carl Johan Lamm: Mittelalterliche Gläser und Steinschnittarbeiten aus dem Nahen Osten, Berlin 1929-1930, 2 Bde.

10 Bei den wenigen vollständig überlieferten Exemplaren konnten verschiedene Herstellungstechniken – insbesondere der Becherböden – festgestellt werden. Vgl. Charles Hercules Read: On a Saracenic goblet of enamelled glass of medieval date, in: Archaeologia or miscellaneous tracts relating to antiquity, 58 (1902), H. 1, S. 217-226.

11 Vgl. Avinoam Shalem: The Otherness in the Focus of Interest: or, If only the other could speak, in: Islamic Artefacts in the Mediterranean World. Trade, Gift Exchange and Artistic Transfer, hg. v. Gerhard Wolf, Catarina Schmidt Arcangeli, Venedig 2010, S. 29-44; Emilie Savage-Smith: Das Meer in der islamischen Kartografie des Mittelalters, in: Das Meer, der

de Italiener Simone Sigoli äußerte: »Die schönsten Dinge der Welt, von den nobelsten und rechtesten Werken jeder Art, sind hier zu finden, so daß du, wenn du Geld in den Knochen deiner Beine hättest, du diese bestimmt abbrechen würdest, um von diesen Dingen zu kaufen.«[12]

Entsprechend werden die Gläser in den europäischen Inventareinträgen zumeist als »Damaskus-Gläser« bezeichnet.[13] Im Dresdener Kunstkammerinventar von 1741 wird dagegen eines der Gläser als »türkisch« und das andere als »persisch« charakterisiert.[14] Die genaue Herkunftsbezeichnung wurde durch eine unspezifische ersetzt, dem zeitgenössischen Orientalismus folgend.[15] Die Wandung des größeren Bechers schmückt eine umlaufende Darstellung der Jagd auf Kraniche. Der kleinere Becher zeigt auf Goldrankengrund drei Polospieler auf je einem weißen, gelben und roten Pferd. Am oberen und unteren Rand preisen arabische Inschriften den Ruhm eines nicht benannten Sultans. Diese Ikonografie ist typisch und findet sich auf vergleichbaren Bechern in anderen Sammlungen; beispielsweise auf dem schlanken, nach oben hin glockenartig geschweiften Becher aus farbigem Glas mit Goldemail im Landesmuseum Kassel. Zu sehen ist hier als Hauptbild ein Tamburinspieler, darüber sechs nach rechts fliegende Kraniche – wie auf dem kleinen Dresdener Becher. Die Reiter auf drei verschiedenfarbigen Pferden auf dem größeren Dresdener Becher sind ebenfalls auf einem Exemplar im Musée du Louvre zu finden. Der Kasseler Becher befindet sich seit dem Mittelalter im Schatz des Landgrafen von Hessen-Kassel. Der Pa-

---

Tausch und die Grenzen der Repräsentation, hg. v. Hannah Baader, Gerhard Wolf, Berlin 2010, S. 239-262.

12 Zitiert nach Rachel Ward: Metallarbeiten der Mamluken-Zeit, hergestellt für den Export nach Europa, in: Europa und der Orient 800-1900, hg. v. Gereon Sievernich, Hendrik Budde, Ausst.-Kat. Martin-Gropius-Bau, Berlin 1989, S. 209.

13 Vgl. Renate Eikelmann: Orientalisches Emailglas als Vorbild für den westlichen Goldschmied, in: Jahrbuch des Zentralinstituts für Kunstgeschichte, 3 (1987), S. 243-253.

14 Kunstkammerinventar 1741, fol. 31v: Cap. IV. Crystalline u. venedische gläser, auch andere sachen u. dergleichen material. Nr. 13: »Ein alt persisch glaß, mit figuren und einer arabischen schrift gemahlt. Auf dem deckel ein männigen mit dem schilde und hellebarde, so nebst dem fuß in vergold + silber gefaßt.« Nr. 14: »Ein dergleichen etwas höheres türckisches glaß, mit figuren gemahlet und mit silbernen, etwas vergoldeten schinnen [?]. Der fuß ganz von silber und sechßeckigt [...]. Beides am 6.7.1832 zum grünen gewölbe abgegeben.« – Vgl. Dirk Syndram, Martina Minnig (Hg.): Die kurfürstlich-sächsische Kunstkammer in Dresden. Das Inventar von 1741, S. 48.

15 Zum Orientalismus des 18. Jahrhunderts vgl. Edward W. Said: Orientalism, London 1978.

riser Becher wurde Ende des 19. Jahrhunderts unter einem Altar der Kirche Santa Margherita zu Ovieto gefunden.[16]

Seit der Antike sind Gläser als Trinkgefäße bekannt. Neuartig waren seit dem 11. Jahrhundert die dünnwandigen, emaillierten Becher aus dem »fatimidisch-kufischen Kulturkreis«, wie es in der älteren Literatur heißt.[17] Nach dem Untergang der Fatimiden-Dynastie im Jahre 1171 siedelten Glasarbeiter aus Armenā in die Nähe von Aleppo um und entwickelten aus der Kombination syrischer, irakischer und persischer Einflüsse ein neuartiges Dekor.[18] Einfache Datierungsformeln europäischer Kunsthistoriker/-innen – wie die Annahme eines vermehrten Dekors im Verlauf der Zeit – sind durch sozialgeschichtliche Fakten widerlegt worden. Goldemailgläser waren ebenso wie Lüsterfayencen und tauschierte Bronzearbeiten ein Ersatz für die aus religiösen Gründen verbotenen Goldgefäße. Die Transparenz der Gläser war zum Erkennen des Inhalts von eminenter Bedeutung. Lampen etwa wurden zur gleichen Zeit vollständig bemalt.[19] Zeitgenössische Quellen erzählen von Material, Produktion und Distribution der Objekte als Handelsgüter, Gastgeschenke und Tributzahlungen sowohl nach Europa als auch nach China. Erkenntnisse über die haltbarere Objektgruppe der Metallarbeiten aus der

16 Vgl. Sievernich/Budde: Europa 1989, S. 576-577.

17 Email besteht aus geschmolzenen Glasmassen, die im Feuer auf Metallrezipient als künstlerische, farbliche Verzierungen appliziert werden. Die Bezeichnung wurde im 17. Jahrhundert aus dem Französischen ins Deutsche übernommen. Glasstücke werden pulverisiert, gewaschen und als feuchter Brei auf den Metallrezipienten übertragen. Nach dem Trocknen wird der Brei in Muffelofen bei Temperaturen von ca. 700 bis 800 Grad zum Schmelzen gebracht. Nach dem Erkalten hat sich ein fester Verband gebildet. Durch den Zusatz von Metalloxyden werden Farbtöne hergestellt: Silberoxyd – gelb, Eisenoxyd – rot bis braun, Kobaltoxyd – blau, Kupferoxyd – grün, Manganoxyd – violett bis schwarz, Zinnoxyd – weiß. Nach dem Grad der Transparenz wird unterschieden zwischen undurchsichtigem, opakem und durchsichtigem, transluzidem Email. Vermischungen der Farben werden durch Schichten erzeugt. Die frühste historische Quelle hierzu ist Presbyter Theophilus' *Schedula diversarum artium* (1100) Buch 3, Kap. 53. Als zweite Hauptquelle gilt Benvenuto Cellinis *Trattari dell'oreficeria e della scultura* (Florenz 1568). Vgl. Hans Wentzel: »Becher«, in: Reallexikon zur deutschen Kunstgeschichte (RDK), Bd. 2, Stuttgart 1948, Sp. 135-147; Erich Steingräber: »Email«, in: ebd., Bd. 5, Stuttgart 1967, Sp. 1-65; Alice Bethe-Kränzner: »Emailglas«, in: ebd., Sp. 65-84.

18 Vgl. Lamm: Mittelalterliche Gläser 1930, S. 251.

19 Vgl. ebd., S. 252.

Region lassen sich auf die Gläser übertragen.[20] Als *terminus ante quem* gilt die Gefangennahme des letzten Ayyubiden-Sultans – an-Nāṣir Yūsuf (1237-1260) – im Jahr 1260 durch Truppen des mongolischen Großkhans. Mit seiner Regierung wird eine künstlerische und kulturelle Blüte Syriens verbunden, die nun vorläufig endete. Im Zuge des Zusammenbruchs der Handelsnetze im Landesinneren gewann der europäische Markt an Bedeutung. Venezianische Kaufleute wehrten sich immer wieder erfolgreich gegen das päpstliche Embargo auf Importwaren aus islamisch geprägten Regionen. Die Inschriften vieler in Europa gefundener Gefäße belegen, dass einst Sultane und hohe Beamte Auftraggeber waren. Rachel Ward schreibt treffend: »Zweifellos waren die nicht arabisch sprechenden Europäer willkommene Geschäftspartner für Kaufleute, die gerne Objekte mit den Namen eines verstorbenen, abgesetzten oder in Ungnade gefallenen Sultans oder Mamlukenbeamten loswerden wollten.«[21]

Die Größe des arabischen Handelsnetzes belegt der Fund von über 52.000 arabischen Münzen aus dem 8. bis 11. Jahrhundert in Nordeuropa.[22] Die kufischen Schriftzeichen wurden als Verweis auf die Herkunft der Objekte zunehmend auch ohne Sinnzusammenhang als bloßes Dekor reproduziert.[23] Dies war auch insofern unproblematisch, weil damit keine spezifisch

20 Vgl. Ward: Metallarbeiten 1989, S. 202-209; Richard Ettinghausen: Der Einfluß der angewandten Künste und der Malerei des Islam auf die Künste Europas, in: Sievernich/Budde: Europa 1989, S. 165-201.

21 Ward: Metallarbeiten 1989, S. 202 – Vgl. auch Frederic C. Lane: The Venetian Galleries to Alexandria, 1344, in: Wirtschaftskräfte und Wirtschaftszweige: Festschrift für Hermann Kellenbenz, Bd. 1: Mittelmeer und Kontinent, hg. v. J. Schneider, Stuttgart 1989, S. 431-440.

22 Ettinghausen: Einfluss 1989, S. 166.

23 Vgl. Kurt Erdmann: Arabische Schriftzeichen als Ornament in der abendländischen Kunst des Mittelalters, in: Abhandlungen der Geistes- und Sozialwissenschaftlichen Klasse Akademie der Wissenschaften und der Literatur in Mainz, Wiesbaden 1953, S. 467-513. – Der Aufsatz enthält einen umfangreichen Katalog von Schriftbeispielen in der europäischen Kunst. Im 14. Jahrhundert verschwinden die kufischen Ornamente aus der europäischen Kunst (Architektur, Textilien, Kunstgewerbe), sie waren offenbar zu eng mit der romanischen Ornamentik verwachsen, um in die Gotik übernommen zu werden. Zum Einfluss chinesischer Kunst auf islamisches Kunsthandwerk vgl. Herbert Fux: Chinesische Medaillonformen in der islamischen Kunst, in: Forschungen zur Kunst Asiens. In Memoriam Kurt Erdmann (1901-64), hg. v. Oktay Aslanapa, Rudolf Naumann, Istanbul 1969, S. 278-300.

islamische Ikonografie aufgegriffen wurde.[24] Auch auf den Krönungsgewändern des Heiligen Römischen Reiches finden sich seit Friedrich II. (1194-1250) arabische Schriftzüge.[25] Aus heutiger Sicht kaum zu verstehen ist die über 100 Jahre geführte Debatte, ob italienische Auswanderer in syrischen Werkstätten arbeiteten, syrische Auswanderer in italienischen Werkstätten oder einheimische Arbeiter den ›fremden‹ Stil kopierten.[26] Zu konstatieren ist ein transkultureller Produktionsprozess, der einen neuartigen Dekorstil hervorbrachte. Renate Eikelmann hat bereits in den 1980er Jahren gezeigt, dass für französisch-burgundische Deckelbecher – die um 1400 entstanden – immer noch syrische Gläser die ästhetischen Vorbilder waren.[27]

Ein letztes syrisches Glas aus der Zeit um 1250 sei vorgestellt, das 1551 eine europäische Fassung erhielt. Das Glas zeigt vier Heilige mit faltenreichen, roten und weißen Gewändern. Dieser Heiligentypus ist häufig auch auf Metallarbeiten der Region zu finden. Derartige Werke wurden für die christliche Minorität innerhalb der islamischen Gesellschaft, für Kreuzfahrer, aber auch für Muslime gefertigt. Die dem Glas später hinzugefügte Montierung folgt der ursprünglichen Bildaufteilung und verdeckt ein Fries einfacher Linien als Rahmung der Heiligen. Hinzugefügt wurde unter dem Becherboden eine spitz zulaufende Glaskrümmung, so dass eine Horn-Form entstand. Da Trinkhörner in islamischen Kulturbereichen nicht üblich waren, kann die Idee der Integration des Bechers in den Objekttypus Greifenklaue nur europäischen Ursprungs sein.[28] An der Spitze des Hornes

24 Ettinghausen: Einfluss 1989, S. 166.

25 Vgl. Tarif al Samman: Inschriften auf den Krönungsgewändern des Heiligen Römischen Reichs, in: Jahrbuch der Kunsthistorischen Sammlungen in Wien, 78 (1982), S. 7-34; Franz Kirchweger, Werner Telesko (Hg.): Thesaurus Mediaevalis. Ausgewählte Schriften zur Schatzkunst des Mittelalters, Ostfildern 2010, S. 117.

26 In Paris gab es bereits im 13. Jahrhundert Zünfte für Handwerker, die *tapiz sarrazinois* herstellten, also nach orientalischer Mode arbeiteten. Vgl. Ward: Metallarbeiten 1989, S. 243.

27 Vgl. Eikelmann: Emailglas 1987, S. 243-253; Renate Eikelmann: »mit Nidderlendischen schmelzwerch«: Das Regensburger Emailkästchen. Emailkunst an den französischen Fürstenhöfen im Spätmittelalter, in: Schatzkammerstücke aus der Herbstzeit des Mittelalters. Das Regensburger Emailkästchen und sein Umkreis, hg. v. Reinhold Baumstark, Ausst.-Kat. Bayerisches Nationalmuseum München, München 1992, S. 37-58; Renate Eikelmann: Email um 1400, in: Das Goldene Rössl. Ein Meisterwerk der Pariser Hofkunst um 1400, hg. v. Reinhold Baumstark, Ausst.-Kat. Bayerisches Nationalmuseum München, München 1995, S. 106-130.

28 Vgl. Sievernich/Budde: Europa 1989, S. 575.

steht der segnende Christus mit Strahlenkrone und Reichsapfel auf einer zweifach abgestuften Basis mit differenziertem Figurenprogramm, zu dem u.a. die zwölf Apostel gehören. Aus der Inschrift darunter geht hervor, dass der einem westfälischen Geschlecht entstammende Bruno von Drolshagen das Trinkhorn 1551 seinem Sohn Jürgen zu dessen Hochzeit widmete. Das Brautpaar ist unter der Inschrift dargestellt, das Wappen der von Drolshagen befindet sich zwischen den Greifenbeinen. Der abschließende Fries um die Öffnung des Hornes zeigt Jagdszenen. Das Trinkhorn diente nicht nur zum Umtrunk auf den Ehebund, sondern zeugt an sich von der Besiegelung des Ehevertrages – es ist also eine Art Dokument. Das umfangreiche Bildprogramm der Fassung unterstreicht diese Funktion, und der Ursprung des Glases mit arabischer Inschrift aus dem ›Heiligen Land‹ trägt zur nochmaligen Betonung dieser Botschaft bei.

Zusammenfassend komme ich bezüglich meiner Eingangsfragen zu dem Ergebnis, dass es sich bei den europäischen Fassungen syrischer Gläser nicht um eine Rivalität oder gar den Versuch eines künstlerischen Übertrumpfens handelt, sondern um würdige Rahmungen für als höherwertig angesehene Objekte. Obwohl 200 Jahre zwischen der Produktion der Gläser und der Herstellung der Fassungen liegen, war die europäische Glasproduktion noch nicht auf dem Stand der syrischen angekommen. Unsere heutige Sicht auf Goldschmiedearbeiten, die als Hauptbestand mittelalterlicher Schatzkammern gelten, wird damit relativiert.[29] Die Kunstfertigkeit bei schwieriger Materialbearbeitung oder seltene Materialien an sich wurden von den Zeitgenossen mindestens genauso hochgeschätzt. Auch die unscheinbaren Bezoare erhielten vielfach vergoldete Fassungen. Nach dem persischen Wort *bad-sahr* für »Gegengift« benannt, wurden die Magensteine von Ziegen der-

29 Vgl. beispielsweise Bistum Münster et al. (Hg.): Goldene Pracht: Mittelalterliche Schatzkunst in Westfalen, Ausst.-Kat. LWL-Landesmuseum für Kunst und Kulturgeschichte Münster, München 2012. – Durch die Glaubensfeindschaft späterer Jahrhunderte und die Spezifizierung der Disziplinen Kunstgeschichte und Orientalistik ist viel Wissen verloren gegangen, das heute durch interdisziplinäre Studien mühsam wiedergewonnen wird. Ich musste erkennen, dass es nach Klärung des Verhältnisses zwischen Gläsern und Fassungen – ohne die entsprechenden Sprachkenntnisse – wenig Sinn machte, sich eingehender der Gläserikonografie zu widmen, da eine gründliche Rezeption der arabischen, syrischen und irakischen Literatur nötig wäre, um das Thema angemessen zu bearbeiten. Selbst die relevant klingenden englischsprachigen Aufsätze in der Datenbank von *SOAS School of Oriental and African Studies* der Universität London sind in Deutschland nicht verfügbar. Vgl. http://www.soas.ac.uk (27.10.2012).

art geschätzt, dass ihr Preis nach dem Zehnfachen ihres Eigengewichts in Gold bemessen wurde. Der Stein als solcher war also sehr viel wertvoller als die Fassung.[30]

Italienische Olifanten

Die Autopsie dreier Olifanten in der Dresdener Rüstkammer warf so viele verschiedene Fragen auf, dass ich mich von dem zunächst eingenommenen Vorsatz löste, nur mittelalterliche Objekte zu untersuchen.[31] Wie am Ende zu zeigen sein wird, ermöglicht eine zeit- und raumübergreifende Analyse im Einzelfall die Herstellung eines Bezuges zwischen mittelalterlichen italienischen Olifanten, europäischen Trinkhörnern der Renaissance und afro-portugiesischen Elfenbeinhörnern des 16. Jahrhunderts mit europäischen Motiven, was aufgrund der Zuordnung letzterer zur Ethnologie bisher nicht möglich war.

Olifant kommt aus dem Altfranzösischen und bedeutet nichts anders als Elefant, im Altenglischen heißt es *olfend*.[32] Gemeint sind aus Elefantenstoßzähnen hergestellte Signal- oder Trinkhörner. Wie im Fall der syrischen Gläser wurden sie in den Anfängen ihrer Erforschung von deutschsprachigen Wissenschaftlern stilgeschichtlich gruppiert. Daraus entwickelte sich allerdings keine detaillierte Expertenliteratur. Bis heute erschöpft sich die Forschung in der Zuordnung einzelner Museumsobjekte zu den Kategorien,

---

30 Vgl. Géza von Habsburg-Lothringen (Hg.): Fürstliche Kunstkammern in Europa, Stuttgart 1997, S. 123.

31 Frau Dr. Jutta Charlotte von Bloh (damals Oberkonservatorin der Rüstkammer) danke ich dafür, dass sie mit mir das Objekt in Augenschein nahm, Einblicke in die Inventarbücher gewährte und sogleich in eine inhaltliche Diskussion mit mir einstieg.

32 Vgl. Wolfgang Pfeifer (Hg.): Etymologisches Wörterbuch des Deutschen, München 1999, S. 275 (1. Aufl. 1989); Adolf Tobler und Erhard Lommatzsch (Hg.): Altfranzösisches Wörterbuch, Wiesbaden 1964, Bd. 6, Teil 2, Sp. 1063-1066. – Zu den verschiedenen Schreibvarianten von *Olifant* im Rolandslied vgl. Joseph J. Duggan: A Concordance of the Chanson de Roland, Ohio State Univ. Press 1969, S. 277. – Es handelt sich bei dieser Namensbildung wohl um die Folge einer misslichen Übersetzung von *cornea eburnea* (elfenbeinernes Kriegshorn). Vgl. Hanns Swarzenski: Les Olifants, in: Les monuments historiques de la France, 12 (1966), S. 7-8; David MacKinnon Ebitz: The Oliphant: its function and meaning in a Courtly Society, in: Houston German studies, 6 (1986), S. 131-132.

die Otto von Falke und Ernst Kühnel zwischen 1929 und 1959 entwickelten.[33] Überliefert sind insgesamt ca. 100 Exemplare. Aus Inventaren des europäischen Mittelalters geht hervor, dass in den jeweiligen Sammlungsbeständen zumeist mehr als ein Exemplar vorhanden war. 1060 werden im Inventar des Doms zu Speyer sechs »Hörner von Helffantzehnen«[34] genannt. Von Falke teilte die mittelalterlichen Olifanten in vier Gruppen ein: erstens fatimidische Prototypen, zweitens eine Gruppe italienischer Kopien, drittens eine spätere europäische, nicht unbedingt italienische Gruppe und viertens eine byzantinische Gruppe.[35] In der ersten Gruppe – der fatimidischen – lassen sich laut von Falke aufgrund der flächenhaften Behandlung des Reliefs »keinerlei Spuren abendländischen Formengefühls finden«.[36] Ihre Heimat könne nur jenseits des Mittelmeers gesucht werden. Für die italienischen Kopien konstatierte er weniger Präzision in der Ausführung von Arabeskenbändern. Aus dem hier aber gegebenen »abendländischen Gefühl«[37] heraus sei die Tierornamentik plastischer modelliert. Dies kann wohl höchstens an den Originalen nachvollzogen werden. Entsprechend widersprach Kühnel, indem er die Produktion aller mittelalterlichen Olifanten in Sizilien und Unteritalien

33 Zur Olifanten-Forschung vgl. Fr. Bock: Über den Gebrauch der Hörner im Alterthum und das Vorkommen geschnitzter Elfenbeinhörner im Mittelalter, in: Mittelalterliche Kunstdenkmale des österreichischen Kaiserstaates, hg. v. G. Heider, R.V. Eitelberger, Stuttgart 1860, S. 127-143; Otto von Falke: Elfenbeinhörner. I: Ägypten und Italien, in: Pantheon, 4 (1929), S. 511-517; Otto von Falke: Elfenbeinhörner. II: Byzanz, in: Pantheon, 5 (1930), S. 39-44; Ernst Kühnel: Die Sarazenischen Olifanthörner, in: Jahrbuch Berliner Museen (1959), S. 33-50; Ernst Kühnel: Die islamischen Elfenbeinskulpturen, Berlin 1971, 2 Bde.; Jean-Claude Roc: L'Olifant, à l époque romane, in: Bulletin de l'association Cantal-Patrimoni, hg. v. Patrimoine en Haute-Auvergne, Saint-Flour 2006; A Shalem: Islami Christianized, Frankfurt 1996, S. 99-110.

34 Kühnel: Elfenbeinskulpturen 1971, Bd. 1, S. 55.

35 Vgl. von Falke: Elfenbeinhörner 1929, S. 511-517; ders.: Elfenbeinhörner 1930, S. 39-44.

36 Ders.: Elfenbeinhörner 1929, S. 513. – »Gotisch oder Fatimidisch« ist eine Forschungsdiskussion, die bezüglich Elfenbeinkästchen und Metallarbeiten intensiv geführt und nur am Rande auf die Olifanten übertragen wurde. Vgl. Ernst Kühnel: Das Schriftornament in der islamischen Kunst, in: Buch und Schrift, 4 (1930), S. 47ff.; Otto von Falke: Gotisch oder Fatimidisch?, in: Pantheon, 12 (1938), S. 120-129; Kurt Erdmann: Islamische Giessgefässe des 11. Jahrhunderts, in: Pantheon, 12 (1938), S 251-254; David MacKinnon Ebitz: Fatimid Style and Byzantine Model in a Venetian Ivory Carbing Workshop The Meeting of two worlds, Cultural Exchanges between East and West during the period of the Crusades, hg. v. V.P. Goss et al., Michigan 1986, S. 309-329.

37 Von Falke: Elfenbeinhörner 1929, S. 514.

verortete.[38] Ähnlich wie im Fall der syrischen Gläser bemühte er sich um die Beantwortung der Frage, ob wir es mit eingewanderten »sarazenischen« Schnitzern zu tun haben, die byzantinische und christliche Einflüsse in ihre islamische Tradition integrierten, oder mit italienischen Künstlern, die nach fatimidischem Vorbild arbeiteten:

> »Mit der Tatsache, daß eine der Hauptgruppen von Olifanten im Schnitzwerk ausgesprochen islamisches Gepräge trägt, wird man sich in der Weise abfinden müssen, daß sie von sarazenischen Schnitzern ausdrücklich für den Gebrauch im Abendland hergestellt wurden und aus besonderen Gründen sich dort großer Beliebtheit erfreuten.«[39]

Gesichert ist, dass die Tiere in Kreisornamentik auf die koptische Periode Ägyptens zurückgehen.[40] Im 11. Jahrhundert – als die Olifanten entstanden – war dieses Gliederungssystem aber nicht mehr aktuell, weshalb Ägypten als Produktionsort der Olifanten für Kühnel ausscheidet.

Die durch von Falke definierte vierte Gruppe der byzantinischen Olifanten geht auf spätantike Motive zurück.[41] In dieser Tradition steht ein besonders bekannter Olifant, das sogenannte Rolandshorn, das sich heute in Toulouse befindet.[42] Bezogen auf dieses Objekt wird erstmals in einem alten Inventar der Begriff *Olifant* verwendet, der im Rolandslied erstmals auftaucht, das um

---

38 Vgl. Kühnel: Elfenbeinskulpturen 1959, S. 46. – Sizilien gehörte bis 1071 zum Fatimidenreich und war weitestgehend von »abendländischen« Kunsteinflüssen abgekoppelt. Unter den Normannen blieb Sizilien arabisch. Roger II. (1111-1154) behielt neben der griechischen Sprache und Schrift auch das Arabische in seiner Kanzlei bei.

39 Vgl. Kühnel: Elfenbeinskulpturen 1971, Bd. 1, S. 11.

40 Vgl. Kühnel: Olifantenhörner 1959, S. 37. – Kühnel legt dar, dass Löwe, Hase, Greif, Elefant, Bären, Hyäne und Eber zu finden sind (ebd., S. 40). Der Pelikan ist zwar in arabischen Bestiarien bekannt, nicht aber sich selbst in die Brust stechend, wie im *Physiologos* christlich gedeutet. Die Darstellung des sich selbst aufopfernden Pelikans geht auf den *Physiologos* aus der 2. Hälfte des 4. Jahrhunderts zurück, in dem die christliche Tiersymbolik grundlegend entwickelt wurde und der Vorbild für die meisten mittelalterlichen Bestiarien war.

41 Die entsprechende Verzierung erinnert an die Konsulardiptychen des 6. Jahrhunderts. Vgl. von Falke: Elfenbeinhörner 1930, S. 39.

42 Vgl. Hanns Swarzenski: L'Olifant de Toulouse. Les Olifants, in: Les Monuments Historiques de la France, 12 (1966), S. 7-11; L. Golvin: L'Olifant de Toulouse, in: Archeologia: l'archéologie dans le monde et tout ce qui concerne les recherchés historiques, artistiques et scientifiques sur terre et dans les mers (1978), S. 54-63.

1100 verfasst wurde. Wie die meisten mittelalterlichen Exemplare entstand dieser Olifant im 12. Jahrhundert. Die der Verjüngung des Horns entsprechend schmaler werdenden Register zieren gegenseitige Überfälle von Löwen, Adlern, Rehen und Fabelwesen, aber auch friedliche Tiere. Die Gestalt eines Schafträgers geht auf spätantike Kunst zurück. Die ursprüngliche Darstellung der Philanthropie auf Sarkophagen wurde in der christlichen Kunst zum Gleichnis des guten Hirten. Zusammen mit den Tieren ist so ein konkreter Bezug zur Signal- und Jagdfunktion des Hornes gegeben.

Seit der Antike waren Hörner als Beutestücke und Huldigungsgeschenke auf Festzügen und bei Wettkämpfen in Europa üblich.[43] Über die wenigen überlieferten Exemplare hinaus sind sie in vielfältigen Medien dokumentiert. In Handschriften und auf Kapitellen etwa blasen Engel zur Ankündigung des Jüngsten Gerichts auf Hörnern.[44] Ihre große Wertschätzung wurzelt in vorchristlichen Bräuchen. Für England ist überliefert, dass in der Zeit Wilhelms des Eroberers (1027-1087) viele Ländereien ohne jedes Schriftstück durch das mündliche Wort, durch des Lords Schwert oder Helm, durch ein Horn oder einen Becher übertragen wurden.[45] Die Elfenbeinhörner ersetzten frühere Exemplare aus Auerochsenhorn. Damit verbunden war eine ungleich schwierigere Bearbeitung: Entgegen den natürlich hohlen Hörnern mussten die Elefantenzähne erst mühsam ausgehöhlt werden. Der Mehrwert der Olifanten setzt sich also zusammen aus der Seltenheit des Materials, der menschlichen Arbeitskraft im Produktionsprozess und der ästhetischen Innovation bei der Oberflächengestaltung. Trotz der mäßigen Signalwirkung waren Olifanten aufgrund ihres Symbolwerts in der Tradi-

43 Diese Objekte gehören zu der kunsthistorisch vernachlässigten profanen Kunst des Mittelalters. Vgl. David MacKinnon Ebitz: The Olifant: Its Function and Meaning in a Courtly Society, in: Houston German studies, 6 (1986), S. 123-141.

44 In der von Rudolf von Ems/dem Stricker verfassten Weltchronik ist dargestellt, wie ein Engel Karl dem Großen das Schwert Durandal und das Horn Olifant übergibt und wie Karl die Gegenstände feierlich Roland weitergibt. Die Buchmalerei entstand um 1300 und befindet sich heute in Sankt Gallen, Kantonsbibliothek Vadiana (Inv. Nr. Ms. 203). Vgl. Rita Lejeune, Jaques Stiennon: Die Rolandssage in der Mittelalterlichen Kunst, Bd.1(2), Brüssel 1966, S. 251, Taf. XXIV. – Ein Engel einen Olifanten blasend ist auf einem Chorkapitel von Notre-Dame du Port in Clermont-Ferrand dargestellt, das um 1100 bis 1150 entstand. Vgl. Zigmunt Swiechowski: Sculpture romane d'Auvergne, Clermont-Ferrant 1973, S. 422.

45 Vgl. Kühnel: Elfenbeinskulpturen 1971, Bd. 1, S. 12. – Auch über den dänischen König Knut (1016-1035) ist die Schenkungszeremonie eines Waldgebietes überliefert, die mit der Übergabe eines Horns besiegelt wurde (ebd., S. 13).

tion des Rolandshorns Insignien der Ritterschaft. Rolands Warnung an das Hauptheer Karls des Großen (742-814) im Jahre 778 auf dem Pyrenäen-Pass erfolgte durch einen Olifanten:

> »[...] Roland hob mit beiden Händen
> den guten Olifant zum Munde
> und begann zu blasen –
> da war der Schall so stark,
> daß die Heiden sich erschraken
> und keiner mehr den andern hören konnte [...].«[46]

Diese Überlieferung passt gut in die Zeit der Kreuzzüge und zu der seitdem immer wieder konstruierten und gepflegten Feindschaft zwischen Muslimen und Christen. Das Rolandslied ist bis ins 16. Jahrhundert Vorlage für eine Vielzahl literarischer Werke in ganz Westeuropa und wird in Frankreich zu einer Art frühem Nationalepos. Als Paladin Karls des Großen wird Roland seit dem 14. Jahrhundert zum Sinnbild für die Freiheit der Städte gegenüber den Territorialfürsten. Entsprechend ist er in Bremen als monumentale Skulptur am Marktplatz gegenüber dem Dom – dem Symbol kirchlicher Vorherrschaft – platziert und stellt auf diese Weise die bürgerliche Freiheit sinnbildlich dar.

Wie Schenkungsurkunden und Inventareinträge belegen, stifteten Adlige ihre Hörner häufig Kirchenschätzen. Dort wurden sie in Trink- oder Reliquienbehälter umfunktioniert.[47] Vielleicht erhielten einige Olifanten erst in dieser zweiten Gebrauchsphase ihre christlichen Motive.[48]

Wie im Zusammenhang mit den syrischen Gläsern bereits erwähnt, waren Trinkhörner nur in Europa üblich. Mittelalterliche Olifanten sind in

---

46 Zitiert nach Hans Werner Hegemann: Olifant. Geschichte und Geschichten um Elfenbein, München 1981, S. 6. – Roland (um 736-778) war Graf der bretonischen Mark im Frankenreich Karls des Großen und fungierte als Befehlshaber der Nachhut des fränkischen Heers, mit dem Karl einen Feldzug gegen die Mauren führte. Als er 778 beim Rückzug im Pyrenäen-Pass nochmals angegriffen wurde, warnte er das Hauptheer Karls mit seinem Horn.

47 Als früheste Erwähnung gilt eine Stiftung Kaiser Heinrich II. (1002-1034) an St. Vincent in Verdun. Vgl. Kühnel: Elfenbeinskupturen 1971, Bd. 1, S. 14.

48 Vgl. David MacKinnon Ebitz: Secular to Sacred: The Transformation of an Oliphant in the Musée de Cluny, in: Gesta, 25 (1986), S. 37.

ganz Europa, niemals aber außerhalb dieses Territoriums gefunden worden, weder als Fragmente noch als Darstellungen in der Profanmalerei.[49]

Bezeichnend für die geringe Erforschung von Olifanten ist die Objektlage in der Dresdener Rüstkammer. Objekt *Y 531* ist nach den Kriterien von Otto von Falke ins 12. Jahrhundert zu datieren und als europäisch – im fatimidischen Stil – zu bezeichnen (vgl. Abb. 2).[50]

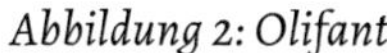

Abbildung 2: Olifant

Italien, um 1200. Rüstkammer, Dresden

Typisch ist die Dreiteilung in Blas-, Haupt- und Schallzone. Ornamentbänder trennen die Zonen, deren Flächen mit ineinander verschlungenen Kreisen gefüllt sind, in denen sich u.a. Hasen, Antilopen, Löwen und Fabelwesen befinden. Seit 2010 wird dieser Olifant in der *Türckischen Cammer* im Dresdener Residenzschloss präsentiert. Das exotisch anmutende Objekt fügt sich ästhetisch wunderbar in die Auslage türkischer Messer. Dass eine Nachbarschaft europäischer Jagd- oder Kirchenutensilien inhaltlich ebenso denkbar wäre, dürfte deutlich geworden sein, zumal dieser Olifant erst 1925 aus der

49 Vgl. Avinoam Shalem: Des objets en migration: les itineraries des objets islamiques vers l'occident latin au moyen age, 35 (2004), S. 81-93.

50 Die plastischen Rundungen sind laut von Falke nur durch Ausstechen des Grundes hergestellt. Vgl. von Falke: Elfenbeinhörner 1929, S. 517.

Sammlung Dreger Berlin für das Historische Museum Dresden erworben wurde.[51] Noch weniger erforscht ist der Dresdener Olifant X 497 (vgl. Abb. 3).

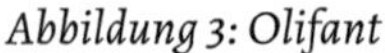
Abbildung 3: Olifant

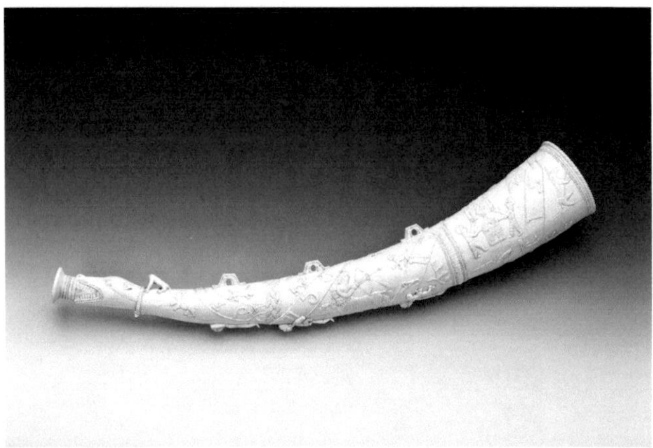

Sierra Leone, um 1490/1530. Rüstkammer, Dresden

In dem – anlässlich des Amtsantritts von Gottfried Heinrich Duckewitz (um 1700-1775) als Kunstkämmerer – angefertigten Inventar von 1741 heißt es: »Ein groß Horn, um und um mit frembden menschen, thieren und vögeln geschnitten. Ist meist 1 elle lang und 1658 eingegeben worden. Ist eine copey des so berühmten oldenburgischen horns.«[52] In einem eigenhändigen Nachtrag fügte Duckewitz später hinzu: »Sind hierogliphische figuren und dazwischen: da pacem, Domine in Diebus nostris, mit alten Buchstaben, so wie ich es in die kunst-cammer zu Kopenhagen am original gesehen habe, mense septembris 1720. Duckewitz.«[53]

Selbstbewusstsein und Engagement des promovierten Mediziners Duckewitz als Inspektor lassen sich aus zahlreichen Inventareinträgen herauslesen. Er dokumentierte neben Zu- und Abgängen, Säuberungen und Repa-

51 Vgl. Holger Schuckelt (Hg.): Die Türkische Cammer. Sammlung orientalischer Kunst in der kurfürstlich-sächsischen Rüstkammer Dresden 2010, S. 42.

52 Vgl. Dirk Syndram, Martina Minning (Hg.): Die kurfürstlich-sächsische Kunstkammer in Dresden. Das Inventar von 1741, Dresden 2010, fol. 102v/pag. 190.

53 Ebd., fol. 103r/pag. 191.

raturen seinen persönlichen Einsatz zum Schutz von Objekten während der preußischen Invasion 1765, fügte dem Bestand eigene Schenkungen hinzu und schulte seine Fachkompetenz offensichtlich durch Besuche anderer europäischer Kunstkammern. Selber erwähnt er Reisen nach Schweden und Norwegen.[54]

Wer das sogenannte *Oldenburger Wunderhorn* kennt, wundert sich über Duckewitz' Eintrag (vgl. Abb. 4).

Abbildung 4: Oldenburger Wunderhorn

Europa, um 1474/75. Kopie vor 1883. Landesmuseum für Kunst und Kulturgeschichte, Oldenburg

Wie kommen wir dazu, eine durch Inschrift belegte Augenzeugenschaft anzuzweifeln? Lediglich aufgrund der vergleichenden Betrachtung und der damit einhergehenden Feststellung, dass es sich um gänzlich verschiedene Objekte handelt. Offenbar ist Detailwissen erfunden worden, lautet die In-

54 Vgl. Christine Nagel: Professionalität und Liebhaberei: Die Kunstkämmerer von 1572 bis 1832, in: Die kurfürstlich-sächsische Kunstkammer in Dresden. Geschichte einer Sammlung, hg. v. Dirk Syndram, Martina Minnig, Dresden 2012, S. 374-375. – Bezüglich einer Silbererzstufe heißt es im Inventar von 1741, fol. 13v-14r, Nr. 34: »Ein sträußlein von gewachßenen gediegen silber auf bleyernes höltzernen füßgen. Nota bene. Diese habe ich, Dr. Duckewitz, mit aus Norwegen gebracht und hierher verschencket. Nota Bene: Dießes stück ist von glas ertz superbe geschnitten.« (Ebd.).

schrift der Goldschmiedearbeit des *Oldenburger Wunderhorns* in vergleichbaren Buchstaben doch völlig anders: »o mater dei memento mei«.[55]

Der Ruhm des *Oldenburger Wunderhorns* wuchs um 1650 während der Regierungszeit Graf Anton Günthers von Oldenburg (1583-1667). Er präsentierte es seinen Gästen als Sehenswürdigkeit und sorgte so für die Verbreitung der mit dem Objekt verbundenen Sage.[56] Es steht außer Frage, dass sie erst nachträglich erfunden bzw. mit dem um 1474 hergestellten Objekt verbunden wurde. In der Hamelmannschen Oldenburger Chronik von 1599 wird dennoch ernsthaft die Fertigung durch einen Mönch erwogen, der es Karl dem Großen geschenkt habe, der es wiederum Wittekind (nach 730-807) gab, der ein Vorfahre des Oldenburger Geschlechts gewesen sein soll.[57] Wenig später werden realistischere Gedanken zur Provenienz angestellt.[58] Vermutlich entstand die Goldschmiedearbeit im Zusammenhang mit einer diplomatischen Reise von König Christian I. (1426-1481) von Dänemark nach Köln, wo er seinen Bruder Graf Gerhard von Oldenburg (1430-1500) traf.[59] Getarnt war die Reise als Pilgerfahrt zum Grab der Heiligen Drei Könige, deren

55 Die senkrechten Inschriften »in hopen ic leve, im genohghen, ich bhegere« entsprechen dem Wahlspruch des Grafen von Oldenburg. Ein viertes senkrechtes Textband lautet »ave maria«. Auf dem eigentlichen Horn ist eingraviert: »o mater dei memento mei« und auf dem Deckel die Namen der Heiligen Drei Könige Kaspar, Melchior und Balthasar. Eine Person mit einem Schild, auf dem »trink alles aus« steht, sitzt auf dem Schwanz des Hornes. Vgl. Gitte Kjær: Das Rätsel vom Oldenburger Horn im Schloß Rosenborg, in: Oldenburger Jahrbuch, 90 (1990), S. 8-9.

56 Um 990 soll dem durstigen Grafen Otto von Oldenburg bei der Jagd eine Fee erschienen sein, die ihm aus einem silbervergoldeten und kunstvoll verzierten Jagdhorn einen Trank anbot. Als der Graf nicht sofort trank, lockte die Fee mit den Worten, das Trinken würde ihm und seinem Haus zum Besten gereichen, die Verweigerung aber Zwietracht bringen. Der durch diese Worte noch skeptischer gewordene Graf schüttete den Inhalt hinter sich, und wo einige Tropfen den Rücken seines Pferdes trafen, wurde das Fell versengt. Die Fee forderte das Horn zurück, der Graf aber nahm es mit sich und hielt es als Kleinod in Ehren. Vgl. Heinrich Dageförde: Die Sage vom Oldenburger Horn, Oldenburg 1971, S. 9-10.

57 Vgl. »Horn (Oldenburgisch-goldene)«, in: Großes vollständiges Universal-Lexikon aller Wissenschaften und Künste, hg. v. Johann Heinrich Zedler, Leipzig 1740, Bd. 25, Sp. 1133-1134.

58 Vgl. Johann Just Winckelmann: Des Oldenburgischen Wunder-Horns Ursprung, Herkunft, Materie, Form, Gestalt, Figuren und Hieroglyphische Auslegung, Bremen 1684.

59 Christian I. war als Vermittler im Streit zwischen Kaiser Friedrich III. und Herzog Karl dem Kühnen zur Vermeidung eines Krieges zwischen Burgund und dem Reich gerufen worden. Vgl. Kjær: Oldenburger Horn 1990, S. 11-13.

Namen sich ebenfalls als Inschriften auf dem *Oldenburger Wunderhorn* finden.[60] Ein Kupferstich von 1684 sorgte für die visuelle Verbreitung des Objekts und diente Anfang des 19. Jahrhunderts als Vorlage für das Titelkupfer des zweiten Bandes der Textsammlung *Des Knaben Wunderhorn* (1808) von Achim von Arnim (1781-1831) und Clemens von Brentano (1778-1842). Obwohl eindeutig eine Goldschmiedearbeit zu sehen ist, heißt es in dem ersten Text dieses Bandes:

»Das Horn vom Elefant,
So groß man keinen fand,
So schön man keinen fing
Und oben dran ein Ring.«[61]

Entsprechend ist auf dem Titelkupfer des ersten Bandes auch ein Olifant zu sehen. Die gedankliche Verknüpfung eines Olifanten mit dem für einen visuellen Vergleich nicht zur Verfügung stehenden *Oldenburger Wunderhorn* war somit nicht nur eine wirre Assoziation des Kunstkämmerers Duckewitz, sondern wurde auch 100 Jahre später noch einmal hergestellt. So fern liegt dieser Gedanke auch gar nicht, wenn wir uns von der Anschauung lösen. Könnten eventuell Bezüge zwischen der in die Zeit Karls des Großen gelegten lokalen Sage des *Oldenburger Wunderhorns* und dem in Europa weit bekannten Rolandslied und dessen Bedeutung für Karl den Großen hergestellt werden?[62]

Lassen wir von diesen geschichtlichen Aspekten ab und wenden wir uns wieder dem Objekt zu. Der Elefantenzahn weist zahlreiche figürliche Darstellungen im Flachrelief auf. An der Außenseite der Krümmung sind drei männliche Gestalten im Dreiviertelrelief ausgearbeitet. Von der dritten Schnuröse bis zur Schallöffnung windet sich ein spiralförmiges Schriftband

---

60 Vgl. ebd., S. 15-19. – Der Aufenthalt endete politisch erfolglos und finanziell prekär, mussten sie doch dem Wirt ihrer Herberge *Zur Krone* einige Kleinodien verpfänden. Gerhard schickte ein Jahr später den Sekretär Richard nach Köln, um sie einzulösen. Unter ihnen wird sich das Oldenburger Horn befunden haben.

61 Vgl. Achim von Arnim, Clemens von Brentano (Hg.): Des Knaben Wunderhorn, Bd. 2, Hildesheim 1982, S. 11 (1. Aufl. 1808).

62 Dieser Gedanke wurde aber bisher nicht einmal von Heinrich Dageförde erwogen, der 1971 seine volkskundliche Dissertation über die Sage vom Oldenburger Horn verfasste. Vgl. Dageförde: Oldenburger Horn 1971.

mit dem bereits erwähnten Text. Die im Inventar als »frembde[...] menschen, thiere[...]«[63] bezeichneten Figuren entpuppen sich bei genauerem Hinsehen als sehr vertraut: Es sind u.a. ein Zentaur mit Bogen, eine Sirene, ein Einhorn und ein Hase (vgl. Abb. 3, links). Den Schaftträger kennen wir bereits vom sogenannten Rolandshorn (vgl. Abb. 5).

Abbildung 5: Detail aus Abb. 3

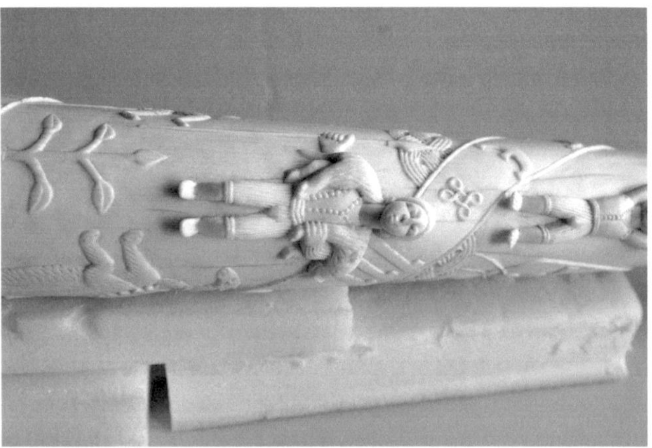

Was diese Figuren ›exotisch‹ erscheinen lässt, ist nicht die Ikonografie, sondern ihre technische Ausführung. Offenbar sind sie stärker nach Beschreibungen denn nach bebildertem Anschauungsmaterial gefertigt, wie an Einhorn und Hase besonders deutlich zu erkennen ist. Aufgrund vergleichbarer Werke lässt sich der Dresdener Olifant eindeutig als sapi-portugiesische Arbeit aus dem Gebiet des heutigen Sierra Leone identifizieren, aus der Zeit zwischen 1490 und 1530.[64] Sapi-portugiesische Hörner zeichnen sich durch Gestaltung des Mundstücks in Form eines Tiermauls und die Lage des Blaslochs an der Spitze aus. Nicht europäisch beeinflusste afrikanische Hörner haben das Blasloch üblicherweise an einer der Seiten.

Dem Dresdener Olifanten vergleichbar ist das Exemplar im Museo Nacional de Artes Decorativas in Madrid. Es zeigt auf der Außenseite auf der Höhe

63 Syndram/Minning: Inventar 2010, fol. 102v/pag. 190.

64 Vgl. Ezio Bassani, William B. Fagg: Africa and the Renaissance. Art en ivory, München 1988, S. 101 und S. 143.

der Halterungsösen drei – im Stil dem Dresdener Exemplar sehr ähnlich europäisch gekleidete – männliche Figuren in Hochrelief.[65] Im Flachrelief sind durch mehrere Register geteilt zu sehen: Jagdszenen, eine Kreuzabnahme mit dem Schriftzug »Ave Maria«, das Wappen des Hauses Avis und eine von Soldaten und Engeln gehaltene Fahne mit dem Kampfruf »Aleo«. Dieser Ruf hatte die Eroberung von Ceuta im Jahr 1415 begleitet und war später zum Motto des neuen Gouverneurs der Stadt Dom Pedro de Menezes (1370-1437) geworden. Vermutlich handelt es sich um ein Geschenk des Monarchen Dom Sebastiao (1554-1578) an Philipp II (1527-1598). Ein anderes Exemplar im Württembergischen Landesmuseum in Stuttgart hat ein ganz ähnliches Mundstück und entsprechende Hängevorrichtungen.[66] Der Klangtrichter ist mit reich profilierten Ornamentbändern in mehrere Register gegliedert, die Jagdszenen zeigen und zum Teil auf europäische Buchillustrationen zurückgehen. Dieses Exemplar ist seit 1669 in der herzoglichen Kunstkammer im Stuttgarter Schloss nachweisbar und wird in einem Inventar aus dem 18. Jahrhundert mit drei weiteren Elfenbeinhörnern beschrieben.

Aufgrund einer identisch lautenden Inschrift auf einem im Inventar der herzoglichen Kunstkammer München 1598 erwähnten Exemplar ist vermutet worden, dass das Dresdener Exemplar vormals in München war.[67] Allerdings ist der gleiche Text auf einem Exemplar in Pariser Privatbesitz zu finden.[68] Motivik und Inschriften lassen darauf schließen, dass diese Olifanten von einzelnen Werkstätten nicht als Einzelstücke, sondern als ›Serienprodukte‹ hergestellt wurden. Unser Olifant ist um 1490 in Sierra Leone entstanden, eventuell 1598 in München, 1658 in Dresden. Nach 1741 wird die Assoziation

65 Olifant im Museo Nacional de Artes Decorativas in Madrid, Inv. Nr. 21.348. Vgl. Michael Kraus, Hans Ottomeyer (Hg.): Novos Mundos – Neue Welten. Portugal und das Zeitalter der Entdeckungen, Ausst.-Kat. Deutsches Historisches Museum Berlin, Dresden 2007, S. 483.

66 Olifant im Württembergischen Landesmuseum Stuttgart, Inv. Nr. KK braun/blau 124. Vgl. ebd.

67 »[...] auf dem andern allerhand figurn von Menschen und Thieren außgeschnitten, umb und umb mit disen worten beschriben: Da pacem Domine in diebus nostris.« Zitiert nach Elke Bujok: Africana und Americana im Ficklerschen Inventar der Münchner Kunstkammer von 1598, in: Münchner Beiträge zur Völkerkunde, 8 (2003), S. 74. – Angesichts des gleichen Wortlautes liegt diese Vermutung von Ezio Bassani nahe. Vgl. Ezio Bassani: African Art and Artefacts in European Collections, London 2000, S. 101.

68 Vgl. Bassani: African Art 2000, S. 252.

mit dem *Oldenburger Wunderhorn* hergestellt, das genau in der Zeit populär wurde, als der Olifant nach Dresden kam – und das sich tatsächlich seit 1690 in Kopenhagen befindet, wo Duckewitz es gesehen haben könnte.[69]

In den Anfängen der Kunstkammerforschung im 19. Jahrhundert sind die afroportugiesischen Olifanten des 16. Jahrhunderts nicht als Objektgruppe identifiziert worden, sondern als europäische Einzelstücke, die ins erste Jahrtausend datiert wurden.[70] Inzwischen ist erwiesen, dass derartige Olifanten ebenso wie Löffel und Salzfässer aus Elfenbein für den europäischen Markt und Geschmack gefertigt wurden. Ein von Ezio Bassani erstellter Katalog afrikanischer Objekte in europäischen Sammlungen macht die enge Zeitspanne, in der die afroportugiesischen Elfenbeinarbeiten entstanden, sowie deren stilistische Ähnlichkeit untereinander deutlich.[71] Es handelt sich bei dem Olifanten also tatsächlich um ein aus der Ferne stammendes – ›exotisches‹ – Werk, das allerdings nach früheren europäischen Vorbildern für europäische Auftraggeber geschaffen und benannt wurde.

Zusammenfassend lässt sich sagen, dass die von Duckewitz konstruierte Verbindung zwischen Olifant und *Oldenburger Wunderhorn* der Authentifizierung eines Kunstkammerstücks im europäischen Kontext diente und seine wissenschaftliche Autorität untermauerte. Dass es sich in dem einen Fall um ein geschnitztes Elfenbeinhorn und in dem anderen um eine Goldschmiedearbeit handelt, welche beide Schriftzüge aufweisen, deren Wortlaut allerdings vollkommen verschieden ist, kann er kaum übersehen haben. Einerseits erfolgte eine aktive Konstruktion von Geschichtlichkeit, andererseits fand durch Wissensverlust die aufgrund des Erscheinungsbildes und der Provenienz näherliegende Identifikation des Objekts als Kolonialware

---

69 Nachdem die Grafschaft Oldenburg unter dänische Hoheit kam, wurde das Wunderhorn auf Geheiß König Christians V. (1646-1699) nach Kopenhagen gebracht, wo es sich seit 1690 befindet. Im Oldenburger Schloss ist seit 1863 eine Kopie zu sehen. Vgl. Kjær: Oldenburger Horn 1990, S. 10-11.

70 Vgl. Fr. Bock: Ueber den Gebrauch der Hörner im Alterthum und das Vorkommen geschnitzter Elfenbeinhörner im Mittelalter, in: Mittelalterliche Kunstdenkmale des österreichischen Kaiserstaates, hg. v. G. Heider, R.V. Eitelberg, Wien 1860, Bd. 2, S. 138.

71 Vgl. Ezio Bassani: Collections and Collectors. Works of art and artefacts from Black Africa in European collections from the age of discovery to the end of the eighteenth century, London 2000. – Im gleichen Figurenstil gefertigt zieren ebenfalls Schrift, Zentaur, Hirsch und Schafträger die Exemplare in der Paul and Ruth Tishman Collection of African Art, Walter Disney Co. in Los Angeles (Bassani/Fagg: Africa 1988, S. 99 und S. 139) und einer französischen Privatsammlung (ebd., S. 106).

nicht statt. Offenbar wurde auch nicht erkannt, dass das Objekt aus Afrika von einem Auftraggeber geordert wurde, der das motivische Dekor mittelalterlicher Olifanten kannte und zu einer Zeit wünschte, als die europäischen Originale längst *exotica* in Kunstkammerbeständen geworden waren. Wir haben es hier mit einem Objekt zu tun, das in wunderbarer Weise von der engen Verzahnung europäischer und außereuropäischer Geschichte zeugt.

Weitere Recherchen wären bezüglich des dritten Dresdener Olifanten zu leisten, der sich seit Kunstkammerzeiten in Dresden befindet. Er ist weder mittelalterlich noch afroportugiesisch. Die schlechte Qualität der Schnitzereien und die Tatsache, dass er nicht vollständig ausgehöhlt ist, lässt vermuten, dass es sich um ein europäisches Produkt des 17. Jahrhunderts im pseudoasiatischen Stil handelt.

Der *Dritte Raum* im Museum

Ich komme zu einem abschließenden Ausblick auf die Herausforderungen, denen sich die aktuelle Kunstkammerforschung zu stellen hat, und beginne mit einem Rückblick. Die erste systematische Erfassung der Kunstkammer als Institution und Vorläuferin heutiger Museen stammt von Julius von Schlosser.[72] Seine Abhandlung aus dem Jahr 1908 beginnt mit der Feststellung, dass Sammeln eine anthropologische Konstante ist. Er verweist auf den Sammeltrieb der Kinder und denjenigen »primitiver Menschen«.[73] Von hier aus schlägt Schlosser den Bogen zur europäischen, »vormodernen« Geschichte. Die erste Abbildung seiner Schrift zeigt einen Olifanten, den er als aus dem Orient stammenden Zeugen der verzauberten Welt des Mittelalters versteht.[74] Dem Wandel der *curiositas* von einer mittelalterlichen Todsünde

72 Vgl. Julius von Schlosser: Kunst- und Wunderkammern der Spätrenaissance. Ein Beitrag zur Geschichte des Sammelwesens, Leipzig 1908.

73 Schlosser: Wunderkammern 1908, S. 2.

74 Vgl. ebd., S. 13. – Zu dem abgebildeten Exemplar heißt es in der Bildunterschrift auf Seite 1: »Reliquien-Olifant, angeblich von Landgraf Albert III. von Habsburg 1199 dem Kloster Muri gespendet (Wien, Hofmuseum).« – Im Text auf Seite 13 wird im Anschluss an den Bildverweis von dem »berühmtesten« Olifanten berichtet, der sich heute im Münster zu Aachen befinde und »angeblich das Jagdhorn Karls des Großen und ein Geschenk Harun-al-Raschids« sei. Nach den durch von Falke 1930 und Kühnel 1959 entwickelten Kriterien würde ich den abgebildeten Olifanten in die Gruppe der im normannischen Sizilien

zu einer echten Tugend der Renaissance und Hauptantriebskraft für die Erforschung der Welt ging Lorraine Daston nach, indem sie den Wandel mittelalterlicher Schatzkammern zu früh-neuzeitlichen Kunstkammern in den Blick nahm.[75] Elisabeth Scheicher konstatierte, dass die vormals als Gotteswunder geschätzten *naturalia* in diesem Prozess zum Werkstoff degradiert wurden und fortan der menschlich erzeugte Symbolwert im Vordergrund der Rezeption stand.[76]

Elke Bujok (2004) und Dominik Collet (2007) setzten mit ihren Dissertationen an diesem Punkt an und untersuchten das Bild – im materiellen und imaginären Sinne – der außereuropäischen Welt in europäischen Sammlungen des 17. Jahrhunderts.[77] Collet korreliert seine Sammlungsuntersuchungen mit dem zeitgenössischen Bücherwissen und stellt fest, dass insbesondere durch die Dekontextualisierung nichteuropäischer Objekte eine Essentialisierung stattfand, die das Entstehen eines *Dritten Raumes* im

---

gefertigten Hörner in byzantinischer Tradition einordnen. Auch Emailbecher präsentiert Schlosser als typischen Bestand der Kunstkammern. Vgl. ebd. 1908, S. 48.

75 Vgl. Lorrain Daston: Neugierde als Empfindung und Epistemologie in der frühmodernen Wissenschaft, in: Macrocosmos in microcosmo: die Welt in der Stube. Zur Geschichte des Sammelns 1450-1800, hg. v. Andreas Grote, Opladen 1994, S. 35-59; Lorrain Daston, Katharine Park: Wunder und die Ordnung der Natur 1150-1750, Berlin 1998. – Bei Augustinus (354-430) war die *curiositas* als Wissbegierde eine Art von Wollust, eine »Begierlichkeit der Augen« (Daston: Neugierde 1994, S. 38). Bernhard von Clairvaux (um 1090-1153) definierte die Wissbegierde als Gegenteil der Bescheidenheit (ebd., S. 39). Durch Thomas Hobbes (1588-1679) sei eine Neudefinition der Neugierde erfolgt, die er als Eigenschaft des Menschen in Differenz zum Tier hervorhob, wichtiger sogar als der Verstand (ebd., S. 41). Rene Descartes (1596-1650) habe die Neugierde als Wirkung des Staunens begriffen (ebd., S. 42). Daston kommt zu dem Schluss: »Weil die Geheimnisse der Natur das Staunen, und das Staunen seinerseits die Wißbegierde nach den Ursachen herausforderte, wurden letztere eine von Hauptgegenständen frühmoderner wissenschaftlicher Fragestellungen.« Ebd., S. 49.

76 Vgl. ebd., S. 124. – Siehe auch Martin Kemp: »Wrought by No Artist's Hand«: The Natural, the Artificial, the Exotic, and the Scientific in Some Artifacts from Renaissance, in: Reframing the Renaissance: visual culture in Europe and Latin America 1450-1650, hg. v. Claire Farago, New Haven 1995, S. 177-196.

77 Vgl. Elke Bujok: Neue Welten in europäischen Sammlungen. Africana und Americana in Kunstkammern bis 1670, Berlin 2004; Dominik Collet: Die Welt in der Stube. Begegnungen mit Außereuropa in Kunstkammern der Frühen Neuzeit, Göttingen 2007.

Sinne Homi K. Bhabhas verhinderte.[78] Folglich ist zu fragen, wie derartige Exponate in heutigen Museen ›zum Sprechen‹ gebracht werden könnten. Die Akteure/Akteurinnen rund um die Kunstkammern – Jäger, Verkäufer und Sammler – machten nicht die konkreten Geschichten der Objekte stark, sondern bedienten sich zur Wertsteigerung ihrer Produkte vorherrschender, durch die Essentialisierung bedingter Stereotype, so dass die Wahrnehmung des *Dritten Raumes* verhindert wird. Nach Bhabha ist es die Macht der Ambivalenz, die für die Verbreitung und Akzeptanz des kolonialen Stereotyps sorgt: »Sie sichert seine Wiederholbarkeit in sich wandelnden historischen und diskursiven Zusammenhängen.«[79] Dadurch, dass die hier thematisierten Objektgruppen im europäischen Kontext nicht als das gesehen werden, was sie im ursprünglichen Sinne sind, wird ihnen ihre originäre Identität genommen und sie dienen zugleich als kontrastives ›Anderes‹ zur Definition des Europäischen. Der von Bhabha eingeführte Begriff des *Dritten Raumes* (*third Space*) meint keine räumliche Kategorie, sondern eine erkenntnistheoretische Dimension. Es ist ein Dazwischen (*inbetween*), ein Erfahrungsbereich im Spannungsverhältnis von Identität (als transitorischem Ort des Subjektes) und Differenz (zum historischen Ort des Objekts). Auf das Werk der afroamerikanischen Künstlerin Renée Green aufbauend, beschreibt Bhabha:

> »Das Treppenhaus als Schwellenraum zwischen den Identitätsbestimmungen wird zum Prozeß symbolischer Interaktion, zum Verbindungsgefüge,

78 Vgl. Collet: Welt 2007, S. 346. – Der *Dritte Raum* (*third space*) nach Bhabha ist nicht zu verwechseln mit dem *Dritten Ort* (*third place*) nach Ray Oldenburg, der aktuell im Museumskontext – aber auch im Zusammenhang mit Bibliotheken – diskutiert wird. Während der postkoloniale Theoretiker Bhabha eine äußerst komplexe erkenntnistheoretische Dimension meint, bezieht sich der Stadtsoziologe Oldenburg ausdrücklich auf einen physischen Raum und differenziert zwischen dem Wohnen (Erster Ort), Arbeiten (Zweiter Ort) und der Freizeitgestaltung (Dritter Ort). Letztere findet zunehmend in einer neuen Verflechtung von Privatheit und Öffentlichkeit statt. D.h., gemeinschaftlich genutzte öffentliche Orte wie Kultureinrichtungen haben das Potential einer hohen Aufenthaltsqualität und werden immer stärker nicht nur als Bildungseinrichtungen, sondern demokratischer Orte des Erlebens, der Vernetzung und des Austausches der Bürger/-innen und damit auch der Generierung von Bürgerwissen (*citizen science*) verstanden. Vgl. Ray Oldenburg: Celebrating the Third Place: Inspiring Stories about the »Great Good Place« at the Heart of Our Communities, New York 2000.

79 Vgl. Homi K. Bhabha: Die Verortung der Kultur, Tübingen 2000, S. 98 (1. engl. Aufl. 1994).

> das den Unterschied zwischen Oben und Unten, Schwarz und Weiß konstruiert. Das Hin und Her des Treppenhauses, die Bewegung und der Übergang in der Zeit, die es gestatten, verhindern, daß sich Identitäten an seinem oberen oder unteren Ende zu ursprünglichen Polaritäten festsetzen. Dieser zwischenräumliche Übergang zwischen festen Identifikationen eröffnet die Möglichkeit einer kulturellen Hybridität, in der es einen Platz für Differenz ohne eine übernommene oder verordnete Hierarchie gibt.«[80]

Läge das kunsthistorische Erkenntnisinteresse in dem Aufspüren eines solchen *Dritten Raumes*, wären die entsprechenden Objekte nicht nur kulturhistorisch zu rekontextualisieren und ihre wechselhafte Erforschungs- und Ausstellungsgeschichte zu thematisieren, sie müssten darüber hinaus in einen aktiven Dialog mit ihren gegenwärtigen Rezipienten/Rezipientinnen gebracht werden, den diese selbst zu veranlassen hätten.

Olifanten finden sich heute weltweit in Museen für islamische Kunst, Skulpturengalerien, Kunstgewerbemuseen und Rüstkammern. Die Erkenntnis, dass es sich eindeutig um europäische Profaninsignien handelt – die teilweise in religiöse Behältnisse umfunktioniert wurden –, ging im Verlauf der Geschichte und der Sammlungsbildungen verloren. Um auf Bredekamp zurückzukommen: Die »Unsinnigkeit« der Aufstellung von *exotica* an sehr verschiedenen Stellen in den Kunstkammern ist zumeist weniger durch die Objekte selbst bedingt; mangelndes Wissen der Ausstellungsmacher/-innen ist die Ursache.

Welche Konsequenzen ergeben sich aus derartigen Erkenntnissen für das heutige Kuratieren? Insbesondere das aktuelle Projekt des Humboldt-Forums steht vor dieser Frage. Unter dem Slogan *Das Erbe bewahren, um die Zukunft zu gewinnen* wird derzeit im Herzen Berlins ein neues Kunstzentrum geschaffen. Es soll dem British Museum in London, dem Prado in Madrid und dem Louvre in Paris vergleichbar werden,[81] ein Ort für außereuropäische Kulturen als Pendant zur Museumsinsel (als einem vernehmlichen Ort europäischer Kunst) sein.[82] Das Netzwerk *NoHumboldt21! Moratorium für das Humboldt-Forum im Berliner Schloss* kritisiert, dass mit

80 Bhabha: Verortung 2000, S. 5.

81 Vgl. http://www.sbs.humboldtforum.de (15.5.2012).

82 Vgl. Komplexe Geschichten erzählen. Konzeptdiskussion zum Humboldt-Forum, in: Jahrbuch Preußischer Kulturbesitz, XLVII (2011), S. 279-317.

der geplanten Rekonstruktion der preußischen Schlossfassade als Teil des Humboldt-Forums eine architektonische Erinnerung an ein Regime erfolgt, das koloniale Ausbeutung und weltweiten Kunstraub beförderte und institutionalisierte.[83] Wollen die einen die Kunst aus ehemals kolonialisierten Gebieten auf Augenhöhe mit der europäischen Kunst heben, konstatieren die anderen das Fortbestehen einer hierarchischen Differenz. Umso wichtiger erscheint ein neuartiger und kreativer Umgang mit transkulturellen Objektgeschichten in der heutigen diversifizierten Gesellschaft. Ziel muss es sein, Neugierde auf Zusammenhänge zu wecken und Multiperspektivität zunächst aushalten und dann schätzen zu lernen. Erst die Anerkennung der gemeinsamen Weltgeschichte ermöglicht eine neue Inszenierung der Vergangenheit. Entsprechende Denkprozesse könnten im Rahmen von Ausstellungen beispielsweise durch Fragen an die Besucher/-innen angestoßen werden: Welchem kulturellen Raum würden Sie das Objekt zuordnen? Warum? Oder: Verändern sich meine stereotypen Vorstellungen von Eigenem und Fremdem, wenn ich eines Besseren belehrt werde? Wie kann eine derartige Erkenntnis über meine eigene Stereotypenbildung – in diesem Fall aus dem Museum heraus – in meine Alltagswelt getragen werden? Der Abschied von den autoritären Textsorten Objektbeschriftung und Raumtext könnte ein Weg sein, den globalen Objektivitätsanspruch des europäischen Museums aufzugeben. Ein mit dem Namen eines/einer Autors/Autorin versehener Raumtext ist ein bewusster Bruch mit der vermeintlichen Objektivität der Institution. Ein als subjektive Sicht gekennzeichneter Text ließe keinen Zweifel daran, dass er eine bestimmte Interpretation darlegt, andere aber ebenso denkbar sind.[84] Insbesondere über elektronische Medien wie Audioguides und Apps lassen sich Zusatzinformationen zu einzelnen Objekten und Zusammenhänge zwischen ihnen differenzierter vermitteln, als dies im klassischen Beschriftungstext möglich ist. Querverweise auf Objekte in benachbarten Museumsgebäuden, die zu weiteren Entdeckungstouren einladen, sind ebenso wie Themenführungen aus postkolonialer Perspektive denkbar. In jedem Fall muss Raum für Stellungnahmen und

83 Vgl. http://www.no-humboldt21.de (10.2.2014).

84 Vgl. hierzu Oliver Marchart: Die Institution spricht. Kunstvermittlung als Herrschafts- und als Emanzipationstechnologie, in: Wer spricht? Autorität und Autorschaft in Ausstellungen, hg. v. Beatrice Jaschke, Charlotte Martinz-Turek, Nora Sternfeld, Wien 2005, S. 34-58; Belinda Kazeem, Charlotte Martinz-Turek, Nora Sternfeld (Hg.): Das Unbehagen im Museum. Postkoloniale Museologien, Wien 2009.

Kontroversen geschaffen werden, da sich heutige Museumsbesucher/-innen immer stärker als aktive Nutzer/-innen der Einrichtungen denn als passive Bildungskonsumenten verstehen. Des Weiteren ist das Reisen von Objekten zwischen verschiedenen möglichen Aufbewahrungsorten denkbar, so vor allem dann, wenn etwa ihr ursprünglicher Sammlungszusammenhang, ihre Provenienz oder die Besitzverhältnisse von Beutekunst ungeklärt sind. Postkoloniales Geschichtsbewusstsein in Deutschland – und daraus abgeleitetes gegenwärtiges Handeln – bedeutet, Menschen und Kulturgut ›mit Migrationshintergrund‹ als Teil des einheimischen, nationalen Narrativs zu begreifen. Dadurch wird die Chance für neuartige Selbstdefinitionen eröffnet.

2. Heimatmuseum

Als Volkskunde- und Heimatkundemuseen werden 43,4 Prozent aller Museen in Deutschland klassifiziert, so die Statistik des Instituts für Museumsforschung für das Jahr 2017.[85] Sie gehen zurück auf die um 1900 gegründeten Heimatvereine, die angesichts technisierter Produktionsverfahren und dadurch veränderter Arbeits- und Lebensbedingungen Gerätschaften aus der Landwirtschaft ebenso wie Alltagszeugnisse als kulturelle Gedächtnisträger sammelten. Die vorwiegend kleinen 2940 Häuser generieren immer noch 12,8 Prozent aller Museumsbesuche in Deutschland.[86] Es handelt sich um stabile Größen, die tendenziell steigen. *Heimat* hat nicht nur im Museumswesen als neu zu befragendes Thema Konjunktur.[87] Rief das 2013 in

85 Institut für Museumsforschung: Statistische Gesamterhebung an den Museen der Bundesrepublik Deutschland für das Jahr 2017, H. 72, Berlin 2016, S. 21. – Der folgende Aufsatz basiert auf der Antrittsvorlesung *Heimatmuseen: Vom Aussterben bedroht?*, die ich am 12. November 2013 an der Fakultät für Architektur des Karlsruher Instituts für Technologie (KIT) hielt.

86 Ebd., S. 25.

87 Vgl. beispielsweise das Projekt *Neue Heimatmuseen als Institutionen der Wissensproduktion* der Universität Oldenburg (2011-2014), ebenso die Weiterbildungsveranstaltungen *Heimat(en) als kultureller Bildungsauftrag* (16.8.2013) und *Was ist »Heimat« im Museum?* (24.-26.11.2013), beide in der Bundesakademie für Kulturelle Bildung in Wolfenbüttel. Zudem die Jahrestagung des Museumsverbandes Niedersachsen und Bremen 2014 in Goslar zum Thema *Heimat – Herausforderung für die Zukunft der Museen* oder den Kulturpolitischen Bundeskongress *KULTUR.MACHT.HEIMATen* (27.-28.6.2019) der Kulturpolitischen Gesell-

Bayern eingerichtete Heimatministerium in den anderen Bundesländern noch Verwunderung über den neu belebten Begriff hervor, wurde diese Idee 2018 auf die Bundesebene übernommen, wo es nun ein Bundesministerium des Inneren für Bau und Heimat gibt. Die Existenz von Heimatmuseen in Deutschland wird durch die ehrenamtliche Arbeit von vor Ort verwurzelten Menschen ermöglicht. Die zumeist in denkmalgeschützten Gebäuden untergebrachten Museen verschlingen Miet- und Erhaltungskosten und sind nicht nur den immer älter werdenden Träger/-innen, sondern auch der öffentlichen Hand eine (seelische) Last angesichts gestiegener Anforderungen an den Bewahrungs-, Erforschungs- und Ausstellungsauftrag von Museen. Schlummert hier ein verkanntes Einsparpotential von Steuermitteln für die föderal operierende deutsche Kulturpolitik, wie angesichts der provokanten Studie *Der Kulturinfarkt* mit dem richtungsweisenden Untertitel *Von allem zu viel und überall das Gleiche* (2012) naheliegen könnte?[88] Sind Heimatmuseen tatsächlich angesichts immer knapper werdender Finanzen für den kulturellen Bereich institutionell vom Aussterben bedroht oder sind sie nicht vielmehr in erster Linie dadurch vom Aussterben bedroht, dass die aktiven Träger/-innen einer Rentner/-innen-Generation angehören, der es nicht gelungen ist, nachfolgende Generationen für ihre Institution zu begeistern und die Verantwortung übernehmen zu lassen? Ist hieraus ein Handlungsbedarf vonseiten des Staates im Interesse der Bewahrung des kulturellen Erbes abzuleiten oder sind Schließungen mangels Ehrenamtlicher als natürlicher, kultureller Veränderungsprozess zu begreifen? Sind Heimatmuseen heute kulturpolitisch noch relevant?

---

schaft. Siehe auch folgende Literatur: Verena Schmitt-Roschmann: Heimat. Neuentdeckung eines verpönten Gefühls, Gütersloh 2010; Corinna Waffender (Hg.): Heimat (= Konkursbuch, Bd. 49), Thüringen 2010; Martin Heinze, Dirk Quadflieg, Martin Bühring (Hg.): Utopie Heimat. Psychiatrische und kulturphilosophische Zugänge, Berlin 2011; Hans-Gert Pöttering, (Hg.): Wir sind Heimat. Annäherungen an einen schwierigen Begriff, Sankt Augustin 2012; Martin Thoemmes (Hg.): Kann noch Heimat sein? Variationen zu den letzten von Martin Heidegger niedergeschriebenen Worten, Hagen-Berchum 2012; Edoardo Costadura, Klaus Ries, Christine Wiesenfeldt (Hg.): Heimat global: Modelle, Praxen und Medien der Heimatkonstruktion, Bielefeld 2019; Rainer Wenrich, Josef Kirmeier, Henrike Bäuerlein: Heimat(en) und Identität(en). Museen im politischen Raum, München 2019.

88 Vgl. Dieter Haselbach et al.: Der Kulturinfarkt. Von Allem zu viel und überall das Gleiche. Eine Polemik über Kulturpolitik, Kulturstaat, Kultursubvention, München 2012.

Identitätsfragen an eine traditionelle Institution: Transkulturalität neu entdecken

Im Haushaltsnotlage-Land Bremen sind Schutz und Förderung des kulturellen Lebens durch den Staat per Landesverfassung gewährleistet (Art. 11, III: »Der Staat schützt und fördert das kulturelle Leben«). Das Konfliktpotential bei Erwägung einer Abschaffung des Heimatmuseums Schloss Schönebeck lässt sich angesichts der beeindruckenden Zahl von derzeit über 1000 Mitgliedern im Trägerverein erahnen. Eine Schließung wäre auch nicht im Interesse des Bundeslandes Bremen, das großen Wert auf ein diversifiziertes Kulturangebot legt und mit Schloss Schönebeck ein nicht nur repräsentatives Heimatmuseum, sondern mit ihm eine museale Einrichtung mit sehr spezifischem Profil und teilweise sehr hochrangiger Objektqualität hat. Insofern ist die Frage nach der Zukunft des Museums zunächst eine, die sich der Trägerverein selbst beantworten muss. Im Zentrum steht dabei die Frage, ob es sich ausschließlich um eine sinnstiftende Institution einer vergangenen Gemeinschaft handelt oder vielmehr um einen gegenwärtigen Ort, an dem Erfahrungen der Vergangenheit auf Bedürfnisse der Zukunft treffen. Allgemeiner gefragt: Wer braucht heute noch Heimatmuseen? Wofür bzw. für wen sind sie da? Wessen kulturelle Werte vermitteln sie mit welchem Ziel? Oder zugespitzt formuliert: Braucht Zukunft wirklich Herkunft?

Museum Schloss Schönebeck

Schloss Schönebeck im Stadtteil Bremen-Vegesack ist ein typisches deutsches Heimatmuseum.[89] Der Trägerverein (heute *Heimat- und Museumsverein für Vegesack und Umgebung*) wurde 1911 gegründet. 1972 bezog er mit den inzwischen gesammelten reichen Beständen das barocke Wasserschloss in Bremen-Nord.[90]

---

89 Zum Heimatmuseum vgl. insbesondere Oliver Bätz, Udo Gößwald (Hg.): Experiment Heimatmuseum. Zur Theorie und Praxis regionaler Museumsarbeit, Marburg 1988; Martin Roth: Heimatmuseum. Zur Geschichte einer deutschen Institution, Berlin 1990; Joachim Meynert, Volker Rodekamp (Hg.): Heimatmuseum 2000. Ausgangspunkte und Perspektiven, Bielefeld 1993.

90 Das Schloss wurde um 1640 von den Herren von Oumünde und Schönebeck als Wasserschloss errichtet; der letzte Eigentümer, Oberst Friederich von der Borch, hatte 1952 den Besitz an die Stadt Bremen verkauft. Vgl. die Museumsbroschüren des Heimat- und Mu-

Im Aufsichten- und Führungsdienst sind heute ca. 50 Vereinsmitglieder im Rentenalter aktiv. Die große Mitgliederzahl hält sich konstant dank eines niedrigen Mitgliedsbeitrages, einer hohen Frequenz von Wechselausstellungen, eines umfangreichen Begleitprogramms und der festen Verankerung als Kulturinstitution vor Ort. Eine Befragung der Vorstandsmitglieder ergab, dass die meisten durch Mundpropaganda im Nachbarschaftskreis zur aktiven Vereinsarbeit kamen.

Dennoch wandte sich der Vorstand 2012 in Sorge um die Zukunft der eigenen Institution an das Museumsreferat beim Senator für Kultur. Dem vorangegangen waren mehrere Anläufe, in Eigendiskussion und mit Studierenden eine Neuaufstellung vorzunehmen.[91] Nach einem ersten Kennenlernen bat ich den Vorstand um eine Auflistung der aus seiner Sicht drängendsten Fragen. Dies waren:

- Ist die ehrenamtliche Trägerschaft heute noch zeitgemäß?
- Sollte sich das Museum einen programmatischeren Namen geben?
- Wie können neue Geldquellen erschlossen werden?
- Ist eine Erneuerung des Internetauftritts notwendig?
- Kann mit einer Universität eine konzeptionelle Überarbeitung erfolgen?
- Welche Zielgruppen werden als Museumsbesucher/-innen erwartet?

Ich bat darum, die erste Frage als zu grundsätzlich zurückzustellen und mit der zweiten Frage zu beginnen. Viele Vorschläge wurden auf Karteikarten gesammelt, diskutiert, miteinander kombiniert. Als zentraler Punkt kristallisierte sich dabei heraus, ob *Heimat* im Titel zu konservativ wirken oder – als Neue Heimat verstanden – neue Zielgruppen ansprechen könnte.

Insbesondere durch Veränderungen der Arbeitsmarktstruktur in Vegesack – wie an anderen Orten auch – sind Zu- und Abwanderungen in größerer Zahl festzustellen, wodurch der Anteil derjenigen, die über mehrere Generationen an diesem Ort leben, kontinuierlich sinkt. Durch Migration und Globalisierung stellt sich heute wieder neu die Frage, was Heimat bedeutet

---

seumsvereins für Vegesack und Umgebung *Museum Schloss Schönebeck* und *Festschrift. 100 Jahre Heimat- und Museumsverein für Vegesack und Umgebung*, 1911-2011.

91 Zuletzt hatte es Gespräche des Vorstandes mit einer Gruppe Masterstudierender der Universität Oldenburg gegeben, die sich im Rahmen eines Museumsmanagement-Seminars mit der Analyse des Zustandes des Museums befassten.

und wie Menschen an Orten heimisch werden.[92] Kann lokale Identität heute noch ein tragfähiges Konzept für ein Museum sein?

Abbildung 6: Kapitänsstube

20. Jh. Heimatmuseum Schloss Schönebeck, Bremen

Wir legten die theoretischen Überlegungen zu dem Museumsnamen (vorläufig) beiseite und gingen mehrmals gemeinsam durch das Haus, wie es der Vorstand auch mit den vorherigen studentischen Arbeitsgruppen gemacht hatte. Einzelne Vorstandsmitglieder erzählten von individuellen Bezügen zu einzelnen Objekten, von Erwerbungszusammenhängen und inhaltlichen Darstellungsproblemen. Gesammelt wird in Schönebeck nach Auskunft des Vorstandes nach dem Kriterium *regionaler Bezug hinsichtlich Wohn- und Arbeitskultur* sowie dem Kriterium *Sammlungsergänzung*. Dubletten werden wieder abgegeben bzw. im Sinne des mündlich überlieferten Sammlungskonzeptes eingetauscht. So hat sich die Sammlung insgesamt in den letzten Jahrzehnten stark vermehrt und ursprüngliche Ausstellungskonzepte sind durch das Hinzustellen von Objekten in ihrem Profil aufgeweicht worden.

Typisch für ein deutsches Heimatmuseum ist der chronologisch-regionale Aufbau mit lokalem Bezug – von der archäologischen Abteilung im

92 Vgl. weiterführend Hartmut Rosa: Heimat im Zeitalter der Globalisierung, in: Pöttering: Heimat 2012, S. 155-164.

Keller über die konkrete Gestaltung des Alltags im Erdgeschoss bis hin zur Arbeitsmarktstruktur im Obergeschoss. Im Erdgeschoss wird die gesellschaftliche Grundstruktur (Heiratsriten und Arbeitsteilung zwischen den Geschlechtern), Ernährung (Küche mit Kochutensilien und Herd), Schlafen (Alkoven), Bildung (bürgerliche Stube) und Industrialisierung (Fliesen- und Gusseisen-Produktion) thematisiert. Anhand der Wohnkultur wird bewusst die Sozialdifferenzierung in den Blick genommen: Einer repräsentativen Kapitänsstube (vgl. Abb. 6) sind Alkoven als Schlafstätten in einem Schifferhaushalt gegenübergestellt.

Die Arbeitswelt im Obergeschoss ist nach den Schwerpunkten *Navigation, Werften, Schiffsmodelle, Herings-* und *Walfang* sowie *Seenotrettung* gegliedert. Der große Stellenwert der Seefahrt in Schloss Schönebeck entspricht demjenigen der Landwirtschaft im typisch deutschen Heimatmuseum als (vergangener) zentraler Erwerbsquelle der Bevölkerung. Vegesack verfügt seit 1623 über den ersten künstlich angelegten Seehafen Deutschlands. Schiffe und Besatzungen von der Weser waren zwischen 1653 und 1872 am Walfang beteiligt.[93] Die 1895 zunächst mit vier Fangschiffen gegründete Bremen-Vegesacker Fischerei-Gesellschaft entwickelte sich bis 1939 mit 68 Heringsloggern zur größten Heringsfischereigesellschaft des Kontinentes.[94] Infolge von Überfischung und holländischer Konkurrenz stellte sie 1969 ihren Betrieb ein.

Dass von Vegesack aus zahlreiche Seefahrer/-innen nach Afrika, Amerika und Asien aufbrachen und mit *exotica*, also außergewöhnlichen Produkten aus der Ferne, wiederkamen, bezeugt je ein Raum im Erdgeschoss und im Obergeschoss.[95] Im Erdgeschoss ist es der sogenannte Rohlfs-Raum mit Bibliothek und Reisesouvenirs des Vegesackers Gerhard Rohlfs (1831-1896), der als Feldforscher und Truppenapotheker den afrikanischen Kontinent mehrmals bereiste und lange ausschließlich als wissenschaftlicher Aufklä-

93 Vgl. Heimat- und Museumsverein für Vegesack und Umgebung (Hg.): Museum Schloss Schönebeck, Bremen-Vegesack o.J., S. 26.

94 Ebd., S. 30.

95 Zum Begriff *exotica* als Synonym für »aus der Ferne stammend« vgl. Dominik Collet: Die Welt in der Stube. Begegnungen mit Außereuropa in Kunstkammern der Frühen Neuzeit, Göttingen 2007, S. 29f.

rer galt, der sich aber auch 1884 in einer Zuschrift an das Auswärtige Amt für die Gründung einer deutschen Kolonie im Benue-Flussgebiet aussprach.[96]

Sein in Schönebeck verwahrter Nachlass ist im Länderverzeichnis national wertvollen Archivguts eingetragen. Im Obergeschoss verweist ein Raum mit Seefahrer-Mitbringseln nach ›Übersee‹, sie sind nach Herkunftskontinenten sortiert: Speere, Ketten aus sogenannten Kaurimuscheln, Schnitzereien aus Walzähnen, Tongefäße und Stoffpuppen. Erst während der Rundgänge durch das Haus ist den Beteiligten diese starke Präsenz von Afrika, Amerika und Asien ins Bewusstsein gekommen.

Der Standpunkt der Kritischen Weißseinsforschung

Der zweijährige Denk- und Diskussionsprozess mit dem Vorstand des Museumsvereins fand meinerseits vor dem Hintergrund folgender Überlegungen statt:

- Ich nahm eine eigene Standortbestimmung vor. Aufgewachsen in Deutschland und Kolumbien, habe ich sechs Mal die Schule gewechselt, habe bisher in elf Städten gelebt und mindestens 23 Wohnungen bewohnt: Heimat ist mir ein zutiefst fremdes Thema.
- Der sechsköpfige Vorstand, die 50 aktiven Mitglieder, insgesamt über 1000 Vereinsmitglieder verfügen mit ihrem Bezug zu Heimat über ein Mehrwissen, dem ich persönlich nur mit Neugierde und auf einer professionellen Ebene nur mit vorsichtigen Fragen begegnen kann.
- Ich fragte, warum vorherige Versuche der Konzeptdiskussion aus Sicht des Vorstandes gescheitert waren: Es wurde dargelegt, dass nicht vornehmlich innerhalb des Vorstandes diskutiert, sondern durch von außen kommende Personen die Themen vorgegeben worden seien.[97]
- Ich definierte einige Grundsätze für meine Arbeit: das Erfahrungswissen des Vorstandes ist meinem Fachwissen gleichrangig, das Tempo des

96 Für den Hinweis auf diese eindeutig den Kolonialismus befürwortende Tatsache danke ich Dr. Aïssatou Bouba (Universität Bremen).

97 Diese Sicht des Vorstandes entsprach nicht der Wahrnehmung der Oldenburger Studierenden. Aus deren Sicht wurden sie gebeten, zu kommen, und haben einen Dialog über die Situation des Museums angeboten.

Denkprozesses bestimmt der Vorstand, ich übernehme die Funktion einer behutsamen Moderation ohne eigene Zieldefinition.

Eine solche private Selbstpositionierung zum Forschungsgegenstand ist sowohl in der Kunstgeschichte – aus der ich wissenschaftlich komme – als auch der Museologie ungewöhnlich. Für mich ist sie eine Konsequenz aus der Beschäftigung mit der Kritischen Weißseinsforschung: *oral history* wichtig nehmen, Erfahrungswissen neben akademischem Wissen wertzuschätzen, sich selber infrage stellen, neugierig auf andere Positionen werden.[98] Der aus der postkolonialen Theorie hervorgegangene Ansatz untersucht aus verschiedenen disziplinären Blickwinkeln das Paradigma Weißsein in Deutschland. *Weiß* ist dabei die Mehrheitsperspektive, und Ziel ist es, diese in ihrer Besonderheit zu analysieren, aber auch deutlich zu machen, dass es daneben Schwarze Minderheitenperspektiven gibt, die bisher vermutlich übersehen wurden. Diese grundsätzliche Art des Denkens lässt sich auf vielfältige Themen anwenden.

Heimatmuseen in Deutschland sind sowohl aufgrund ihrer historischen Genese im 19. Jahrhundert als auch der kulturellen Selbstdefinition der heutigen Trägergruppen *weiße* Orte. Dies trifft auch auf Schloss Schönebeck zu. Andererseits konnte ich selber aus meiner Minderheitenposition heraus (jünger als die Vorstandsmitglieder, ohne eigenen Bezug zum Thema *Heimat*, dafür mit professionellem Museumswissen ausgestattet) die Vorstandsmitglieder für mich als ›Andere‹ definieren und entsprechend Ideen aus der Kritischen Weißseinsforschung auf die Analyse des Museums als Institution übertragen.

Nicht das wissenschaftliche Fachwissen über Heimatmuseen von außen, sondern das Erfahrungswissen der ehrenamtlichen Träger/-innen zum Ausgangspunkt eines Denkprozesses zu machen, entspricht aber auch neueren Ansätzen der Ethnologie.[99] Wie auf diese Weise *oral history* zum Schlüssel für Mehrdimensionalität und Multiperspektivität werden kann, zeigt Ange-

---

98 Siehe hierzu vertiefend das Kapitel *Zu Programm und Theorie der Kritischen Weißseinsforschung*.

99 Die auf Clifford Geertz zurückgehende »Dichte Beschreibung« als theoretisches Konzept zum Verständnis von Kultur operiert in Teilen vergleichbar. Der/die Forscher/-in lässt die eigene subjektive Rolle und Herangehensweise in die Beschreibung und Interpretation mit einfließen angesichts der Erkenntnis, dass keine ›reine‹, objektive Darstellung des zu Analysierenden möglich ist. Ziel ist es dabei nicht, zu allgemeinen Aussagen zu kommen, sondern aus spezifischen Einzelfällen Analysen des sozialen Diskurses vorzunehmen.

la Jannellis Konzept der »Wilden Museen«.[100] In Anlehnung an Claude Lévi-Strauss' (1908-2009) *Pensée Sauvage* (1962) bekommt dabei das Irrationale und Affektive ein neues Gewicht gegenüber wissenschaftlichen Ordnungskategorien. Subtile Botschaften von Dingen, Räumen und Menschen werden hörbar. Unterschiedliche Verweiskräfte der Objekte kommen in Widerstreit mit Absichten professioneller Museumsmacher/-innen. Dabei wird dem Entschlüsseln der Vorrang vor dem Domestizieren im Sinne eines wissenschaftlichen Konzeptes gegeben. In der Nachfolge von Lévi-Strauss hatte der Wissenschaftstheoretiker Paul Feyerabend (1924-1994) mit seinem Werk *Against Method* (1975) bereits für eine anarchistische Erkenntnistheorie geworben, die auch für Heimatmuseen – als Sammlungsorte materialisierter, regional begrenzter Geschichtszeugnisse – produktiv ist:

> »Wer sich dem reichen, von der Geschichte gelieferten Material zuwendet und es nicht darauf abgesehen hat, es zu verdünnen, um seine niedrigen Instinkte zu befriedigen, nämlich die Sucht nach geistiger Sicherheit in Form von Klarheit, Präzision, ›Objektivität‹, ›Wahrheit‹, der wird einsehen, daß es nur *einen* [Herv. i.O.] Grundsatz gibt, der sich unter *allen* [Herv. i.O.] Umständen und in *allen* [Herv. i.O.] Stadien der menschlichen Entwicklung vertreten läßt. Es ist der Grundsatz: *Anything goes* [Herv. i.O.].«[101]

Durch derartige Überlegungen von chronologisch-geografischen Ordnungssystemen befreit, begann ich, die in Schönebeck vorhandenen *exotica* gedanklich aus ihrer Konzentration in zwei Räumen zu befreien. Objekte wie der Hocker aus einem Walwirbel (vgl. Abb. 7) stellen die Kategorien ›exotisch‹ und ›einheimisch‹ infrage: Weil kaum ein Bremer oder eine Bremerin heute noch direkt etwas mit Walfang zu tun hat, wirkt er exotisch.

Vgl. Clifford Geertz: Dichte Beschreibung. Beiträge zum Verstehen kultureller Systeme, Frankfurt a.M. 1994 (1. engl. Aufl. 1983).

100 Vgl. Angela Jannelli: Wilde Museen. Zur Museologie des Amateurmuseums, Bielefeld 2012.

101 Paul Feyerabend: Wider den Methodenzwang. Skizze einer anarchistischen Erkenntnistheorie, Frankfurt a.M. 1983, S. 31f. (1. engl. Aufl. 1975).

Abbildung 7: Hocker aus einem Walwirbel

Deutschland, Vegesack. Heimatmuseum Schloss Schönebeck, Bremen

Das Vorkommen von Walwirbeln war zu anderen Zeiten aber offensichtlich so selbstverständlich, dass ein Alltagsgegenstand daraus produziert wurde. Konsequenterweise steht er heute in der Ecke des Raumes über Walfang und nicht in dem Raum der *exotica*. Welche neuen Assoziationen würden frei, wenn die dortigen altperuanischen Tongefäße (vgl. Abb. 8) mit archäologischen Tongefäßfunden aus der Region Vegesack eine neue Nachbarschaft eingingen, wenn die kolumbianischen Stoffpuppen aus dem 19. Jahrhundert neben dem norddeutschen Steingurt zu sehen wären – im Sinne einer weltweiten chronologischen Ordnung?

In jedem Fall entstünde ein neuartiger Dialog der Dinge mit dem Publikum. Aber ist es nicht viel mehr als ein Dialog, eben ein Gedankenfeld, so etwas wie ein *Dritter Raum*? Dieser von Bhabha eingeführte Begriff (*third space*) meint keine räumliche Kategorie, sondern eine erkenntnistheoretische Dimension.[102]

102 Vgl. Homi K. Bhabha: Die Verortung der Kultur, Tübingen 2000, S. 98 (1. engl. Aufl. 1994). – Vgl. hierzu auch das Kapitel *Zur Neuverortnung mittelalterlicher Schatzkunst*.

Abbildung 8: Gefäße

Nazca, um 200 v. Chr./600 n. Chr. Heimatmuseum Schloss Schönebeck, Bremen

Erst die Anerkennung der gemeinsamen Weltgeschichte, mit äußerst ungleichen Machtverhältnissen, ermöglicht eine neue Inszenierung der Vergangenheit, die Transkulturalität gestern wie heute sichtbar macht. *Transkulturalität* ist ein Gesellschaftskonzept, das 1992 erstmals von dem Philosophen Wolfgang Welsch formuliert wurde.[103] Im Gegensatz zu dem auf Johann Gottfried Herder (1744-1803) zurückgehenden Verständnis von Kulturen als nach innen homogenen und nach außen abgegrenzten »Kugeln«[104] meint Welsch das Durchdringen und Verflechten von Kulturen, wobei zunächst keine globale Weltkultur, sondern Gesellschaften mit transkulturellen Elementen entstehen. Von Bedeutung ist dabei das Erkennen ›fremder‹ Elemente im Selbst. Auch Feyerabend kam im Zusammenhang mit

103 Vgl. Wolfgang Welsch: Netzdesign der Kulturen, in: Zeitschrift für Kulturaustausch, 52 (2002), H. 1, S. 86-88; ders.: Was ist eigentlich Transkulturalität?, in: Hochschule als transkultureller Raum? Kultur, Bildung und Differenz in der Universität, hg. v. Lucyna Darowska et al., Bielefeld 2010, S. 39-66.

104 »Jede Nation hat ihren Mittelpunkt der Glückseligkeit in sich wie jede Kugel ihren Schwerpunkt!« Johann Gottfried Herder: Auch eine Philosophie der Geschichte der Bildung der Menschheit [1774], Frankfurt a.M. 1967, 44f. – Auch die Konzepte von Multikulturalität und Interkulturalität sind diesem Denken unterschiedlicher Kulturen als »Kugeln« verhaftet.

seiner Schrift *Wider den Methodenzwang* zu dem Schluss, »dass *jede Kultur potentiell alle Kulturen in sich birgt* [Herv. i.O.] und daß bestimmte kulturelle Züge nichts anderes sind als die wandelbaren Ausdrucksformen *einer einzigen menschlichen Natur* [Herv. i.O.].«[105] Anstatt von sich auflösenden Grenzen zwischen einzelnen Kulturen zu sprechen, ist der Begriff der *Schwelle* im Sinne Walter Benjamins (1892-1940) besser geeignet, um zur Definition von Hybridität und vom *Dritten Raum* im Sinne Bhabha zu gelangen: »Die Schwelle ist ganz scharf von der Grenze zu scheiden. Schwelle ist eine Zone. Wandel, Übergang, Fluten liegen im Wort ›schwellen‹ und diese Bedeutung hat die Etymologie nicht zu übersehen.«[106]

In unserem Fall wäre die vorgeschlagene neuartige Objektkonfrontation in gewisser Weise eine Wiederannäherung an die ursprünglichen Sammler/-innen, die Objekte des Heimatmuseums Schloss Schönebeck zusammentrugen. Sie hatten die besonderen Reisesouvenirs ebenso wie ganz alltägliche Dinge wie eine Heringsbüchse aus der Region als bewahrenswert eingestuft. Neue Nachbarschaften von Erinnerungsstücken aus verschiedenen Regionen und Epochen würden in jedem Fall neue Denkprozesse bei den gegenwärtigen Rezipienten/Rezipientinnen auslösen: Würden sich die einen jetzt fragen, in welcher Weise altperuanische Tongefäße zum kulturellen Gedächtnis in Vegesack gehören, finden andere Besucher/-innen beispielsweise mit südamerikanischem Hintergrund – wie ich – inmitten der ihnen ansonsten fremden Gegenstände in diesem Heimatmuseum einen Anknüpfungspunkt in der eigenen Vergangenheit. Dadurch wird die Chance für ein transkulturelles Vergangenheitsverständnis eröffnet.

Hinsichtlich der Heimatmuseen definiert Jannelli in Anlehnung an Aleida und Jan Assmann ein kommunikatives und ein kulturelles Gedächtnis. Ersteres meint das an Personen gebundene, über ca. vier Generationen (80-100 Jahre) überlieferte Erfahrungswissen. Unter kulturellem Gedächtnis wird dagegen das institutionell vermittelte, wissenschaftliche Wissen verstanden.[107] Die Rahmenbedingungen für den Betrieb des Museums unterliegen in Schloss Schönebeck aktuell genau diesem grundlegenden Wandel. Das Museum befindet sich an der Stelle des Paradigmenwechsels vom kom-

105 Paul Feyerabend: Zeitverschwendung, Frankfurt a.M. 1995, S. 205.

106 Walter Benjamin: Das Passagen-Werk, hg. v. Rolf Tiedemann, Frankfurt a.M. 1983, 1. Bd., S. 618.

107 Vgl. Jannelli: Wilde Museen 2012, S. 181f.

munikativen zum kulturellen Gedächtnis.[108] Die mündliche Überlieferung muss gesichert und in eine institutionelle Vermittlung transferiert werden. Anthropologische Konstanten, wie die Frage nach der Nahrungszubereitung (Küche) oder dem Transportwesen (Fahrrad), müssen so dargestellt werden, dass heutige Besucher/-innen – egal welchem kulturellen Kontext sie entstammen – Anknüpfungspunkte zum eigenen Leben finden. Auch der Verlust der einstigen Haupteinnahmequellen der Region (Fischfang und Werftenbau) kann ein emotionales Anknüpfungsmoment für Menschen sein, die in ihren Herkunftsregionen ähnliche Verlusterlebnisse haben bzw. hatten. Das Ausmachen von Gemeinsamkeiten in der praktischen Lebensbewältigung ist prädestiniert dafür, Brücken über Zeiten und Räume hinweg zu bauen. Das Abenteuer Leben muss in einem Heimatmuseum nicht zwangsläufig die Reise in die Vergangenheit sein, sondern kann auch Anlass sein, über andere Orte im Heute zu sprechen.

Heimat im Hier und Jetzt

In Schloss Schönebeck lässt sich der Heimat-Begriff direkt aus den materiellen Beständen heraus definieren: das Leben und Arbeiten an einem spezifischen Ort, in musealer Bewahrung einer Tradition und in Auseinandersetzung mit anderen Regionen. Das Wort *Heimat* war in Deutschland ursprünglich das Neutrum *heimôti* und wurde bis Mitte des 19. Jahrhunderts im geografischen Sinne als juristische Kategorie bezüglich Landrecht, polizeilicher Meldung und Erbrecht verwendet.[109] Im Deutschen Wörterbuch der Brüder Grimm heißt es 1877 zur Definition von Heimat: »Das land oder

---

108 In hervorragender Weise lässt sich die Definition des *Paradigmenwechsels* auf Theorie und Praxis des mündlich überlieferten Heimatwissens an der Schwelle zur kulturellen Institution übertragen: »Die Referenten der wissenschaftlichen Aussage, d.h. die Gegenstände der Erfahrung, auf welche die Theorie sich bezieht, werden neu bestimmt. Es ändern sich nicht nur die Kriterien für die Anwendung der Begriffe auf die Natur, sondern auch die Klasse der Objekte, auf die diese Begriffe sich beziehen; es ändert sich der Modus, in dem Objekte und Situationen in Klassen aufgeteilt werden; es ändert sich der Blick dafür, was einander ähnlich und was voneinander verschieden ist.« Peter Ehlen et al.: Philosophie des 20. Jahrhunderts, Stuttgart 2010, S. 388.

109 Vgl. Friedrich Kluge: Etymologisches Wörterbuch der deutschen Sprache, Berlin 1989, S. 309; Wolfgang Pfeifer: Etymologisches Wörterbuch des Deutschen, München 1999, S. 525 (1. Aufl. 1989).

auch nur der landstrich, in dem man geboren ist oder bleibenden aufenthalt hat [...], selbst das elterliche haus und besitzthum heiszt so, in Baiern.«[110]

Heimat definiert die Verortung eines Menschen in Raum und Zeit, von der ausgehend die Ausbildung einer geschichtlichen und sozialen Zuordnung erfolgt. Von Anfang an wurden Geburts- und Aufenthaltsort als Tatsachen, die häufig nicht zusammenfallen und daher der spezifischen Erläuterung bedürfen, thematisiert. Noch heute ist dies ein zentrales Thema der Asyl- und Flüchtlingspolitik. Unabhängig von der Existenz eines Heimatgefühls bedeutet Heimat das Privileg, einen Aufenthaltsanspruch zu haben. In anderen Sprachen ist mit Heimat außerdem noch ein übergreifender Nationalgedanke im Sinne von »Vaterland« gemeint. In Deutschland kompensierte der Heimat-Begriff im 19. Jahrhundert in gewisser Weise das fehlende Nationalgefühl, das sich in dieser Zeit in den anderen europäischen Ländern bildet. Wird in Deutschland eine erste Heimatbewegung in der Zeit um 1900 identifiziert,[111] ist eine zweite Welle von Heimatliteratur und -filmen nach 1945 festzustellen.[112] In der Folge der eigenen deutschen Geschichtsaufarbeitung nach 1968 haben auch Heimatliteratur und Heimatfilme eine neue Konjunktur.[113] Haben wir es heute mit einer vierten Heimat-Welle zu tun?

Martin Heidegger (1889-1976) – dessen Auseinandersetzung mit dem Gedanken der Heimat sich durch sein Gesamtwerk zieht – identifizierte eine neue Heimatlosigkeit in der technisierten Welt. Kurz vor seinem Tod formulierte er in einem Grußwort für den katholischen Religionsphilosophen Bernhard Welte (1906-1983): »Einmütig sei der besinnliche Geist aller

110 »Heimat«, in: Jacob und Wilhelm Grimm: Deutsches Wörterbuch/Der Digitale Grimm. Elektronische Ausgabe der Erstbearbeitung, Frankfurt a.M. 2004.

111 Zur Entwicklung des Heimat-Begriffs im deutschsprachigen Raum vgl. Thoemmes: Heimat 2012.

112 Am 6. August 1950 fand eine Kundgebung der Vertriebenenverbände vor dem Stuttgarter Schloss statt, um für den Verzicht auf Rache und das Recht auf Heimat zu demonstrieren. Seitdem ist der 6. August offizieller *Tag der Heimat*.

113 Vgl. beispielsweise das im amerikanischen Exil während des zweiten Weltkriegs verfasste *Das Prinzip Hoffnung* (1954-1959) von Ernst Bloch, Max Frischs *Heimat – ein Fragebogen* (1971) und Siegfried Lenz' *Heimatmuseum* (1979), außerdem die Heimatfilme von Edgar Reitz: 1984: Heimat – Eine deutsche Chronik; 1992: Die 2. Heimat – Chronik einer Jugend; 2004: Heimat 3 – Chronik einer Zeitenwende; 2006: Epilog: Heimat – Fragmente; 2012: Die andere Heimat – Chronik der Sehnsucht.

Teilnehmenden. Denn es bedarf der Besinnung, ob und wie im Zeitalter der technisierten gleichförmigen Weltzivilisation noch Heimat sein kann.«[114]

Die von Heidegger konstatierte Entfremdung des Menschen angesichts technischer Innovationen ist heute ungleich weiter fortgeschritten. Aber bereits 1962 hatte Marshall McLuhan (1911-1980) die Idee des »globalen Dorfes« geprägt, das die Möglichkeit eines Heimisch-Seins in der vernetzten Welt beinhaltete.[115] D.h., sowohl die Welt-Entfremdung der Individuen als auch das Bilden kollektiver, globaler Identitäten werden seitdem im Zusammenhang mit dem Heimat-Begriff diskutiert. Rainer Marten setzte sich 1980 intensiv mit Heideggers Heimat-Bedürfnis als philosophischer Herausforderung auseinander.[116] Er stellte heraus, dass Heidegger den Menschen an sich zur Heimatlosigkeit verdammt sah, die Heimkehr in sein Wesen eine ewige Sehnsucht sei. Die daraus abgeleitete Ideologie einer in einem geografischen Raum zu verortenden ›Stammesseele‹, der entgegen zu streben sei, und damit einhergehend eine ›Heimatunwürdigkeit‹ der ›Anderen‹ befördere ein gefährliches Geschichtsbewusstsein.[117] Marten bezeichnet Heideggers Heimat-Definition als Diskriminierung des Geschichtlichen und Gegenwärtigen. Er fordert die Ablösung von der (völkischen) Ortsbindung und definiert Heimat in eine geglückte Lebenspraxis um – losgelöst von der Herkunft. Die Heimat-Definition von Marten ist die pragmatische Antwort auf die geografisch-kulturell verstandene konservative Heimat-Utopie à la Heidegger einerseits und die linke Vorstellung einer friedlichen, multikulturellen Heimat-Heterotopie[118] als Gegenort zum Jetzt andererseits.

---

114 Zitiert nach Thoemmes: Heimat 2012, S. 8.

115 Marshall McLuhan: The Gutenberg Galaxy, London 1962; Marshall McLuhan, Bruce R. Powers: The Global Village. Der Weg der Mediengesellschaft in das 21. Jahrhundert, Paderborn 1995 (1. engl. Aufl. 1992).

116 Vgl. Rainer Marten: Heideggers Heimat – eine philosophische Herausforderung, in: Nachdenken über Heidegger: Eine Bestandsaufnahme, hg. v. Ute Guzzoni, Hildesheim 1980, S. 136-159.

117 Vgl. ebd., S. 138-139.

118 *Heterotopie* ist ein von Michel Foucault entwickelter Begriff für Räume und Orte und ihre ordnungssystematische Bedeutung, die nach eigenen Regeln funktionieren. Es sind Gegenplatzierungen zur gesellschaftlichen Realität, realisierte Utopien. Vgl. Michel Foucault: Andere Räume [1967], in: Aisthesis: Wahrnehmung heute oder Perspektiven einer anderen Ästhetik. Essais, hg. v. Karlheinz Barck, Leipzig 1992, S. 34-46 (1. franz. Aufl. 1967).

In Zeiten, in denen angesichts von Migration und Globalisierung Heimat als Ort ein immer weniger überzeugendes Konzept wird, muss der Gegensatz zwischen Sesshaftigkeit und Migration neu in den Blick genommen werden. Immer mehr Menschen werden einerseits in der globalen, digitalen Welt heimisch und immer mehr Menschen werden andererseits durch Armut, Umweltkatastrophen und Kriege heimatlos. Welche Bedeutung hat da der traditionelle Heimat-Begriff noch? Warum wird er in die Bezeichnung deutscher Ministerien im 21. Jahrhundert aufgenommen? Das klassische Museum entspricht dem konservativen Bedürfnis nach einer geografisch und kulturell klar definierbaren Heimat. Vor allem diejenigen, die Heimat haben, verfügen über das Potential, einen produktiven gegenwärtigen Dialog über Heimat zu befördern, wenn das menschliche Bedürfnis nach räumlicher Sicherheit und sozialer Zugehörigkeit im Zusammenhang mit freiwilliger und unfreiwilliger Mobilität gedacht wird, wenn die Sehnsüchte von Heimweh und Fernweh Berücksichtigung finden und Glokalisierung[119] als Lebenspraxis anerkannt wird. Im *Dritten Raum* zwischen Nähe und Distanz, lokaler Verwurzelung und globalem ›Überall-Sein‹ entstehen transkulturelle Heimaten und neue Heimatmuseen.[120]

Entwicklungsperspektiven

Für Schloss Schönebeck hat die vorgenommene Selbstbefragung – vor dem Hintergrund der Kritischen Weißseinsforschung – zu einer veränderten Identität geführt, die einerseits selbstbewusst die Bezeichnung *Heimatmuseum* wieder in den Eigennamen eingeführt hat und andererseits die Wahl des Mottos *Von Vegesack in die Welt* für den Untertitel brachte. Dieses Heimatmuseum ist kulturpolitisch relevant und kann als Labor für die Zukunft begriffen werden, ohne dass dies als Bedrohung für die eigene Existenz und lokale Verankerung der Träger/-innen empfunden wird. Die Institu-

119 Mit *Glokalisierung* sind die Verbindung und das Nebeneinander des vieldimensionalen Prozesses der Globalisierung und seinen lokalen Auswirkungen gemeint. Vgl. Roland Robertson: Glokalisierung: Homogenität und Heterogenität in Raum und Zeit, in: Perspektiven der Weltgesellschaft, hg. v. Ulrich Beck, Frankfurt a.M. 1998, S. 192-220.

120 Das Landesmuseum Karlsruhe versucht beispielsweise, einen solchen Gedanken in der im Juni 2013 eröffneten neuen Abteilung *WeltKultur* umzusetzen. Durch individuelle Zugänge, Parallelisierungen exotischer Bräuche aus etwa Bayern und Anatolien wird Heimat neu definiert.

tion öffnet sich programmatisch sowohl für junge Menschen als auch für Zugezogene und kann auf neue Art identitätsstiftend wirksam werden.[121] Das Potential, ein sozialer Ort sein zu können, an dem Gegenwartsfragen auf Geschichtszeugnisse treffen, wird sichtbar. ›Schwarze Objekte‹ – d.h. bisher von den *weißen* Museumsbetreiber/-innen als ›anders‹ markierte Sammlungsgegenstände – werden mit den klassischen ›Heimat-Objekten‹ als gleichrangig anerkannt und können so subalterne Erzählungen hörbar machen. Übersee – also die Gegenden jenseits des Meeres – ist ein integraler Bestandteil der Vegesacker-Identität. Die Beschäftigung mit diesem im kollektiven Gedächtnis verschütteten Aspekt ermöglicht neue Heimat-Definitionen in Zeit und Raum. Zukünftige Kuratoren/Kuratorinnen werden sich stärker als Versammlungsleiter/-innen eines »Parlaments der Dinge«[122] verstehen müssen. Mit einer echten Offenheit kann jetzt gefragt werden: Was möchte die aktuelle Trägergeneration weitergeben? Was würden sich jüngere Generationen von einer solchen Institution wünschen? Wie können Zuwanderer/-innen angesprochen werden?

Heimat ist eine Metapher für eine ganz bestimmte Weltbeziehung, und als eine Beschreibung des In-der-Welt-Seins geht sie jeden Menschen an. Das Heimatmuseum bietet seinem Publikum dazu eine praktische Orientierung in der Welt an.[123] Wir haben es in dem Sinne mit materialisierter Geschichte zu tun, als dass hier menschliche Zeugnisse aus der Vergangenheit

---

121 Im Mai und Juni 2015 wurden beispielsweise die Ausstellungen *Musik aus Bambus, Stein und Seide. Traditionelle Musikinstrumente Südostasiens* und *Japan im Spannungsfeld von Kultur und Innovation. Fotografien von Dirk Kutscher* gezeigt. 2018 war es die Ausstellung *Von Vegesack nach Deutsch-Südwestafrika*, die das Thema *Kolonialismus* direkt aufgriff und die nach dem Ersten Weltkrieg von Vegesack nach Namibia ausgewanderten Vegesacker Gebrüder Jan und Fritz Gaerdes zum Thema machte.

122 Zu diesem Konzept in der politischen Kultur vgl. Bruno Latour: Das Parlament der Dinge. Für eine politische Ökologie, Frankfurt a.M. 2009 (1. franz. Aufl. 1999); Scott Lash: Objekte, die urteilen. Latours Parlament der Dinge, in: eipcp. Europäisches Institut für Progressive Kulturpolitik (1999), 6 (http://eipcp.net/transversal/0107/lash/de, 1.12.2014).

123 Insofern ist gerade das Heimatmuseum dafür prädestiniert, mit partizipativen Methoden zu arbeiten. Vgl. Hartmut John, Anja Dauschek (Hg.): Museen neu denken. Perspektiven der Kulturvermittlung und Zielgruppenarbeit, Bielefeld 2008; Susanne Gesser et al. (Hg.): Das partizipative Museum. Zwischen Teilhabe und User Generated Content. Neue Anforderungen an kulturhistorische Museen, Bielefeld 2012; Beatrice Jaschke, Nora Sternfeld (Hg.): educational turn. Handlungsräume der Kunst- und Kulturvermittlung, Wien 2012.

im Zentrum stehen und allgemeingültige Muster menschlicher Entwicklung identifiziert werden können. Die Geschichtsphilosophie als ein Denken über Verlauf und Ziel der von Menschen gemachten Geschichte erfordert das In-Bezug-Setzen der eigenen subjektiven und regionalen Geschichte zur Menschheitsgeschichte. Dem Bild der Vergangenheit, das die zur Geschichte gewordene museale Darstellung im Heimatmuseum vermittelt, liegt eine noch nicht zum Bild gewordene Gegenwart und Zukunft zugrunde. Das Interesse an dem historischen Rückblick der Besucher/-innen des Heimatmuseums kann so als befreiende Lösung aus der Bindung an das Heute erlebt werden und Raum schaffen für die Bewältigung der Zukunft. In diesem Sinne können an diesem neuen Erfahrungsort Wertedebatten über frühere Lebensgestaltungen und heutige Herausforderungen in der transkulturellen Gesellschaft geführt werden.

Ich komme auf die eingangs dargelegten Fragen des Museumsvorstandes zurück. Über die Namensdiskussion ist mittels meiner Moderation ein von innen heraus entwickeltes neuartiges Selbstverständnis entstanden. In Schloss Schönebeck gilt es nun erstens Hauptobjekte zu identifizieren, an denen sich diese transkulturelle Ausstellungsnarration als roter Faden darstellen lässt, zweitens Mitmachstationen für junges Publikum zu installieren und drittens zum Nachdenken anregende Fragen an die Besucher/-innen zu formulieren;[124] all dies inmitten der ansonsten unveränderten Gesamtausstellung. Denn es gilt unbedingt, die Struktur des »Wilden Museums« zu bewahren.

Eine Zusammenarbeit mit Studierenden bei der Konzeptfindung stellte sich im Verlauf des Prozesses als schwierig heraus, da der Vorstand selber durch jahrelange Erfahrung ein viel profunderes Fachwissen hat als theoretisch ausgebildete Studierende, die ihrerseits aber fähig sind, neue Fragen zu formulieren. Erst nach der abgeschlossenen Neuorientierung des Vorstandes wurde im Rahmen eines Seminars ein neuer Rundgang aus postkolonialer Perspektive durch das Museum konzipiert, unter dem nun von den Betreibern selber vorgegebenen Motto *Von Vegesack in die Welt*. Wie am Anfang angeführt, hatte der Vorstand in der Vergangenheit häufiger die Er-

124 Nicht alleine innerhalb des Museums zu lösen sind die ganz praktischen Ideen, eine Buslinie derart an dem Museum entlangzuführen, dass die Erreichbarkeit verbessert wird, und ein Café einzurichten, so dass das Schloss in idyllischer Landschaft als Ausflugsziel und Treffpunkt in der Region attraktiver wird.

fahrung gemacht, dass ihre Institution zu Forschungszwecken aufgesucht und sie interviewt wurden, sie daraus aber für sich selber keinen Mehrwert haben. Natürlich ist es zu begrüßen, wenn Bestände erforscht werden und ein Interesse an der Funktionsweise dieses Museums besteht. Außerdem wird auf diesem Wege kompensiert, dass die ehrenamtlichen Betreiber/-innen des Museums mit den musealen Aufgabengebieten Sammeln, Bewahren, Präsentieren und Vermitteln vollkommen ausgelastet sind und keine eigenen Kapazitäten für die fünfte museale Kernaufgabe – das Forschen – haben. Allerdings haben die ehrenamtlichen Mitarbeiter/-innen des Museums wenig praktischen Nutzen an einem wissenschaftlichen Aufsatz in einer Fachzeitschrift für ihren täglichen Museumsbetrieb. Mit dem neuen Selbstbewusstsein, dass sie eine äußerst interessante Institution betreiben, sollten in Schönebeck zukünftig im Vorfeld solcher Aktivitäten Kooperationsverträge mit Studierenden und Wissenschaftlern/Wissenschaftlerinnen geschlossen werden. Zuarbeiten an die Institution durch die externen Personen sollten dabei quasi als Gegenleistungen für die Archivnutzung vereinbart werden, etwa das Verfassen einzelner Beschriftungsschilder oder Raumtexte zu den erforschten Objektgruppen.[125]

»Wilde Museen« stellen die Autorität des wissenschaftlichen Wissens in Frage: Wer spricht im Heimatmuseum mit welcher Autorität, in welchem Verhältnis stehen geschichtliche Fakten und subjektive Erinnerung? Für die *weiße* Wissenschaftswelt ist dies eine die eigene Substanz bedrohende Frage, denn wenn dieses Denkfeld einmal eröffnet ist, betrifft es auch Landes- und Nationalmuseen: Welchen Stellenwert hat das Erfahrungswissen der sogenannten Laien in Bezug zu dem – als Norm geltenden – wissenschaftlichen Wissen? So begrüßenswert das neue wissenschaftliche Interesse an Heimat-

---

125 Allerdings war laut den Oldenburger Studierenden genau dies in mehreren Anläufen probiert worden. Vermutlich führte vor allem der Faktor Zeit zu der Differenz zwischen den Erfahrungen der Studierenden und meinen eigenen: Als Oldenburg angefragt wurde, sollten in einem oder zwei Semestern konkrete Ergebnisse erarbeitet werden und der Vorstand hatte nicht das Gefühl, den Verlauf selber mitbestimmen zu können. Als ich in Schönebeck aktiv wurde, gab es weder Zeit- noch Erfolgsvorgaben und der Vorstand selber wollte Veränderung. Letztendlich habe ich fast monatliche Sitzungen mit dem Vorstand über einen Zeitraum von zwei Jahren durchgeführt. Als praxisorientierte Zuarbeit meinerseits habe ich dem Vorstand eine Liste der gemeinsam durchdachten nächsten Bearbeitungsschritte bezüglich der Neudefinition ihrer Institution übergeben, die sie im Rahmen ihrer ehrenamtlichen Arbeit schrittweise angehen oder als Projekte vergeben können.

museen ist, kann meines Erachtens die Gefahr aufkommen, dass der Laienbereich durch das Wissenschaftssystem nicht gleichwertig behandelt wird: Die ehrenamtlichen Betreiber/-innen werden ausgefragt, ihre Aussagen in eigene Interpretationen der Institutionen eingebaut. Aber erfolgt auch eine Rückkoppelung? Welchen alltäglichen Nutzen haben die neuen Heimatmuseen von einem derartigen Prozess? Geht es wie eh und je weiter in der Alltagsroutine, sobald die Teams von Wissenschaftlern/Wissenschaftlerinnen abgezogen sind? Wie nachhaltig ist die Aufbruchstimmung, die während der intensiven Gespräche entsteht? Es muss auch darum gehen, dass das Wissenschaftssystem andere Denk- und Bearbeitungsgeschwindigkeiten, andere Formate aushält und anerkennt und dass es zum Scheitern verurteilt ist, wenn Veränderungserwartungen von außen oktroyiert werden. Ziel sollte nicht die Neuordnung der Laien-Institutionen durch Wissenschaftler/-innen sein, sondern die Moderation von Selbsterkenntnisprozessen. Die ehrenamtlichen Betreiber/-innen des Museums sind Autoritäten in eigener Sache. Sie sollten diese Machtposition nicht zugunsten professioneller Museumsleitungen aufgeben, denn damit ginge ihr Alleinstellungsmerkmal als »Wildes Museum« verloren.

3. Weltmuseum

Weltmuseen gehen wie alle Museumsgattungen auf die europäischen Kunstkammern der sogenannten frühen Neuzeit zurück. Ihre Objekte wurden im Zeitalter des Kolonialismus europäischer Mächte weltweit zusammengetragen, teilweise in Form von Geschenken, Ankäufen oder Tauschwaren – in vielen Fällen durch Raub. In jedem Fall aber fand dies unter ungleichen Machtverhältnissen statt. In den letzten Jahren erfolgte vor dem Hintergrund postkolonialer Kritik die Umbenennung vieler Völkerkundemuseen in Weltmuseen oder ähnlich lautende Namen: Weltmuseum (Wien), Museum für Kulturen der Welt (Köln), Museum für Weltkulturen (Frankfurt a.M.), Museum der Fünf Kontinente (München), MARKK Museum am Rothenbaum, Kulturen und Künste der Welt (Hamburg).[126] Allerdings ändert

126 Diese Umbenennungen sind keineswegs auf den deutschsprachigen Raum beschränkt. Als Untertitel trägt etwa das Musée du quai Branly in Paris das Motto *là où dialoguent les cultures*.

dies nichts an der Tatsache, dass es sich um Häuser mit ethnografischen bzw. ethnologischen Sammlungen aus nicht europäischen Gegenden handelt, während die entsprechenden europäischen ethnografischen Sammlungen in Volkskundemuseen, Heimatmuseen und Landesmuseen verwahrt werden. Die sich in diesen Benennungen manifestierende Asymmetrie ist über Jahrhunderte gewachsen und wird also auch nicht in einigen Jahren aufzulösen sein. Dipesh Chakrabarty spricht von dem Projekt, Europa zu provinzialisieren.[127] Trotz des weitgehenden Fehlens von Sammlungsgütern aus dem kleinsten der fünf Kontinente, Europa, verwende ich daher im Folgenden bewusst den Begriff *Weltmuseen*.

Um 1900 gründeten sich diese Museen als selbständige Institutionen, zu einer Zeit, als sich sogenannte Völkerschauen großer Beliebtheit erfreuten und die europäischen Mächte sich weitestgehend als Nationen formiert hatten.[128] Die Deutsche Gesellschaft für Sozial- und Kulturanthropologie (bis 2017 Deutsche Gesellschaft für Völkerkunde) zählt 31 Museen dieses Typs in Deutschland. Die Besuchszahlen der Häuser sind in den letzten Jahren stark gesunken. In der heutigen medialen Welt erfolgt das Kennenlernen ›fremder‹ Sitten und Gebräuche in erster Linie über das Internet.[129] War dies einst die zentrale Bildungsfunktion der Weltmuseen, haben Sie heute einen viel umfassenderen Bildungsauftrag. Die einst üblichen Inszenierungen des kolonialen Blicks auf nicht europäische Kulturen sind heute nicht mehr zeitgemäß und sind bzw. werden in diesen Häusern grundlegend überarbeitet. Für diese Museumsgattung – ebenso wie für die Disziplin der

---

127 Dipesh Chakrabarty: Europa als Provinz. Perspektiven postkolonialer Geschichtsschreibung, Frankfurt a.M. 2010 (1. engl. Aufl. 2000).

128 Zur Gattung der ethnologischen Museen und den aktuellen Debatten um sie vgl. Wiebke Ahrndt, Anna Schmid: Ethnologische Museen, in: Museen zwischen Qualität und Relevanz. Denkschrift zur Lage der Museen, hg. v. Bernd Graf, Volker Rodekamp, Berlin 2012, S. 299-311; Larissa Förster, Iris Edenheiser (Hg.): Museumsethnologie – Eine Einführung: Theorien – Debatten – Praktiken, Berlin 2019. – Zur Nationenbildung vgl. Benedict Anderson: Die Erfindung der Nation: Zur Karriere eines folgenreichen Konzepts, Berlin 1998 (1. engl. Aufl. 1983).

129 Zum veränderten Medienverhalten Jugendlicher und dem damit einhergehenden Rückfall der Museen als Bildungsinstanz vgl. Mariana Grgic, Ivo Züchner (Hg.): Medien, Kultur und Sport. Was Kinder und Jugendliche machen und ihnen wichtig ist. Die MediKuS-Studie, Weinheim/Basel 2016 (1. Aufl. 2013).

Ethnologie – erfolgt seit Jahren eine neue Selbstdefinition.[130] Die Dauerausstellungen bzw. Afrika-Abteilungen vieler Häuser erproben neue Wege: Paris 2006, Leipzig 2009, Köln 2010, Basel 2011, Bremen 2013, Wien 2017, Tervuren 2018, Stuttgart 2019, Berlin 2019; Hamburg ist in der Planungsphase. Der Anspruch dieser Einrichtungen ist es, Orte interkultureller Begegnung zu schaffen, an denen ›dem Fremden‹ mit Achtung und Respekt begegnet wird. Die einstige Direktorin des Frankfurter Museums, Clémentine Deliss, sprach gar von dem Ziel, ein »postethnografisches Museum«[131] definieren zu wollen. Wird das Völkerkundemuseum also nicht nur in Weltkulturenmuseum umbenannt und selbstreflektierend diskutiert, sondern langfristig als Institution abgeschafft? Wie kann der Transformationsprozess in ein postkoloniales Museum vollzogen werden?

›Das Fremde‹ als Ausgangspunkt: Seine identitätsstiftende Wirkung

Die vor dem Hintergrund des Kolonialismus und zu großen Teilen im direkten Bezug zu ihm entstandenen Sammlungen der alten europäischen Völkerkundemuseen sehen sich im 21. Jahrhundert einem zum Teil offen ausgesprochenen, zum Teil subtil vernehmbaren Legitimationsdruck ausgesetzt.[132] Nicht nur die Vermittlungsformate sind hiervon betroffen, sondern der Kern der Institution: Was geschieht mit den unter kolonialen Prämissen zusammengetragenen Sammlungen in diesem Prozess, wie können Neuinszenierungen konkret aussehen? Welche Rolle kommt dabei zeitgenössischer Kunst zu? Die aktuelle Selbstreflexion und die neue Rollenfindung dieser Museumsart ist ein großer Themenkomplex, aus dem im Folgenden einer ganz spezifischen Fragestellung nachgegangen werden soll: Inwiefern

130 Innerhalb der Deutschen Gesellschaft für Sozial- und Kulturanthropologie wird diese Frage kontinuierlich diskutiert. Vgl. etwa die Tagung *Eine alte Institution neu gedacht. Neuaufstellungen ethnologischer Sammlungen in jüngster Zeit.* Zwischentagung der AG Museum der Deutschen Gesellschaft für Völkerkunde (29.-30.11.2012): https://www.dgv-net.de/tl_files/dokumente/12_11_30_Programm_AGMuseum.pdf *(30.1.2015)*.

131 Sabine Weier: Ethnologie im Museum. Neue Fragen an alte Dinge, in: https://www.taz.de/!131483/ (5.1.2015).

132 Zu den aktuellen Debatten zum Umgang mit Sammlungsgut aus kolonialen Kontexten siehe das Kapitel *Globaldialog*.

kann die Kritische Weißseinsforschung Ansatzpunkte zum Weiterdenken bieten und den zumeist *weißen* Institutionen Mut für partizipative Ansätze und das aktive Suchen Schwarzer Perspektiven machen.

Museen sind Orte für die Kunst, aber eben auch künstliche Orte – Gebäude für zusammengetragene Sammlungen von Kunstwerken und Dingen. *Per se* sind diese mehr oder weniger weit gereist, nur in den allerwenigsten Fällen wurden sie direkt im Museum für eben diesen Ort geschaffen. Insofern sind Museen fast immer Kunsttopografien globaler Migration. Von dieser Prämisse ausgehend – und weil ich aus der Perspektive einer *weißen* Kunst- und Museumswissenschaftlerin schreibe – richte ich zur Diskussion meiner Fragestellung den Blick in besonderer Weise auf die Rolle zeitgenössischer Kunst sowie die direkte Ansprache von Besuchern/Besucherinnen in Ausstellungstexten. In Anbetracht sich zunehmend auflösender Grenzen zwischen einstigen Völkerkundemuseen einerseits und Kunstmuseen andererseits sollen Chancen und Herausforderungen der dadurch neu entstehenden Räume transitorischer Kunsterfahrung und Identitätsstiftung ergründet werden.

Der Standpunkt der Kritischen Weißseinsforschung

Dieser neuere methodische Ansatz der postkolonialen Theorie untersucht aus den Blickwinkeln unterschiedlicher Disziplinen das Paradigma Weißsein von Menschen in Deutschland als Schlüsselkategorie des Rassismus.[133] Viktoria Schmidt-Linsenhoff kritisierte 2002 zu Recht, dass die deutsche Kunstgeschichte den *postcolonial turn* ausgelassen habe.[134] Unter dem Titel *Weiße Blicke* publizierten sie, ihre Schüler/-innen und Kolleg/-innen 2004 mehrere Aufsätze. Einleitend legt Schmidt-Linsenhoff Herkunft und Gebrauch der »Wissenschaftsmetapher *Whiteness*«[135] dar, die möglicherweise als rückständig oder reißerisch erscheinen in einer Zeit, in der das erfolgreichste differenztheoretische Paradigma das der Hybridität sei, mit dem

133 Vgl. hierzu vertiefend die Einleitung dieses Buches *Zu Programm und Theorie der Kritischen Weißseinsforschung*.

134 Vgl. Viktoria Schmidt-Linsenhoff (Hg.): Postkolonialismus (= Jahrbuch Kunst und Politik, 4), Osnabrück 2002, S. 7-16.

135 Viktoria Schmidt-Linsenhoff, Karl Hölz, Herbert Uerlings (Hg.): Weiße Blicke. Geschlechtermythen des Kolonialismus, Marburg 2004, S. 8.

die diasporischen Räume und Übergänge zwischen Kulturen und Geschlechtern ins Blickfeld gerieten:

> »Mit dem Terminus ›Weiß‹ unterstellt der Titel dieses Buchs den heterogenen Blicken europäischer KünstlerInnen und AutorInnen auf nichteuropäische Kulturen eine Homogenität, die sie – über alle Unterschiede hinweg – durch die gemeinsame Opposition zu ›Schwarz‹ und ›Farbig‹ definiert.«[136]

Im Jahr 2019 ist diese Forschungsperspektive nicht mehr erklärungsbedürftig und hat Eingang in den Kanon der kritischen Kunst- und Museumswissenschaft gefunden. Lehrveranstaltungen zu *critical whiteness theory* vertreten wie die älteren *black studies* einen politisch-emanzipatorischen Anspruch, der einerseits durch die radikale Infragestellung herrschender Normen unbequem ist und andererseits Schwarze Lebensrealitäten sichtbar macht. An dem Band von Schmidt-Linsenhoff ist aus heutiger Sicht auffällig, dass durchgängig mit der englischen Terminologie und Theorie operiert wird. Auf die zeitgleich in Deutschland unter Schwarzen Theoretikerinnen geführte Debatte über das Thema wird kein Bezug genommen.[137] Die Übersetzung von *critical whiteness studies* in *Kritische Weißseinsforschung* für den Band *Mythen, Masken und Subjekte. Kritische Weißseinsforschung in Deutschland* war eine programmatische Entscheidung:

> »Der Begriff Weißheit [Herv. i.O.] steht aufgrund seiner Homophonie zu Weisheit [Herv. i.O.] außer Frage. Es ist wahr, dass das Suffix ›-sein‹ eine ontologisierende Bedeutungskomponente in sich birgt, was im Übrigen auch für das Suffix ›-ness‹ (von *whiteness*) gilt. Doch insofern ›Weißsein‹ ein Neologismus der Kritischen Weißseinsforschung ist, bietet er das Potential, dass

136 Ebd.

137 Vgl. beispielsweise Cathy S. Gelbin, Kader Konuk, Peggy Piesche (Hg.): AufBrüche. Kulturelle Produktionen von Migrantinnen, Schwarzen und jüdischen Frauen in Deutschland, Königstein/Ts. 1999; Susan Arndt (Hg.): AfrikaBilder. Studien zu Rassismus in Deutschland, Münster 2001; Susan Arndt, Antje Hornscheidt (Hg.): Afrika und die deutsche Sprache. Ein kritisches Nachschlagewerk, Münster 2004; AntiDiskriminierungsBüro/cyberNomads (Hg.): TheBlackBook. Deutschlands Häutungen, Frankfurt a.M. 2004.

er theoretisch und konzeptuell besetzt werden kann und dabei der ontologisierende Bedeutungsinhalt überschrieben werden kann.«[138]

Ziel des Bandes war es, die Marginalisierung Schwarzer Perspektiven im *weißen* Wissenschaftssystem sowie Weißsein als Herrschaftssystem sichtbar zu machen. Eine Auseinandersetzung der deutschsprachigen Kunstwissenschaft mit der Kritischen Weißseinsforschung hat erst begonnen.

Der Begriff *weiß* wird in der Kritischen Weißseinsforschung bewusst klein und kursiv geschrieben, um mit diesem typografischen Stolperstein darauf hinzuweisen, dass es sich hierbei um eine sozial unmarkierte Norm handelt, deren Konstruiertheit in aller Regel unbewusst bleibt. Es soll damit eine Abgrenzung von der Bedeutungsebene des (groß geschriebenen) Schwarzen Widerstandspotentials markiert werden, welches von Schwarzen und *People of Color*[139] – also all denjenigen, die von der *weißen* Mehrheitsgesellschaft als ›anders‹ markiert werden – dieser Kategorie eingeschrieben worden ist.[140] Gemeint ist in erster Linie nicht eine (äußere) Hautpigmentierung noch eine (innere) Verfasstheit, sondern das Symbol eines ideologischen Konstruktes, also ein Gewordensein.[141]

Für die Analyse einer Ausstellung bedeutet die Anwendung der Kritischen Weißseinsforschung, bewusst nach der darin erfolgten Konstruktion von Weißsein als Norm zu fragen und herauszuarbeiten, inwiefern Schwarzsein als Kontrast dazu dargestellt wird und/oder Schwarze Perspektiven

---

138 Susan Arndt: Mythen des *weißen* Subjekts: Verleugnung und Hierarchisierung von Rassismus, in: Mythen, Masken und Subjekte. Kritische Weißseinsforschung in Deutschland, hg. v. Eggers et al., Münster 2005, S. 343. – Vgl. weiterführend bell hooks: Weißsein in der schwarzen Vorstellungswelt, in: Black Looks. Popkultur – Medien – Rassismus, hg. v. ders., Berlin 1994, S. 204-221 (1. engl. Aufl. 1992). Weißsein als Übersetzung von *whiteness* ist schon seit den 1990er Jahren gängig und wird in der von Hans Jörg Sandkühler 2010 herausgegebenen *Enzyklopädie Philosophie* in dem Eintrag »Rassismus« ganz selbstverständlich verwendet. Vgl. Wolf D. Hund: »Rassismus«, in: Enzyklopädie Philosophie, hg. v. Hans Jörg Sandkühler, Bd. 3, Hamburg 2010, S. 2195.

139 Vgl. Jihan J. Dean: »Person/People of Colo(u)r«, in: (K)Erben des Kolonialismus im Wissensarchiv deutsche Sprache. Ein kritisches Nachschlagewerk, hg. v. Susan Arndt, Nadja Ofuatey-Alazard, Münster 2011, S. 597-607.

140 Vgl. Eggers: Mythen 2005, S. 13.

141 Vgl. zu diesen Begriffsdefinitionen Anna Greve: Farbe – Macht – Körper. Kritische Weißseinsforschung in der europäischen Kunstgeschichte, Karlsruhe 2013, S. 37.

marginalisiert werden.[142] Konkret ist hinsichtlich der Weltmuseen zu fragen: Werden Schwarze Positionen an zentralen Stellen sichtbar? Gelingt es der neuen Inszenierung, Weißsein als Norm zu dekonstruieren?

Zeitgenössische Kunst und Afrika im Weltmuseum

Im Folgenden wird anhand ausgewählter Beispiele das Weltmuseum als Transitort kultureller Übersetzungs- und sozialer Aushandlungspraxis beleuchtet.[143] Dauerausstellungen sind das Produkt langjähriger Denk- und Diskussionsprozesse, an denen zahlreiche Mitarbeiter/-innen und Gremien beteiligt sind. Immer geht es um die Reduktion komplexer Sachverhalte und die Auswahl von Beispielen. Zwangsläufig kann nicht alles gezeigt werden. Gerade weil sie kollektiv hergestellt werden, können Dauerausstellungen als Spiegel ihrer Zeit aufgefasst werden. Insofern geht es mir nicht darum, einzelne kuratorische Leistungen zu kritisieren, sondern auf ihrer Grundlage auszuloten, inwiefern die sich aus der Perspektive der Kritischen Weißseinsforschung ergebenden Empfehlungen überhaupt umsetzbar sind, welche alten Denkmuster in neuem Erscheinungsbild auftreten und welche Rolle zeitgenössischer Kunst in diesem Zusammenhang zukommen kann.

142 Statt mitleiderregende Einzelschicksale darzustellen, plädieren Schwarze Wissenschaftler/-innen für die Verknüpfung vergangener und gegenwärtiger Erfahrungen Schwarzer Menschen mit der *weißen* Mehrheitsgesellschaft, um die Kontinuität der strukturellen Marginalisierung aufzuzeigen. *Weißen* Institutionen ist es unmöglich, ihre *weiße* Perspektive aufzugeben, sie können sie aber thematisieren. Vgl. Nicola Lauré al-Samarai: Diasporisches Denken, ex-zentrisches Kartografieren. Repräsentations- und erinnerungspolitische Grundlagen der Wechselausstellung *Homestory Deutschland – Schwarze Biografien in Geschichte und Gegenwart*, in: Museum und Politik – Allianzen und Konflikte (= Jahrbuch Kunst und Politik, 13), hg. v. Anna Greve, Göttingen 2011, S. 105. – Zu dem Scheitern des Versuchs, nicht *weiß* zu denken, vgl. Carmen Mörsch: Sich selbst widersprechen. Kunstvermittlung als kritische Praxis innerhalb des »educational turn in curating«, in: Educational turn. Handlungsräume der Kunst- und Kulturvermittlung, hg. v. Beatrice Jaschke, Nora Sternfeld, Wien 2012, S. 55-77; Charlotte Wiedemann: Vom Versuch, nicht weiß zu schreiben. Oder: Wie Journalismus unser Weltbild prägt, Köln 2012.

143 Zu dieser Fragestellung vgl. Burcu Dogramaci, Birgit Mersmann, Anna Minta, Mona Schieren: Kunsttopografien globaler Migration: Orte, Räume und institutionelle Kontexte transitorischer Kunsterfahrung, in: Kunsttopografien globaler Migration (= kritische berichte, 2, 2015), Marburg 2015, S. 3.

Anspruch der meisten Museen ist es, Objekte ins Zentrum der Betrachtung zu rücken und sie mit Textunterstützung Geschichten erzählen zu lassen. Für die 2013 eröffnete Afrika-Abteilung entschied sich das Übersee-Museum in Bremen dafür, Kunstwerke bei zeitgenössischen Künstlern/Künstlerinnen in Auftrag zu geben, als integrale Bestandteile der Ausstellung: bei dem Künstlerkollektiv Maasai Mbili, dem Konzeptkünstler Sam Hopkins in Zusammenarbeit mit SlumTV, dem Fotografen Sammy Baloji, der Künstlerin Sokari Douglas Camp und dem Künstler EL Loko. Ziel war es, mit den Künstlern/Künstlerinnen aus Afrika und der Diaspora zusammenzuarbeiten, um so die wissenschaftliche Sicht auf den Kontinent um einen künstlerischen Blickwinkel zu erweitern. D.h., diese Werke sind durch ihre Produzenten/Produzentinnen und Themen Zeugnisse globaler Migration- und Verflechtungsprozesse, zugleich aber in ihrer Materialität explizit für einen spezifischen Museumsraum geschaffen.[144] Die Afrika-Abteilung des Übersee-Museums ist zum jetzigen Zeitpunkt die aktuellste und umfassendste ihrer Art in Deutschland und der interdisziplinäre Ansatz der Verschränkung von ethnografischen Objekten, Zeugnissen der Natur- und Handelskunde sowie zeitgenössischer Kunst innovativ.[145]

Zu Beginn der Ausstellung zieht sich über mehrere Wände die insgesamt 70 Quadratmeter umfassende Wandcollage *Karibu Mtaa* (im Slang Nairobis: »Willkommen im Viertel«). Sie stammt von dem 2001 in Nairobi gegründeten Künstlerkollektiv Maasai Mbili, das im Stadtteil Kibera ansässig ist. Zentrales Element ist die Frontscheibe eines Busses (*Matatu*). Von hier aus verbinden gelbe Linien als Erkennungsfarbe der *Matatus* vier Stadtteile, in denen die Künstler Fundstücke sammelten, um sie in ihr Werk einzubauen. Auch die Wandfarbe und Wandgestaltung stammen von den Künstlern

---

144 Das Übersee-Museum ist nur bedingt als Weltmuseum zu kategorisieren. Es handelt sich um ein Dreispartenhaus, in dem neben der klassischen Völkerkunde auch die Natur- und Handelskunde stark vertreten sind. Vgl. Herbert Abel: Vom Raritätenkabinett zum Bremer Überseemuseum. Die Geschichte einer hanseatischen Sammlung aus Übersee, Bremen 1970; Viola König (Hg.): Menschen, Meere, Kontinente – die Erde in 80 Minuten. Erlebniswelt Übersee-Museum Bremen, München/Berlin 1996; Bettina von Briskorn: Zur Sammlungsgeschichte afrikanischer Ethnographica im Übersee-Museum Bremen 1841-1945, Bremen 2000; Wiebke Ahrndt (Hg.): Faszination Ferne. Museumsführer, Bremen 2013.

145 Die Afrika-Abteilung im neu entstandenen Humboldt-Forum in Berlin wird voraussichtlich im Herbst 2019 eröffnet.

und sind integraler Bestandteil des Werks. Es wird ein Eindruck der städtischen Atmosphäre in Nairobi vermittelt, wo das Künstlerkollektiv häufig mit Wandmalerei im öffentlichen Raum arbeitet. Aus kunstwissenschaftlicher Sicht ist interessant, dass das Werk aber auch in einem Museum für moderne Kunst auf weißen Wänden eine eigene Aura entfalten könnte. D.h., das Werk ist deutlich mehr als eine Atmosphäre schaffende Wanddekoration, es könnte auch unter Berücksichtigung westlicher Kunstkategorien bestehen, wäre es in einem entsprechenden Raum zu finden.

Die Videoinstallation des Konzeptkünstlers Sam Hopkins entstand in Zusammenarbeit mit SlumTV.[146] Wie ein Beschriftungsschild erläutert, wurden Filme über sechs Personen gedreht, die über Mode, Musik, Wohnen, Bildung, Transport und das bäuerliche Leben erzählen. Die Filme sind mit deutschen Untertiteln versehen. Persönliche Gegenstände – die den Protagonisten wichtig sind – wie ein Handy oder eine Zigarettenpackung werden als Gipsreproduktionen in Vitrinen neben den Filmen ausgestellt. SlumTV ist 2008 von dem österreichischen Künstler Lukas Pusch gegründet worden als eigener Fernsehsender, der über das Leben in den Stadtvierteln Nairobis berichtet.[147] Die Videoinstallation ist wie *Karibu Mtaa* eine mediale Kartierung dieser Metropole. Hier nehmen individuelle Schwarze Positionen Platz ein. Aufgrund der im Raum verstreuten sechs Stationen, der auf dem Boden zu findenden Umrisse Kenias sowie der umliegenden, dicht gedrängten Themen wird auch in diesem Fall eine dichte Atmosphäre und ein Dialog zwischen den ausgestellten Objekten und dem Kunstwerk geschaffen, was die Besucher/-innen nicht nur kognitiv, sondern auch emotional anspricht. Gleichfalls könnte auch dieses Werk unabhängig von seinem Kontext eine selbständige Botschaft entfalten. Die in diesem Ausstellungsbereich angesprochenen verschiedenen Inhalte sind in so großer räumlicher Dichte übereinandergelegt, dass sie vom Publikum quasi archäologisch erschlossen werden müssen bzw. können. Dies fordert zur vertieften Auseinandersetzung heraus und kann zum Wiederkommen anregen. Offen bleibt für die einzelnen Besucher/-innen die Frage, was zur Wahl des Beispiels Kenia führte und inwiefern dies mit der Geschichte des Museums zusammenhängt,

146 Vgl. https://www.samhopkins.org (30.1.2015); https://www.fellow-me.de/fellows/sam-hopkins/ (30.1.2015).

147 Vgl. Solmaz Khorsand: Österreich: Idealist wider Willen, in: Zeit Online, 14.2.2008: http://www.zeit.de/2008/08/Lukas-Pusch (30.1.2015).

finden sich in diesem Ausstellungsteil doch keine historischen Bestände aus dem Land. Tatsächlich handelt es sich um eine neue Inszenierung afrikanischen Alltagslebens mit exemplarischem Charakter, dieser Themenaspekt war vormals im Museum nicht repräsentiert gewesen.

Abbildung 9: Looking for Grace

Sokari Douglas Camp, 2013. Übersee-Museum, Bremen

Im Kapitel *Gesellschaft* fällt die plötzliche Präsenz historischer Objekte aus dem Museumsbestand ins Auge. In den Kabinetträumen *Altägypten* und *Abessinien* werden lichtempfindliche Objekte gezeigt. Vor diesen Räumen sind Benin-Gedenkköpfe platziert.[148] Des Weiteren werden die Aspekte *Zivil-*

148 In der Benin Dialogue Group haben sich Vertreter/-innen europäischer Museen mit nigerianischen Partnern/Partnerinnen und dem Königshof von Benin nach einem mehrjährigen Dialog darauf geeinigt, dass in Benin City ein neues Museum errichtet werden soll, in dem regelmäßig wechselnde Ausstellungen von Kunstwerken aus dem ehemaligen Königreich gezeigt werden, die während der britischen Kolonialherrschaft entwendet wurden und in zahlreiche europäische Museen gelangten. Vgl. Benin Dialogue Group vereinbart Unterstützung für Museum in Nigeria. Pressemitteilung, 23.10.2018: http://

gesellschaft, Interessenvertretung, Nationalstaatlichkeit, Fremdherrschaft thematisiert. An zentraler Stelle steht die lebensgroße Figur *Looking for Grace* der in Großbritannien lebenden Künstlerin Sokari Douglas Camp (vgl. Abb. 9).[149] Die Skulptur trägt die – einst von viktorianischer Kleidung beeinflusste – heutige Tracht der Herero in Namibia und hat die auffallend großen Hände erhoben. Es könnte die Geste eines Grüßens oder Segnens – oder auch eines Zurückweisens – sein. Die Besucher/-innen spiegeln sich in der Oberfläche der Metallfigur und werden so in das Werk miteinbezogen. Erst durch den erläuternden Text wird klar, dass sich die Arbeit mit der deutsch-namibischen Kolonialgeschichte befasst. Schräg gegenüber befindet sich das Originalkleid und eine Vitrine, die die Versklavung thematisiert. Der politische Widerstand der ortsansässigen Bevölkerung und der ab 1904 von den Deutschen an den Herero und Nama verübte Völkermord wird nicht auf den ersten Blick thematisiert.[150] Mit Bezug auf das Werk *Looking for Grace* wird der Umgang dieser Bevölkerungsgruppe mit der positiven Umdeutung einer Zwangstracht hervorgehoben. Das Widerstandspotential der Herero komme durch die Kleidung zum Ausdruck. Die Frauen seien dazu gezwungen worden, diese Art von Garderobe zu tragen: »Aber sie machten sie sich zu eigen, indem sie eine Kopfbedeckung hinzufügten, die wie Kuhhörner gestaltet ist – etwas, das sie bewunderten.«[151]

Die Afrika-Abteilung schließt mit dem Kapitel *Menschwerdung*, in dem Afrika als Wiege der Menschheit thematisiert wird. Intendiert ist die Botschaft, dass jedes die Ausstellung besuchende Ich seinen Ursprung in Afrika nahm und damit unauflöslich mit diesem Kontinent verbunden ist. Das Spannungsfeld zwischen Individualität und Kollektiv thematisiert das Werk *Unerschöpflich* des aus Togo stammenden Künstlers EL Loko (1950-2016), einst Meisterschüler von Joseph Beuys (1921-1986). Die äußeren Teile des Triptychons zeigen menschliche Porträts in schwarzer Farbe, die jedoch nur in ihren Umrissen sichtbar sind. Im Mittelfeld ist zentral ein einzelner Kopf,

---

www. https://www.preussischer-kulturbesitz.de/pressemitteilung/article/2018/10/23/pressemeldung-benin-dialogue-group-vereinbart-unterstuetzung-fuer-museum-in-nigeria.html; Zum Dokument der Einigung vgl. http://docs.dpaq.de/14096-statement_from_the_benin_dialogue_19_october_2018_16.33.pdf (22.4.2019).

149 Vgl. https://www.soukari.co.uk (30.1.2015).

150 Zur Historie des Völkermords an den Herero und Nama vgl. das Kapitel *Kulturverwaltung im Dialog mit der Zivilgesellschaft.*

151 Ahrndt: Faszination 2013, S. 80.

von baumartigen Gebilden flankiert, platziert. Sowohl dieser Kopf als auch die pflanzlichen Elemente sind aus bunten Einzelgesichtern gestaltet. Wie es auch bei *Karibu Mtaa* und dem Videoensemble von Hopkins/Slum-TV der Fall ist, ist das Werk von EL Loko integraler Bestandteil der Gesamtinszenierung, so dass es auf den ersten Blick als Trennwand wirkt. Dies ist auch intendiert, war EL Loko doch auf Kirchenfenster, als Trennendes zwischen Drinnen und Draußen und zugleich Transparentes, spezialisiert. So wirkt auch dieses Werk durch den Dialog mit den umliegenden Objekten und Themen.

Aus kunsthistorischer Perspektive interpretiere ich es so, dass im Übersee-Museum zeitgenössische Kunst gezielt als Methode zur Erschließung von Themenkomplexen eingesetzt wurde. Von den allgemeinen Besuchern/Besucherinnen werden die Werke vermutlich als integraler Bestandteil der Ausstellung wahrgenommen, so dass die früher übliche Differenzierung zwischen Kunst und Alltagsgegenständen überwunden werden kann. Für das Fachpublikum ergibt sich darüber hinaus die Erkenntnis, dass diese Werke das Potential haben, kontextunabhängig eigenständige Botschaften zu entfalten. Auffällig ist, dass die Erklärung der Kunstwerke *Karibu Mtaa*, *Looking for Grace* und *Unerschöpflich* einheitlich auf dem Beschriftungsschild, im Audioguide und im Museumsführer anhand langer Zitate seitens der Künstler/-innen selber erfolgt. Dies entspricht dem Anspruch, die Deutungshoheit an die Künstler/-innen abzugeben und Kunst als autonome Geschichts- bzw. Gegenwartsinterpretationen abseits der Wissenschaft gelten zu lassen. Üblicherweise werden die Werke in einem Museum durch Kuratoren/Kuratorinnen erläutert. Die im Übersee-Museum gewählte Präsentationsform zeigt künstlerische Positionen aus Afrika bzw. der afrikanischen Diaspora im Dialog mit dem vom Wissenschaftler/-innen Team des Museums erarbeiteten Konzept. Sie sind von derartiger künstlerischer Qualität, dass sie gleichfalls in einem *white cube* imstande wären, eine eigenständige Aura zu entfalten und als gegenwärtige Thesen zum Denken anzustoßen.

Die in der europäischen musealen Präsentation früher übliche Differenzierung zwischen der Einzelinszenierung europäischer Kunst und kontextbezogener Inszenierung außereuropäischer Objekte als Gebrauchsgegenstände hat sich längt aufgelöst. Einen interessanten Versuch, beides zu verbinden, unternahm das Rautenstrauch-Joest-Museum in Köln. In der Abteilung *Ansichtssache?! Kunst* sind außereuropäische Objekte auf den ersten Blick wie im Pariser Musée du quai Branly einzeln inszeniert, mit spärlicher Beschriftung: Bezeichnung, Datierung, Material, Provenienz. Ein dezenter

Hinweis fordert die Besucher/-innen auf, das Beschriftungsschild zu berühren. Dadurch wird die Hinterwand der Vitrinen beleuchtet und es erscheint jeweils die Fotografie eines ähnlichen Objektes in einem Gebrauchszusammenhang und ein zusätzlicher erklärender Text.[152]

Zu Beginn der Dauerausstellung des Rautenstrauch-Joest-Museums werden die Besucher/-innen als Individuen direkt angesprochen und mit auf eine Reise durch die *Kulturen der Welt* genommen, bei der ein *weißer* Standpunkt immer wieder als Bezugsgröße thematisiert wird.[153] Angesichts der Tatsache, dass Weltmuseen aus *weißen* Interessen heraus entstanden sind und aufrechterhalten werden, ist dies nur konsequent: Spätestens durch die direkte Frage »Wann haben Sie zuerst bemerkt, dass Sie weiß sind?« – an der Türschwelle zum Themenkomplex *Der verstellte Blick. Vorurteile* – ist eine individuelle Reflexion über *weiße* Privilegien und historische Schuld unausweichlich.[154]

Auch in der im April 2019 eröffneten neuen Afrika-Abteilung im Linden-Museum in Stuttgart wird mit der direkten Ansprache von Besuchern/Besucherinnen gearbeitet. Beispielsweise wird mit der Einführung des Begriffs *außerafrikanisch* provoziert, darüber nachzudenken, warum Europa heute weiterhin zumeist als Zentrum und nicht als Peripherie gedacht wird. Die Ausstellung und alle Ausstellungstexte sind in Zusammenarbeit mit Schwarzen Menschen entstanden. Die Ausstellungsräume sind so aufgebaut, dass die Objekte vorwiegend in Vitrinen an den Raumwänden zu sehen sind. Die Texte sind darum bemüht, die ursprünglichen, gesellschaftlichen Entstehungs- und Verwendungskontexte derart zu beschreiben, dass die früher in vergleichbaren Museen übliche asymmetrische Benennungspraxis ausbleibt und Anknüpfungspunkte im Leben der vermutlich mehrheitlich *weißen* Besucher/-innen nahegelegt werden. In den einzelnen Räumen ist in der Mitte jeweils eine Medienstation zu finden, an der verschiedene Interviews angeschaut werden können. Schwarze Menschen erzählen darin

152 Auch ein in der Museumswerkstatt von Kindern hergestelltes Objekt findet sich in dieser Abteilung, wodurch die gegenwärtige Auseinandersetzung mit dem zu sehenden Objekt exemplifiziert wird.

153 Vgl. Jutta Engelhard, Klaus Schneider (Hg.): Der Mensch in seinen Welten. Das neue Rautenstrauch-Joest-Museum. Kulturen der Welt, Köln 2010.

154 Die Objekte im Rautenstrauch-Joest-Museum sind nicht nach Kontinenten, sondern Lebensthemen sortiert, wodurch eine größere Auffächerung kultureller Diversität – die an jedem Ort der Welt zutage treten kann – erfolgt.

von ihren Erinnerungen an ihre Herkunftsorte, das Leben in Deutschland und ihre Perspektiven auf die Verbindungen zwischen Afrika und Europa. Damit werden sie nicht als passive Opfer thematisiert, sondern als engagierte Akteure/Akteurinnen in der gegenwärtigen deutschen Stadtgesellschaft präsent. Als Besucher/-in wird man dazu angeregt, diese vielen interessanten Menschen kennenlernen zu wollen, zu deren Perspektiven man als *weiße* Person in Deutschland zumeist kaum Zugang hat, weil die jeweiligen Lebenswege immer noch häufig getrennt verlaufen. Der Ausstellung vermittelt dies ohne Schuldzuweisungen, sondern macht vielmehr Mut, dies zu überwinden.

Die Grenzen der Veränderbarkeit

Postkoloniale Fragestellungen an ein europäisches Völkerkundemuseum bzw. Weltmuseum bringen es mit sich, dass dessen grundsätzliche Daseinsberechtigung und Veränderbarkeit zur Debatte steht.[155] Aus seiner bloßen Existenz zu schließen, dass es gebraucht wird, reicht heute für kein Museum mehr aus.[156] Allerdings betonen gerade auch Schwarze Künstler/-innen, dass öffentlich zugängliche Museen in Europa als Archive von Objekten aus Afrika insbesondere dann wichtig sind, wenn diese Objekte in den Herkunftsländern – etwa aufgrund eines anderen Kulturverständnisses oder staatlicher Sanktionen – nicht zugänglich sind.[157] Generell wird nicht die Auflösung, sondern eine Transformation der Institution angestrebt. Völkerkundemuseen wurden einst mit dem Ziel gegründet, die Bevölkerung der nicht europäischen Kontinente und ihre Lebensweisen für europäische Besucher/-innen erlebbar zu machen. Anspruch war eine möglichst wirklichkeitsgetreue Präsentation zu didaktischen Zwecken. Der Reiseliteratur

155 Vgl. Belinda Kazeem, Nicola Lauré al-Samarai, Peggy Piesche: Museum. Raum. Geschichte. Neue Orte politischer Tektonik. Ein virtueller Gedankenaustausch, in: Greve: Museum 2011, S. 85-95.

156 Vgl. hierzu weiterführend Daniel Tyradellis: Müde Museen. Oder: Wie Ausstellungen unser Denken verändern könnten, Hamburg 2014.

157 So beispielsweise Prof. Dr. Patrice Nganang in der von mir moderierten Podiumsdiskussion *Globale Sammlung(s)Geschichten: Postkoloniale Geschichte, Politik und Literatur* am 6. September 2018 im Berliner Bode-Museum im Rahmen der Ausstellung *Unvergleichlich: Kunst aus Afrika im Bode-Museum*: www.afrikaimbodemuseum.smb.museum/bildung-vermittlung/podiumsdiskussion.html (17.4.2019).

vergleichbar dienten Museen den Daheimgebliebenen dazu, sich eine ideelle Aneignung der Welt zu verschaffen in dem Sinne, dass sie ›Zugriff‹ auf diese bekamen. Implizit legitimierten diese Museen die europäische Identität: Als Museumsbesucher/-in konnte sich der Europäer/die Europäerin selber als auf einer höheren Entwicklungsstufe stehend erleben als die präsentierten außereuropäischen Kulturen. Die bewusste und unbewusste Abgrenzung gegenüber dem ›Anderen‹ war und wirkt stets konstituierend für das Selbst auf beiden Seiten. Sofern sie sich als postkoloniale Museen verstehen, sind Weltkulturenmuseen um differenziertere Bilder anderer Kontinente bemüht. Insbesondere Gegenwartsbezüge, die Einbindung zeitgenössischer Kunst und In-Bezug-Setzungen zu Europa sind Methoden in diesem Transformationsprozess. Überkommene Stereotype sollen dadurch infrage gestellt werden, im Idealfall werden sie derart dekonstruiert, dass sich die Besucher/-innen eigene, neue, facettenreichere Bilder machen können.

Zwangsläufig geht es in einem postkolonialen, europäischen Weltkulturenmuseum aber auch weiterhin darum, *weiße* Identität in Differenz zu einem ›Anderen‹ darzustellen.[158] Es ist nur die Frage, in welchem Maß dabei eine kritische Selbstreflexion gelingt und insbesondere Schwarze Perspektiven miteinbezogen werden. Mittelfristig kann es nur konsequent sein, dass sie nicht nur durch beratende externe Experten/Expertinnen, sondern durch neue Mitglieder in den Museums- und Leitungsteams in die Weiterentwicklung dieser Museumsgattung eingebracht werden. Denn hinsichtlich der Präsentation verschiedener Strategien der Bewältigung von Lebensherausforderungen an unterschiedlichen Orten lässt sich mit Aristoteles sagen, dass alles Seiende entweder verschieden oder identisch ist.[159]

158 Zu den Begriffen *Differenz* und *Identität* vgl. Walter Brugger, Harald Schöndorf (Hg.): Philosophisches Wörterbuch, Freiburg/München 2010, S. 87-90 und S. 215-216.

159 Vollständig heißt es: »Offenbar wird daher auch das Andere und das Unähnliche in mehreren Bedeutungen gebraucht. Das Andere bildet einmal den Gegensatz zu dem Selbigen, daher ist jedes in Vergleich mit jedem entweder dasselbe oder ein anderes; ferner gebraucht man das Andere, wenn nicht der Stoff sowohl als auch der Begriff dasselbe ist, daher du ein anderer bist als dein Nachbar.« Aristoteles: Philosophische Schriften, Hamburg 1995, Bd. 5: Metaphysik, Buch X, Kapitel 3, 1054b (e), übers. v. Hermann Bonitz, bearb. v. Horst Seidl.

4. Landesmuseum

Stadtmuseen, Regionalmuseen und Landesmuseen in Deutschland haben die Aufgabe, das kulturelle Erbe einer Region zu sammeln, zu bewahren, zu erforschen, zu präsentieren und zu vermitteln. Sie gehen – wie die zumeist ehrenamtlich geführten Heimatmuseen – auf eine im 19. Jahrhundert entstandene Tradition zurück.[160] Häufig handelt es sich bei den heutigen Institutionen um Zusammenschlüsse früherer Einrichtungen mit archäologischen, kulturhistorischen und kunsthistorischen Sammlungen aus bürgerlichem Besitz. Dadurch bergen alle genannten Museumsarten das Potential in sich, traditionsfestigend und identitätsstiftend zu sein. Insofern sehen sie sich – auf den ersten Blick – viel weniger als die einstigen Völkerkundemuseen infrage gestellt.[161] Dennoch stehen auch sie immer wieder vor der Herausforderung, die steuerzahlende Gemeinschaft von ihrer Relevanz für die Gegenwart, als Bewahrer des kulturellen Erbes, zu überzeugen. Warum ist es nicht selbstverständlich, sie als junger Mensch im Rahmen des Geschichtsunterrichts aufzusuchen oder sie als Zugezogene und als Touristen/Touristinnen zur Information über die Region zu betreten?

›Das Eigene‹ als Ausgangspunkt: Soziale Orte der Zukunft

In Landesmuseen sind vor allem Objekte und Werke zu finden, die aus der Region stammen und ihre Geschichte repräsentieren. Auf den ersten Blick ist dies der grundlegende Unterschied zu den einstigen Völkerkundemuseen bzw. heutigen Weltmuseen. Darüber hinaus zeigen die Sammlungen der Landesmuseen aber auch, was die jeweilige Region in besonderer Weise charakterisiert. So ist auf den zweiten Blick zu erkennen, dass dies häufig Objekte bzw. Werke sind, die auf das ›Andere‹ verweisen, quasi als Folie zur Konstruktion des Selbst. Eine Fotografie des 1964 eröffneten Hauptgebäudes des Focke-Museums kann in dieser Hinsicht als exemplarisch betrachtet werden (vgl. Abb. 10).

---

160 Zum Heimatmuseum vgl. das Kapitel *Identitätsfragen an eine traditionelle Institution*.

161 Zur Frage der Gesellschaftslegitimation von Völkerkundemuseen bzw. Weltmuseen vgl. das Kapitel *›Das Fremde‹ als Ausgangspunkt*.

Abbildung 10: Gartenansicht

1964. Focke-Museum, Bremen

Gut nachvollziehbar ist die Konzeption als Tageslichtmuseum, mit starken Bezügen zum landschaftlichen Außenraum. Unbeabsichtigt verweist die Fotografie aber auch auf ein ganz anderes Thema: An zentraler Stelle ist eine Skulptur aus dem ehemaligen Bremer Tabak-Kollegium zu sehen. Es handelt sich um die Darstellung einer Person mit dunkler Körperfarbe und mit als afrikanisch stereotypisierten Gesichtszügen.[162] Derartige Figuren wurden insbesondere im 19. Jahrhundert vielfach hergestellt und finden sich in vielen Landesmuseen. Die hier gezeigte gelangte 1924 als Geschenk ins Focke-Museum. Sie verweist auf den für die Bremer Wirtschaft bedeutenden Tabakhandel, aber auch auf den durch Kunstwerke manifestierten und fortgeschriebenen Rassismus.

Das Tabak-Kollegium ist eine bremische Institution und Teil der historischen Stadtidentität. Es wurde Anfang der 1950er Jahre von Kaufleuten

162 Die aus Holz geschnitzte und farbig gefasste Figur entstand im 19. Jahrhundert und ist 135 cm groß. Sie gelangte 1924 als Geschenk von Herrn J. Krauss ins Focke-Museum. Vermutlich handelt es sich um den Inhaber eines »Frisörgeschäfts und Zigarrenverkaufs«, der als solcher im Adressbuch 1925 verzeichnet ist, ab 1926 aber nur noch ein Frisörgeschäft führte. D.h., dass die Figur vermutlich als Werbung für den Zigarrenverkauf ausgestellt war. Vgl. die Inventarkarte von Objekt 1924.090 im Focke-Museum.

als freie Gesprächsrunde gegründet. Ziel war der Austausch über aktuelle Themen unter Persönlichkeiten des öffentlichen Lebens. Inzwischen tagt es weltweit, das Jahresabschlusskolloquium findet aber jährlich im Bremer Rathaus statt. Gefördert wurde es einst von der in Bremen ansässigen Tabakfirma Martin Brinkmann. Zunächst traf man sich im Club zu Bremen, dann im Bremer Ratskeller und im Focke-Museum. Laut des heute aufgrund seiner Bezüge zum Nationalsozialismus kritisch zu betrachtenden Werner Koos habe die Anmut des Ambientes die Runde »verzaubert und die Idee des lebendigen Museums als einem *social center* [Herv. i.O.] ebenso viele Freunde gewonnen wie der friedensstiftenden Macht [sic!] gemeinsam gerauchter Pfeifen«, wie er 1975 schreibt.[163]

Die enge Verbindung Bremens zum Kolonialismus und die Frage nach seinen Folgen für die heutige Stadtgesellschaft könnten also kaum treffender als durch diese Skulptur aufgeworfen werden. Es handelt sich um ein gutes Beispiel für das in der Kunstgeschichte häufiger vorkommende Phänomen ›sichtbarer Unsichtbarkeit‹ Schwarzer Geschichte – gleichsam als kunsthistorische *contradictio in adjecto* (wörtlich: Widerspruch in der Beifügung): Das Kunstwerk ist da, sogar in der Bildmitte. Die Fotografie wurde aber wegen des Architekturmotivs aufgenommen. Damit stellt die Skulptur in gewisser Weise eine subalterne Stimme[164] dar, die zwar nicht gehört wird, aber dennoch existiert. Erst durch meine durch die Kritische Weißseinsforschung geschärfte Wahrnehmung sah ich sie. Schwarze Menschen hätten dies aber sicherlich sofort bei dem ersten Blick auf die Fotografie wahrgenommen und kritisch kommentiert.

---

163 Werner Kloos: Das Bremer Tabak-Kollegium und die Historie vom Tabak in der Freien Hansestadt. Ein Handbuch für Raucher und die Freunde des Bremer Tabak-Kollegiums, Bremen 1975, S. 100.

164 Zum Begriff und Analyseansatz der Subalterität vgl. Antonio Gramsci: Gefängnishefte, hg. v. Klaus Bochmann, Wolfgang Fritz Haug, 10 Bde., Hamburg 1991-2002; Ulrike Hamann: Prekäre koloniale Ordnung. Rassistische Konjunkturen im Widerspruch. Deutsches Kolonialregime 1884-1914, Bielefeld 2015, S. 31-33; Gayatri Chakravorty Spivak: Can the Subaltern speak? [1988], in: The Empire Writes Back. Theory and Practice in Post-Colonial Literatures, hg. v. Bill Ashcroft, Gareth Griffiths, Helen Tiffin, New York 1995, S. 24-28 (1. Aufl. 1989); Gayatri Chakravorty Spivak: Kritik der postkolonialen Vernunft. Hin zu einer Geschichte der verrinnenden Gegenwart, Stuttgart 2014 (1. engl. Aufl. 1999); Hito Steyerl, Encarnación Gutiérrez Rodriguez (Hg.): Spricht die Subalterne deutsch? Migration und postkoloniale Kritik, Münster 2003.

Die Farbe der Skulptur schafft Differenz. Sie diente einst der Konstruktion eines exotischen ›Anderen‹, das die *weißen* Angehörigen des Tabak-Kollegiums amüsiert haben wird und in ihrem eigenen Selbstverständnis als sogenannte eurozivilisierte Nutzer der Kolonialware Tabak in ihrer eigenen Identität bestätigte. Plötzlich haben wir es nicht mehr nur mit bremischer Geschichte im Landesmuseum zu tun, sondern sehen ihre Verflechtung mit der Weltgeschichte – damals und heute. Die visualisierte Beziehung lässt sich nicht leugnen, kann aufgegriffen und für die Gegenwart und Zukunft *weißer* und Schwarzer Menschen in Bremen produktiv gemacht werden. Wir haben im Sammlungsbestand ein neues Thema mit aktueller Gesellschaftsrelevanz gefunden, das Besuchern/Besucherinnen unterschiedlicher Herkunft Anknüpfungspunkte und Diskussionsanregungen bietet. Heute steht die betreffende Skulptur im Schaumagazin des Museums, zusammen mit weiteren, ähnlichen Sammlungsbeständen. Das Museumsteam steht – wie viele andere an anderen Orten in Deutschland auch – vor der Herausforderung, neue, adäquate Präsentationsformen für derartige problematische Werke zu entwickeln.

Da ich aus museumswissenschaftlicher Sicht den eingeschlagenen Weg für vorbildlich halte und er anderen Mut machen kann, werde ich im Folgenden aufzeigen und analysieren, wie das Focke-Museum in den letzten Jahren das eigene Bedürfnis nach institutioneller Veränderung umgesetzt hat, in Hinblick auf die Öffnung und Verankerung des Hauses in der Stadtgesellschaft.[165] Zunächst wurden neue Sichtweisen auf das Museum aktiv gesucht und es wurde dazu eingeladen, eigene Themen einzubringen. Dadurch wurden in der Sammlung angelegte, alternative Geschichten zu den bisherigen entdeckt und in einzelnen Projekten aufbereitet. Derzeit werden neue, auf Dauer angelegte Konzepte entwickelt, um Multiperspektivität im Museum noch besser möglich zu machen. Offen ist dabei noch, inwiefern das Museum seine Rolle eher als Plattform, Moderator oder Wegweiser für

165 Ich danke der Museumsdirektorin Frau Dr. Frauke von der Haar, dem Stadthistoriker Herrn Dr. Jan Werquet und dem Referenten für gesellschaftliche Vielfalt Herrn Dr. Bora Akşen für das Vertrauen, mir Einblicke in ihre Arbeit zu geben und sie mit mir zu diskutieren. Als Referatsleiterin wurde ich in Workshops und in die Wissenschaftler/-innen-Runde eingeladen, als Wissenschaftlerin führte ich in Kooperation mit den Kollegen/Kolleginnen ein Seminar zum kolonialen Erbe im Focke-Museum und einen Workshop zu postkolonialen Perspektiven im Museum durch.

gesellschaftliche Themen definieren wird und wie mit der institutionell gegebenen Macht der Deutungshoheit umgegangen werden kann/soll.

Neue Perspektiven suchen und mit ihnen in den Dialog kommen

Das Focke-Museum, Bremer Landesmuseum für Kunst und Kulturgeschichte, entstand unter der Leitung des Kulturwissenschaftlers Ernst Grohne (1888-1957) aus der Fusion des Gewerbe-Museums (1884 eröffnet) mit dem Historischen Museum (1900 eröffnet). Es ist heute in einem parkähnlichen Areal mit mehreren historischen Gebäuden in dem gutbürgerlichen Stadtteil Schwachhausen angesiedelt.[166] Aktuell ist es dabei, sich nicht nur architektonisch, sondern vor allem auch konzeptionell neu aufzustellen. Die veraltete, nur die Zeit bis 1947 umfassende Dauerausstellung soll überarbeitet und entlang zentraler historischer Fragestellungen mit Gegenwartsbezug präsentiert werden.[167] Zudem hat sich das Museum den neuen Publikumsanforderungen nach Partizipation und Diversität verschrieben.

Mehr kulturelle Vielfalt in Programm, Publikum und Personal möchte das Museum erreichen, um neues Publikum zu gewinnen und an sich zu binden; insbesondere zugewanderte Menschen sowie Kinder und Jugendliche. Das Focke-Museum will das Museum aller Bremer/-innen und ein relevanter Ort für gesellschaftliche Auseinandersetzung sein. D.h., auch das traditionelle Publikum soll gehalten und mitgenommen werden. Vor dieser Herausforderung stehen alle Landes- bzw. Stadtmuseen in Deutschland, viele befinden sich aktuell in einer entsprechenden Orientierungsphase. Als Erstes eröffnete das Historische Museum Frankfurt a.M. 2017 mit einem

166 Das national bedeutende Hauptgebäude des Architekten Heinrich Bartmann (1964 eröffnet) entstand als Tageslichtmuseum, in Anlehnung an das dänische Louisiana Museum of Modern Art. Das 2002 eröffnete Schaumagazin ist das Erste seiner Art in Deutschland. Hier ist der Bestand weder nach wissenschaftlichen noch technischen Kriterien, sondern nach populären Stichworten alphabetisch von A wie »Anfang« bis Z wie »Zu Grabe tragen« sortiert. Dies ermöglicht einen spielerischen Zugang. Durch einen Mediaguide können sich die Besucher/-innen gezielt Informationen zu einzelnen Objekten suchen. Vgl. https://www.focke-museum.de/was-ist-los/dauerausstellungen/schaumagazin/ (15.2.2019).

167 Zur Sammlung des Focke-Museums vgl. Uta Bernsmeier: Quer durch die Sammlung. Focke-Museum. Bremer Landesmuseum für Kunst und Kulturgeschichte, Bremen 2013.

unter Einbeziehung von Bürgern/Bürgerinnen entwickelten neuen Konzept zur Weiterentwicklung des Hauses.[168]

Die kulturpolitische Forderung einer *Kultur für alle* (1979),[169] die mit einem neuen Kulturbegriff verbunden war, bedeutete für die Museen zunächst eine Stärkung der Vermittlungsarbeit. Das Focke-Museum war eines der ersten deutschen Museen, die systematisch museumspädagogische Programme erarbeiteten. Seit 2012 wird unter dem Schlagwort *Partizipation* in der Museumswelt verstärkt diskutiert, dass es nicht mehr nur um das Vermitteln von wissenschaftlichen Inhalten geht, sondern auch darum, dass über die Teilhabe als Möglichkeit des Zugangs hinaus die Besucher/-innen zu Nutzern/Nutzerinnen werden sollen/können – und zwar auf der niedrigsten Stufe, indem sie sich selber z.B. mittels Medienstationen Inhalte erschließen und dann auf der höchsten Stufe, indem sie selber Ausstellungen kuratieren.[170] Erstaunlich schnell haben partizipative Ansätze Verbreitung gefunden. Lebhaft diskutiert wird aber über die Frage, inwiefern die stärkere Zusammenarbeit mit Bürgern/Bürgerinnen Erfahrungswissen im Sinne des *citizen science* freisetzt, quasi als Schwarmintelligenz neue Interpretationen ermöglicht, oder diese Arbeitsweisen die Qualität der im Museum zu vermittelnden Inhalte senken bzw. beliebig machen. Denn vormals waren die präsentierten Inhalte das ausschließliche Privileg der wissenschaftlich fundiert ausgebildeten Kuratoren/Kuratorinnen. In jedem Fall trägt diese Entwicklung einem breiten gesellschaftlichen Bedürfnis nach Selber-Machen Rechnung.[171] Das Team des Focke-Museums setzt sich intensiv mit

168 Vgl. Jan Gerchow, Wolfgang P. Cilleßen (Hg.): Frankfurt Museum – Führer durch das Historische Museum Frankfurt a.M. 2017.

169 Vgl. Hilmar Hoffmann: Kultur für alle: Perspektiven und Modelle, Frankfurt a.M. 1979.

170 Zu den einzelnen Stufen von Partizipation vgl. Nina Simon: Das partizipative Museum, in: Das partizipative Museum. Zwischen Teilhabe und User Generated Content. Neue Anforderungen an kulturhistorische Ausstellungen, hg. v. Susanne Gesser et al., Bielefeld 2012, S. 107; Anja Piontek: Museum und Partizipation. Theorie und Praxis kooperativer Ausstellungsprojekte und Beteiligungsangebote, Bielefeld 2017.

171 Eine Umfrage während des Loccumer Kulturpolitischen Kolloquiums *Generation(en) Wechsel. Veränderte Ansprüche neuer Generationen und die Rolle der Kulturpolitik in institutionellen Veränderungsprozessen* (15.-17.2.2019) der Kulturpolitischen Gesellschaft zeigte, dass die Experten/Expertinnen aus Kulturpolitik, Kulturverwaltung und Kulturinstitutionen aktuell mit großer Mehrheit der Auffassung sind, dass das Kulturpublikum nicht nur nach Partizipation an den Kulturinhalten, sondern nach Involviertheit in die Weiterentwicklung der Institutionen selber verlangt, und dass ein deutlich größeres Interesse

diesen aktuellen Debatten auseinander. Entscheidend dafür ist eine von der Museumsleitung vorgegebene Haltung, sich als lernende Organisation zu verstehen.[172] Das beinhaltet auch, dass experimentiert, gescheitert und neu versucht werden darf, miteinander diskutiert und ausgehandelt wird. Projekte werden interdisziplinär entwickelt. Eine nachhaltige Veränderung hat nur eine Chance, wenn von innen der Wunsch danach besteht. Ansonsten wird es ein permanenter Kampf zwischen Anforderung von außen und Abwehrkampf von innen.

Das Focke-Museum versteht es als seine Rolle, mit den Menschen in der Stadt ins Gespräch zu kommen, zu einzelnen Themen Interviews durchzuführen und Beteiligungsprojekte anzustoßen. Im Rückblick auf die letzten vier Jahre kann bereits eine erste Bilanz gezogen werden, wo sich ungeahnte Barrieren auftaten und welche Ansätze erfolgreich waren. Daraus ergaben sich neue Ideen, die erfolgreich umgesetzt wurden.[173] Inzwischen sind Beziehungen mit Wissenschaftlern/Wissenschaftlerinnen und Aktivisten/Aktivistinnen afrikanischer Herkunft aufgebaut, u.a. ist das Afrika Netzwerk Bremen zu einem kontinuierlichen Kooperationspartner geworden.

In der Ausstellung *Experiment Moderne. Bremen nach 1918* (2018/19) kontrastierte das Focke-Museum das kolonialrevisionistische Plakat *Wir fordern Kolonien* aus der eigenen Sammlung mit einem Flugblatt der Internationalen Frauenliga für Frieden und Freiheit mit dem Titel *Nie wieder Kolonien!* (1925) aus dem Bremer Staatsarchiv, in dem die den Kolonialismus befürwortenden Argumente im Einzelnen widerlegt werden. Das Museum suchte ergänzend nach einer afrikanischen Perspektive auf das Thema und fand einen Gegenwartsbezug. Ein Interview mit dem Präsidenten des Afrika Netzwerkes Bremen, Justin Man-Igri, wurde in die Ausstellung integriert (Abb. 11).

---

an einem eigenen Kulturschaffen besteht als an kultureller Bildung oder herausragender künstlerischer Qualität.

172 Zum aktuellen Standard des Qualitätsmanagements in Museen und dem zentralen Aspekt, sich als lernende Institution zu begreifen vgl. Irene Knava, Thomas Heskia (Hg.): ISO for Culture. Qualitätsmanagement als Führungsinstrument. Standards in Kulturbetrieben praktisch umsetzen, Wien 2016.

173 Zu einzelnen Strategien, die sich als hilfreich erwiesen, siehe die am Ende dieses Kapitels aufgeführten Punkte.

Abbildung 11: Installation zum Thema Kolonialismus und seine Folgen

Ausstellung *Experiment Moderne*. Focke-Museum, Bremen

Darin berichtet er über die bis heute bestehenden Nachwirkungen des Übergangs der Kolonialherrschaft von Deutschland auf Frankreich bzw. Großbritannien nach dem Ersten Weltkrieg. Der aktuelle Konflikt zwischen englischsprachiger Minderheit und französischsprachiger Mehrheit in Kamerun steht in einem direkten Zusammenhang damit.

Alternative Geschichten sehen und ihnen Raum geben

Die oben dargelegte offene Haltung des Museums für Veränderungen führte dazu, dass die 2015 konzipierte dialogische Führung *10 Dinge, die du über Bremen wissen solltest* keinen festen Ablauf behielt. Im Dialog mit den Teilnehmern/Teilnehmerinnen veränderte sie sich jedes Mal von Neuem. Zunächst war sie für nach Bremen geflüchtete Menschen aus Syrien entstanden. Inzwischen wird sie auch von lange in Bremen lebenden Bürgern/Bürgerinnen gerne mitgestaltet.

Wie eine neue Fragestellung an die Sammlung auch neue Zielgruppen ansprechen kann, soll hier exemplarisch an einem Projekt mit Studierenden der Kunstwissenschaft an der Universität Bremen gezeigt werden. Nachdem sie sich im Seminarraum mit der Theorie der Kritischen Weißseinsforschung beschäftigt hatten, gingen sie im Focke-Museum auf Spurensuche nach dem kolonialen Erbe.[174] Viele von ihnen hatten einen sogenannten Migrationshintergrund, eigene Migrationserfahrung und/oder waren zum Studium nach Bremen gezogen. Trotz ihres Studienfaches war es für sie keinesfalls eine Selbstverständlichkeit, das Stadtmuseum aufzusuchen, um mehr über ihren neuen Wohnort zu erfahren. Erst durch die vorgegebene Fragestellung entstanden Neugierde und Motivation, in der Sammlung etwas zu entdecken, mit dem sie etwas anfangen konnten.

Als unübersehbar nahmen die Studierenden die Verbindung der bremischen Wirtschaft mit dem Kolonialismus wahr. Tabak, Kaffee, Tee, Kakao, Baumwolle – Bremen war einst zentraler Umschlagplatz für diese Produkte. Den zeitweilig exotischen und kostspieligen Konsumwaren der Oberschicht wurde teilweise auch medizinische Wirkung nachgesagt. So wurde etwa der Tabak als Appetit zügelnder Stoff auch von den Hunger leidenden Arbeitern/Arbeiterinnen stark konsumiert. Die Bremer Kaufleute unterhielten keine eigenen Plantagen, sondern handelten in zweiter Hand mit der zunächst aus Südamerika, dann auch aus Indonesien kommenden Ware. Im 19. Jahrhundert avancierte Bremen zum größten Imperium des deutschen Tabakhandels. 1813 waren eine erste Tabakhandlung in der Bremer Altstadt und eine Tabakfabrik zur Herstellung von Zigaretten in Burgdamm bei Bremen gegründet worden; später »Martin Brinkmann« genannt. 1851 werden in Bremen 281 Fabriken mit 5300 Arbeitern/Arbeiterinnen gezählt.[175] Zumeist in Kleinbetrieben und Heimarbeit tätig, waren sie Teil des neuen Industrieproletariats. 1929 war die Martin Binkmann Aktiengesellschaft die größte Fabrik in Bremen. Von dieser erfolgreichen Handelsgeschichte Bremens erzählt das Mittelfeld des großflächigen Mosaiks von Alexandre Noskroff von 1957, das bis heute über der zentralen Anzeigetafel im Hauptbahnhof zu sehen ist. Keinesfalls verschwiegen hat der Künstler die afrikanischen Arbeiter/-innen als Produzenten/Produzentinnen auf den Plantagen (vgl. Abb. 12).

174 Um einen fachlich fundierten Ausstellungsrundgang zum Themenschwerpunkt *Kolonialismus und seine Folgen* publizieren zu können, wäre ein weiteres Semester notwendig gewesen. Daher entschied sich die Gruppe, ihre zusammengetragenen Objekte und ersten Interpretationsansätze dem Museum bzw. mir zur weiteren Bearbeitung zu überlassen. Sie waren der Ausgangspunkt für den folgenden Textabschnitt.

175 Vgl. Dr. med. Thiele (Amtsarzt in Varel in Oldenburg): Der Einfluss der Erwerbs- und Arbeitsverhältnisse der Tabakarbeiter auf ihre Gesundheit, Berlin 1913, S. 12.

Abbildung 12: Mosaik, rechtes Feld

Alexandre Noskoff, 1957. Hauptbahnhof, Bremen

Im Focke-Museum ist Objekt Nr. 3425 ein um 1850 entstandener Tabaktopf in Form eines Kopfes mit dunkler Körperfarbe. Seine goldenen Ohrringe werden von heutigen Betrachtern/Betrachterinnen als Widerspruch zu der an seinem Hals angedeuteten Kleidung eines Anzugs mit weißem Hemd und schwarzer Fliege wahrgenommen. Deutlich wird hier die Verbindung des Zigarrenrauchens der gehobenen Klasse mit der Herkunft des Tabaks.

In der Sammlung des Focke-Museums finden sich viele Produkte, Verpackungen und Kunstwerke, die im Zusammenhang mit den Kolonialwaren stehen. Begeisterung kam bei einzelnen Studierenden auf, als sie Verpackungen mit Beschriftungen und Bildern aus Ländern fanden, aus denen ihre eigenen Vorfahren/Vorfahrinnen kamen. Plötzlich ergaben sich Anknüpfungspunkte zwischen verflochtener Weltgeschichte und persönlicher Migrationserfahrung. Noch interessanter wurde es, als wir realisierten, dass das ausgestellte Care-Paket (Cooperative for American Remittances to Europe, 1946-1955) als Hilfsleistung an Hunger leidende Menschen in Deutschland üblicherweise auch Tabak, Kaffee und Kakao enthielt. Bremen war Durchgangsstation für viele solcher Pakete. Der Absender dieses Exemplars lautet »Auslieferungsstelle für CARE, BREMEN, Haus des Reichs, Im Auftrag des Spenders: MR. EGJ Gratz, USA«. Es sollte an eine Frau Maria Seifer in Göttingen gehen. Waren die Kolonialwaren in Europa einst Luxusprodukte gewesen, galten sie in der Nachkriegszeit offenbar als Grundnahrungsmittel. Führen wir uns die damals – und heute – weiterhin schlechten Arbeitsbedingungen und die niedrige Entlohnung der Produzenten/Produzentinnen außerhalb Europas vor Augen, stellt sich die Frage nach Bedürftigkeit bzw. Luxus, Solidarität bzw. Gerechtigkeit neu.[176]

Bereits 1673 eröffnete in Bremen die erste Kaffeestube in Deutschland. Wie zum Tabak etwas ausführlicher dargestellt, ließen sich auch zu Kaffee, Kakao und Baumwolle spezifisch bremische Geschichten erzählen, die Bremens historische Bedeutung als Handelsstadt deutlich machen, im Zusammenhang mit dem Kolonialismus und der durch versklavte Menschen betriebenen Plantagenwirtschaft stehen, globale Verflechtungen mit lokaler Identität in Beziehung setzen, ökonomische Ausbeutung und soziale Gefälle in der Ferne und in der Nähe thematisieren und schließlich Anknüpfungspunkte im Leben jedes Besuchers und jeder Besucherin bieten. Finden sich diese Produkte aus ›Übersee‹ doch heute in jedem Bremer Haushalt. Schmeckt die seit 129 Jahren in Bremen produzierte HACHEZ-Schokolade (1890 gegründet) nicht irgendwie kostbarer, wenn wir uns vergegenwärtigen, dass die Kakaobohne von der Olmeken-Zivilisation in Mittelamerika vor über 3500 Jahren gezüchtet wurde, die Olmeken ihr Wissen an die Maya und Azteken weitergaben und die Bohnen als Zahlungsmittel dienten, lange bevor sie Europa eroberten? Sind wir vor dem Hintergrund dieses Wissens nicht bereiter, mehr für Schokoladenprodukte zu bezahlen, damit die heutigen Produzenten/Produzentinnen in den Herkunftsländern bessere Löhne erhalten?

Aber auch das kleinste und sehr prominente Ausstellungsstück im Focke-Museum hat eine Verbindung zum Kolonialismus. Das Bremer Pfefferkorn ist Beleg für transkulturelle Kulturgeschichte. Im Mittelalter war der Gewürzhandel von den Türken, den Arabern und schließlich den Venezianern bestimmt worden. Der älteste Fund nördlich der Alpen stammt aus dem 13. Jahrhundert und wurde 1989 in der Böttcherstraße in Bremen gemacht – in einem Topf mit Überresten von organischem Material von 166

---

176 Die Studierenden hatten einen Rundgang durch die Dauerausstellung und das Schaumagazin erarbeitet, für den sie in allen Teilen des Museums Objekte aussuchten, über die sie Geschichten mit dem hier dargelegten Interpretationsfokus erzählten. Ich gebe hier nicht den ganzen Rundgang wieder, sondern greife lediglich einige Objekte exemplarisch heraus.

Pflanzen.[177] Das in Europa begehrte und aus Indien stammende Gewürz war einst der Anlass, dass Christoph Kolumbus (1451-1506) sich auf die Reise machte und aus Versehen 1492 in Amerika landete – allgemein gilt dies als der Beginn des Kolonialismus.

Mit den Schiffen aus Amerika gelangten u.a. auch immer mehr Kokosnüsse nach Europa. Zuvor waren sie als besondere Kostbarkeit aus Asien importiert und von europäischen Schnitzern und Goldschmieden zu Pokalen weiterverarbeitet worden.[178] Das Objekt Nr. 7586 im Focke-Museum wurde 1902 von der Vorgängerinstitution, dem Kunstgewerbemuseum, erworben – vermutlich in dem Glauben, dass es sich um ein Musterbeispiel dieser in der Renaissance typischen Kunstgewerbe-Objekte handelte. Anhand des Ornaments lässt sich heute allerdings sagen, dass es eine Nachbildung aus dem 19. Jahrhundert ist. D.h., wir haben es hier mit einem Objekt zu tun, das von den Anfängen des Kunstgewerbemuseums und den damaligen Sammlungskriterien erzählt und zugleich ein Reflex auf frühere Objekte mit Kolonialbezug ist, bei denen außereuropäische Naturprodukte als so wertvoll erachtet wurden, dass europäische Künstler sie in Edelmetalle einfassten.[179]

Neben den offensichtlichen Naturprodukten und Handelsgütern identifizierten die Studierenden eine weitere Gruppe von Objekten mit Kolonialbezug. Über Spielzeug wurde die durch den Kolonialismus geschaffene Differenz zwischen Schwarzen und *weißen* Menschen in die Bremer Kinderzimmer getragen. Hierzu zählt beispielsweise der bis ins kleinste Detail perfektionierte Puppenladen (Objekt Nr. 5605), der einen Kolonialwarenladen darstellt. Auf den kleinen Schubladen ist u.a. zu lesen: Cafe, Curry, Pfeffer und Safran.

Die Babypuppe im Schaumagazin (Objekt Nr. 5662) entstand um 1930 und stammt von der 1884 gegründeten Firma Armand Marseille in Thüringen, die vorwiegend Puppenköpfe aus Biskuitporzellan produzierte.[180] Es handelt sich um die Version mit dunkler Körperfarbe der ab 1915 produzierten Serie

---

177 Karl-Ernst Behre: Die ersten Funde von Nahrungspflanzen aus dem Mittelalter in Bremen, in: Bremisches Jahrbuch, 70 (1991), S. 207-227.

178 Zu Kokosnusspokalen vgl. weiterführend Anna Greve: Die Kolonisation Brasiliens auf einer Nuss, in: Dresdener Kunstblätter (2006), Nr. 4, S. 205-210.

179 Zur Weiterverarbeitung außereuropäischer Materialien durch europäische Künstler vgl. auch das Kapitel *Zur Neuverortung mittelalterlicher Schatzkunst*.

180 Zur Firmengeschichte vgl. https://www.historytoy.com/Firmengeschichte-Firmenbeschreibung-Historie-Marseille-Armand (15.3.2019).

520. Schon diese Jahreszahlen legen nahe, dass in dieser Zeit des deutschen Kolonialismus keinesfalls das intendiert war, was in den 1980er Jahren fortschrittliche Eltern beabsichtigten: *weiße* Kinder für die Vielfalt menschlichen Aussehens zu sensibilisieren und aufzuklären. Heute ist nachgewiesen, dass Kinder bereits im ersten Lebensjahr Unterschiede im Aussehen wahrnehmen und von da an auch die damit verbundenen Vorurteile ihrer Umwelt annehmen. So lernen sie häufig, das als ›richtig‹ zu empfinden, was sie am häufigsten sehen.[181] In Studien wurde nachgewiesen, dass Schwarze Kinder helle Puppen als schöner bezeichneten, wenn sie vorwiegend unter *weißen* Menschen aufwuchsen. Ihr Selbstverständnis ist damit bereits früh gestört bzw. erfordert ein besonderes Aufbringen an psychischer Energie, um sich selbst als gleichwertig zu empfinden.

Bemerkenswert sind ebenfalls die aus Pappe hergestellten und auf Holzständer montierten Sammelfiguren aus den Margarinepackungen *Wunder von Oldenburg* (vgl. Abb. 13).

Abbildung 13: Margarinefiguren Wunder von Oldenburg

Um 1920/1950. Focke-Museum, Bremen

Im Schaumagazin des Focke-Museums sind Kühe, eine Ziege, ein Schaf, ein Bär, ein Tiger und drei Kinder mit dunkler Körperfarbe aufgestellt. In dem seit den 1920er Jahren bestehenden Konkurrenzkampf der Margarinehersteller sollten diese Figuren zum Sammeln begeistern und Kunden/Kundin-

181 Vgl. Caroline Ali-Tani: Wie Kinder Vielfalt wahrnehmen: Vorurteile in der frühen Kindheit und die pädagogischen Konsequenzen, in: https://www.kita-fachtexte.de/texte-finden/detail/data/wie-kinder-vielfalt-wahrnehmen-vorurteile-in-der-fruehen-kindheit-und-die-paedagogischen-konsequenz/, 2017, S. 16 (15.3.2019).

nen binden. Bis in die 1950er Jahre hinein bestand diese Tradition.[182] Vielfalt und Exotismus machten den Sammelreiz der sich seit 1988 im Museum befindlichen Figuren aus. Als *weiße* Besucherin frage ich mich: Was geht Schwarzen Besuchern/Besucherinnen durch den Kopf, wenn sie sich mit diesen stereotypen Darstellungen konfrontiert sehen? Das Befördern von Multiperspektivität auf Objekte kann diese in einem neuen Licht erscheinen lassen und bietet Gesprächsstoff in der Gegenwart.

Einen unmittelbaren Kolonialbezug hat der um 1900 hergestellte Tropenhelm in der Dauerausstellung des Focke-Museums (vgl. Abb. 14).

Abbildung 14: Tropenhelm

Deutschland?, um 1900. Focke-Museum, Bremen

Es handelt sich um den Helm eines Offiziers des Ostasiatischen Eisenbahn-Bataillons. Das war eine Truppenabteilung, die militärisch relevante Eisenbahnstrecken in der Provinz Shandong baute und reparierte.[183] Das Deutsche Kaiserreich hatte 1897 den Hafen Tsingtau besetzt und dann in

182 Vgl. Vernissage am 25. November 2018: Größte Margarinefiguren-Sammlung in Emsbüren zu sehen, in: https://www.noz.de/lokales/emsbueren/artikel/1590685/groesste-margarinefiguren-sammlung-in-emsbueren-zu-sehen (15.3.2019).

183 Zum Ostasiatischen Expeditionskorps vgl. die Zusammenfassung im Archivportal der Deutschen Digitalen Bibliothek zu dem entsprechenden Archivgut im Bundesarchiv (Bestandssignatur: BArch, RW 61): https://www.archivportal-d.de/item/YBVBGX4NNL6PO22XPFIMVFAILU5UBR74 (15.3.2019).

einem Vertrag mit dem Kaiserreich China das umliegende Territorium gepachtet, das sogenannte Schutzgebiet Kiautschou. Was bei den anderen Objekten für *weiße* Betrachter/-innen zunächst ausgegraben werden musste, ist hier offensichtlich: Wir haben es mit einer geteilten Geschichte zu tun. Erzählt der Helm einerseits von dem zur damaligen Zeit positiv definierten weltweiten Kampf deutscher Soldaten für die Vergrößerung des deutschen Kaiserreiches, ist er zugleich Beleg für die dabei ausgeübte Gewalt an der dort ansässigen Bevölkerung. Infolge des Widerstandskampfes der *Bewegung der Verbände für Gerechtigkeit und Harmonie* – im Westen »Boxeraufstand« genannt – gegen die alliierten Kolonialmächte (USA, Großbritannien, Frankreich, Deutschland, Italien, Österreich-Ungarn, Russland, Japan) brach am 27. Juli 1900 ein erster Teil des Ostasiatischen Expeditionskorps von Bremerhaven aus auf – verabschiedet von Kaiser Wilhelm II. (1859-1941). Erst 1996 erwarb das Museum den Helm auf einer Auktion. Wer traf diese Entscheidung, und mit welcher Intention? Leider geht dies aus dem Inventar nicht hervor. Vertiefende Recherchen und Gespräche mit Zeitzeugen/-zeuginnen wären nötig.

Aber auch eindeutig rassistische Propaganda aus der Schlussphase des Ersten Weltkrieges ist im Focke-Museum zu finden. Stereotype Darstellungen von dunklen Wilden, nackt, mit Federkostümen und Speeren ausgestattet, sollten die deutsche Identität als Zivilisation stärken und den Kampf um den Erhalt der Kolonien als eigenes Siedlungsgebiet und Nahrungsquelle – insbesondere auch über die visuelle Ebene als Plakate und Postkarten – legitimieren.[184]

Als eine Studentin mich fragte, ob sie das Bremer Haus als Objekt bearbeiten könne, stutzte ich: Da hatte ich nun tatsächlich bisher keine Verbindung zum Kolonialismus gesehen. Aber sie ist tatsächlich gegeben. In den Jahren von 1884 (Beginn der formalen Kolonialherrschaft Deutschlands) bis 1905 (Völkermord an den Herero und Nama) erlebte die Stadt Bremen u.a. durch die Eröffnung des neuen Hafens (heute Europahafen) und den damit verbundenen Überseehandel, einen Zuwachs von 97.000 Einwohnern/Ein-

184 Exemplarisch sei hier nur das Plakat des *Reichsverbandes des Kolonialdeutschen – Bremer Ausschuss* genannt. Auf den ersten Blick wären derartige Objekte vermutlich die ersten (und einzigen?), bei denen *weiße* Besucher/-innen einen Kolonialbezug sehen. Sie werden daher hier bewusst nur am Ende und ohne Abbildungen erwähnt, um den Raum lieber für die suptileren Objekte zu nutzen.

wohnerinnen von 118.000 auf 215.000.[185] Das bereits Mitte des 19. Jahrhunderts entwickelte typische Bremer Haus wurde vermehrt gebaut. Es war eine Alternative zu den Mietkasernen in anderen deutschen Städten.[186] Eigentlich für einzelne Familien gedacht, wurde es häufig durch das Untervermieten finanziert und damit auch überbelegt. Der Wunsch der – auch durch den Kolonialhandel – aufsteigenden Mittelklasse nach Wohlstand und Eigentum konnte so bedient werden.

Multiperspektivität zulassen und Deutungshoheit abgeben

Der vom Focke-Museum eingeschlagene Weg, das Suchen neuer Perspektiven, die Bereitschaft, das eigene Konzept zu verändern und anderen Prioritäten Raum zu geben, könnte das Focke-Museum mittelfristig zu einem sozialen Ort der Zukunft machen, an dem sich noch sehr viel mehr Bremer/-innen als bisher repräsentiert sehen. Der Schlüssel dafür ist m.E., dass das Haus kontinuierlich die eigene Rolle kritisch reflektiert. Es kann unterschiedlichen Perspektiven einen Diskursraum bieten, diese moderierend in einen Dialog bringen und zu gesellschaftlichen Themen eine eigene Haltung vertreten. Soziale und kommunikative Kompetenzen des wissenschaftlichen Personals sind dabei genauso erforderlich wie inhaltlich-fachliche Qualifikationen. Multiperspektivität auf Geschichte und Gegenwart als Methode zur Verobjektivierung von unterschiedlich wahrgenommenen Sachverhalten wird eine breitere Akzeptanz finden als die in Museen früher übliche Suggestion von Objektivität und Neutralität. Insofern ist es beispielsweise auch konsequent, sich nicht von Interessengruppen vereinnahmen zu lassen, die sich ihrerseits einem Dialog mit anderen Partnern/Partnerinnen verweigern. Die Relevanz des neuen Landes- bzw. Stadtmuseums besteht

185 Vgl. https://de.wikipedia.org/wiki/Einwohnerentwicklung_von_Bremen#Von_1871_bis_1944 (15.3.2019). Die angegebenen Zahlen beruhen laut dieser Quelle auf Volkszählungen. Ich danke Herrn Prof. Dr. Konrad Elmshäuser, Leiter des Staatsarchivs Bremen, für die Bestätigung der Zuverlässigkeit dieser Quelle.

186 Vgl. Klaus Schwarz: Wirtschaftliche Grundlagen der Sonderstellung Bremens im deutschen Wohnungsbau des 19. Jahrhunderts, in: Bremisches Jahrbuch, 54 (1976), S. 21-68; Klaus Schwarz: Bremer Reihenhäuser in vor- und frühindustrieller Zeit, in: Bremisches Jahrbuch, 57 (1979), S. 123-182; Wolfgang Voigt: Das Bremer Haus – Wohnungsreform und Städtebau in Bremen 1880-1940. Schriftenreihe des Hamburgischen Architekturarchivs, Hamburg 1992.

darin, immer wieder neue Anläufe zu machen, Kooperationen einzugehen und Impulse in die Stadtgesellschaft zu geben bzw. aus ihr heraus aufzunehmen. Es geht um einen kontinuierlichen Aushandlungsprozess.

Im Sommer 2019 fand auf dem Gelände des Focke-Museums das dritte *Fest der Kulturen* in Bremen statt.[187] Waren am zweiten *Fest der Kulturen* 2018 in der Stadtbibliothek bereits elf Communitys beteiligt, waren es 2019 über 30 Netzwerke und Vereine aus vier Kontinenten.[188] Dabei war das Focke-Museum nicht nur der Veranstaltungsort, sondern auch wesentlicher konzeptioneller Partner. Mit einem qualitativ hochwertigen und professionellen Angebot wurden möglichst viele Menschen mit unterschiedlichen kulturellen Hintergründen angesprochen. Vonseiten des Museums war die Veranstaltung ein wichtiger Baustein im Rahmen des von der Bundeskulturstiftung geförderten 360°-Programms *Fonds für Kulturen der neuen Stadtgesellschaft*, aus dem das Focke-Museum für vier Jahre einen Referenten für gesellschaftliche Vielfalt finanzieren kann.

Die ebenfalls wesentlich an der Organisation beteiligte Fachpromotorin für Migration, Diaspora und Entwicklung und Gründerin des Afrika Netzwerkes Bremen sieht im gemeinsamen Feiern die beste Möglichkeit, Menschen unterschiedlichster Herkunft in Beziehung zu bringen. Kulturveranstaltungen dienen ihr als Weg für ihren eigentlichen Auftrag: die Sensibilisierung für die 17 Nachhaltigkeitsziele der UNO für einen bis 2030 lebenswerteren Planeten. Diese Ziele sollen durch die internationale Politik und die Zivilgesellschaften als integriertes Konzept verstanden und um-

187 Das Fest der Kulturen hatte 2017 erstmals am Anti-Kolonial-Denk-Mal des Elefanten, in Kooperation mit dem Verein Der Elefant!, stattgefunden. Der aus *weißer* Sicht dafür gut geeignete Ort war den Organisatoren/Organisatorinnen aber nicht zentral genug und wurde vielleicht auch gerade aufgrund seiner Geschichte als unangenehm empfunden; erinnert die überdimensionale Skulptur doch trotz ihrer Umwidmung an das Differenz schaffende Machtsystem des Kolonialismus. Das daneben zu findende, viel weniger bekannte Mahnmal für die Opfer des Völkermords an den Herero und Nama wurde nicht einmal in dieser Veranstaltung ins Zentrum gestellt. Auch ich hielt meine Rede ganz selbstverständlich vor dem Elefanten. Diese unbewusste Reproduktion einer Asymmetrie kam erst im Gespräch mehrerer am Thema interessierter Schwarzer und *weißer* Menschen – im Nachgang eines Workshops des Focke-Museums zum Elefanten am 5. März 2019 – zur Sprache, angeregt durch die dortige Äußerung einer Schwarzen Teilnehmerin. Tatsächlich wird immer wieder der als Tierfigur ästhetisch ansprechende Elefant abgebildet und verbreitet und nicht der Steinkreis mit Originalen vom Waterberg.

188 Vgl. https://anb-bremen.de/festival-der-kulturen-2019/ (25.5.2019).

gesetzt werden.[189] Mit einem solchen breiten Themenzugang können wissenschaftliches Arbeiten mit der Museumssammlung und soziokulturelle Veranstaltungen unter der Überschrift *Kolonialismus und seine Folgen* zusammenkommen und sich gegenseitig inspirieren.

Das Interesse an postkolonialer Museologie und Zusammenarbeit mit Experten/Expertinnen aus Communitys ist derzeit bei vielen Museen vorhanden.[190] Aber wie kann sie konkret werden? Aus meiner Erfahrung heraus und im Dialog mit Virginie Kamche (Fachpromotorin für Migration, Diaspora und Entwicklung), Bora Akşen (Referent für gesellschaftliche Vielfalt im Focke-Museum) und Jan Werquet (Stadthistoriker im Focke-Museum) haben sich folgende hilfreiche Strategien herauskristallisiert:

- Eine offene Haltung der Mitarbeiter/-innen einer Institution gegenüber völlig neuen Perspektiven.
  Dahinter steckt der theoretische Ansatz, das Publikum nicht im Sinne eines *Audience Development* zu den Themen der Institution zu führen, sondern sich selber als Institution eine Aufgabe des *Community-Buildings* zu geben.[191] Dafür muss eine Atmosphäre geschaffen werden, die andere Blickwinkel willkommen heißt.

189 Ich danke Virginie Kamche für den intensiven Austausch über ihre Arbeit. Vgl. dazu https://www.welthungerhilfe.de/informieren/themen/politik-veraendern/sustainable-development-goals-und-nachhaltigkeit/?gclid=EAIaIQobChMIzf6VxciM4QIViM13Ch2DrAUnEAAYASAAEgLmmfD_BwE (18.3.2019).

190 Für den Museumsverband Niedersachsen und Bremen organisierte Necaattin Arslan vier regionale Fachkonferenzen zu Diversität und Migration im Museum zu den Schwerpunktthemen *Medien* (18.2.2019 im Nordwestdeutschen Museum für IndustrieKultur in Delmenhorst), *Werte* (11.3.2019 im Braunschweigischen Landesmuseum), *Sprache* (15.4.2019 im Museum Lüneburg) und *Musik* (20.5.2019 im Dommuseum Hildesheim). Bora Akşen, Virginie Kamche, Jan Werquet und ich führten in Braunschweig gemeinsam den Workshop *Postkoloniale Perspektiven im Museum und die Einbindung von Expert*innen aus Communities in die Ausstellungspraxis* durch. Für mich ebenfalls inspirierend waren die Diskussionen auf der Tagung *Kolonialität in deutschen Hafenstädten* (7.-8.3.2019 an der Europa-Universität Flensburg). Gezielt wurden wir Bremerinnen (Martina Grimmig, Virginie Kamche und ich) nach unserer Arbeitsweise gefragt, der Wunsch nach einer Handreichung und der Rückkoppelung der praktischen Erfahrungen in die sehr theoretisch gelagerten Diskussionen an den Universitäten geäußert.

191 In der Tradition der Freundeskreise geht es dabei im Sinne der sich aktuell entwickelnden Ansätze partizipativer Gesellschaftspolitik darum, nicht nur diejenigen zu versam-

- Das aktive Suchen Schwarzer Perspektiven.
  Dafür ist es notwendig, selber neue Orte aufzusuchen: in Afro-Shops und auf interkulturellen Festen ins Gespräch kommen; beobachten und fragen, welche Themen als gesellschaftlich und/oder historisch relevant wahrgenommen werden.
- Mut zum Hinterfragen eigener Prioritätensetzungen.
  Hiermit ist das Relativieren der eigenen Deutungshoheit gemeint und die Anerkennung, dass andere Menschen andere Anknüpfungspunkte an Themen und Sammlungsgegenstände sehen.
- Der Wille, für alle verständlich zu sein.
  So kam die Idee auf, wieder verstärkt mit klar verständlichen Leitlinien zu arbeiten und die Fachterminologie in ›Fußnoten für Akademiker/-innen‹ zu erläutern.
- Ein Rollenverständnis, sich als *weißer* Mensch im System als Moderator/-in und Türöffner/-in zu verstehen.
  Das bedeutet z.B., bei Vortragsanfragen Referenten/Referentinnen mit Schwarzen Perspektiven zu empfehlen, Vorbilder zu stärken und in den (*weißen*) Institutionen Raum für eigene Projekte zu geben. Zudem die Entwicklung als sogenannter Dritter Ort, an dem zwanglose Begegnungen der Bürger/-innen möglich sind, aus denen sich Bezüge zu der Institution oder auch Projekte entwickeln können.[192]

---

meln die Sympathie für die Institution haben, sondern darüber hinaus gemeinschaftsstiftend zu sein.

192 Der soziologisch definierte *Dritte Ort* (*third place*) nach Ray Oldenburg ist nicht zu verwechseln mit dem erkenntnistheoretischen *Dritten Raum* (*third space*) nach Bhabha. In Anknüpfung an Oldenburg werden derzeit Museen – aber vor allem Bibliotheken – als *Dritte Orte* diskutiert. Dabei gilt das Wohnen als *Erster Ort*, das Arbeiten als *Zweiter Ort* und die Freizeitgestaltung als *Dritter Ort*. Letzterer zeichnet sich durch eine zunehmende Verflechtung von Privatheit und Öffentlichkeit aus. D.h., gemeinschaftlich genutzte öffentliche Orte wie Kultureinrichtungen haben das Potential einer hohen Aufenthaltsqualität und werden immer stärker nicht nur als Bildungseinrichtungen, sondern demokratische Orte des Erlebens, der Vernetzung und des Austausches der Bürger/-innen und damit auch der Generierung von Bürgerwissen (*citizen science*) verstanden. Vgl. Ray Oldenburg: Celebrating the Third Place: Inspiring Stories about the »Great Good Place« at the Heart of Our Communities, New York 2000. – Zum *Dritten Raum* nach Bhabha vgl. das Kapitel *Kunstkammer*.

- Das Anerkennen von Kompetenzen, die man selber nicht hat.
  Menschen mit sogenanntem Migrationshintergrund, eigener Migrationserfahrung und Schwarze Menschen haben als Beobachter/-innen der Mehrheitsgesellschaft spezifische Kompetenzen, die bisher in *weißen* Institutionen weitestgehend fehlen, um sich neue Publikumskreise zu erschließen. Diese Kompetenzen müssen – wie andere auch – anerkannt und honoriert werden. Etwa durch Ehrungen, Berufungen in Beiräte und selbstverständlich auch durch Honorare.

5. Kunstmuseum

Die klare Grenzziehung zwischen Kunstmuseen (als Aufbewahrungsorte europäischer ›Hochkunst‹) und Völkerkundemuseen (als Aufbewahrungsorte für ›künstlerische Produkte‹ außereuropäischer Gegenden) ist lange verwischt. Oder war sie immer eine Illusion? Wer definiert, was Kunst ist? Welches sind die Kriterien? Einmaligkeit, individueller Ausdruck, Spiegelung von Gesellschaftszuständen? Längst finden aktuelle Kunstwerke Eingang in Völkerkundemuseen, um die älteren Bestände zu kommentieren, bzw. findet Kunst aus nichteuropäischen Ländern Eingang in die Kunstmuseen.[193] In dem 2018 vom Deutschen Museumsbund herausgegebenen Leitfaden zum Umgang mit Sammlungsgut aus kolonialem Kontext geht es nicht nur um Provenienzforschung und Restitutionsfragen. Gleichfalls wird eine postkoloniale Haltung bei der Museumsarbeit ingesamt, also auch in klassischen Kunstmuseen, eingefordert.[194]

Die Kunsthalle Bremen war das erste deutsche Kunstmuseum, das sich an diesen Anspruch, im Rahmen einer Ausstellung, heranwagte. Mit *Der blinde Fleck. Bremen und die Kunst in der Kolonialzeit* wurden bei der Zusammenarbeit mit dem Afrika Netzwerk Bremen wichtige Erfahrungen gesammelt, die das Haus in die Neukonzeption der Dauerausstellung und das zukünftige institutionelle Selbstverständnis übertragen möchte. Mehr Diversität in Programm, Publikum und Personal lautet der Auftrag des Programms *360°* –

---

193 Vgl. hierzu das Kapitel ›*Das Fremde*‹ *als Ausgangspunkt.*

194 Vgl. hierzu Christoph Grunenberg: Kolonialismus im Kunstmuseum, in: Leitfaden zum Umgang mit Sammlungsgut aus kolonialen Kontexten, hg. v. Deutschen Museumsbund, Berlin 2017, S. 50-51.

Fonds für Kulturen der neuen Stadtgesellschaft der Kulturstiftung des Bundes, aus dem die Kunsthalle – ebenso wie das Focke-Museum – Unterstützung erhält. Möchten Kunstmuseen ihre Besuchszahlen halten und weiterhin gesellschaftlich relevant sein, müssen sie sich alle neuen Publikumsinteressen öffnen und Anknüpfungspunkte für Menschen unterschiedlichster Herkunft bieten. Dafür sind viele Wege denkbar.

Exemplarisch wird im Folgenden anhand einzelner Werke mit kolonialen und rassistischen Kontexten in den Museen Böttcherstraße und der Kunsthalle Bremen demonstriert, wie mit ihnen heute – für einen in die Zukunft gerichteten Gesellschaftsdiskurs – gewinnbringend umgegangen werden kann.

Die Macht der Farbe: Der *weiße* Silberschatz der Kompanie der Schwarzen Häupter (Objektkunst)

Ausgangspunkt für die Konzeption einer Sonderausstellung in den Museen Böttcherstraße in Bremen war der sich dort als Dauerleihgabe befindende sogenannte Silberschatz der Schwarzen Häupter zu Riga. Im Rahmen eines Seminars mit Studierenden der Universität Oldenburg war es das Ziel, mittels der Methoden und dem Interpretationsapparat der Kritischen Weißseinsforschung eine neue Ausstellungsform für diese Objekte zu finden.[195]

Die Wahl der ikonografischen Figur des Schwarzen Heiligen Mauritius als Schutzpatron und ›Markenzeichen‹ der traditionsreichen *weißen* Handelskompanie der Schwarzen Häupter wirft unmittelbar Fragen auf:

- Warum wählten sich *weiße* Kaufleute eine Schwarze Leitfigur?
- Welche Zusammenhänge sind zum Kolonialismus in Afrika und aktuellem Rassismus gegeben? Wie ist der innereuropäische Kolonialismus in Bezug dazu zu sehen?
- Welche Rolle spielte dabei die Symbolik der Farbe Schwarz?

195 Aufgrund eines Direktorenwechsels wurde das hier dargelegte Ausstellungskonzept nicht umgesetzt. – Der vorliegende Text wurde erstmals abgedruckt in: Weißsein und Kunst. Neue postkoloniale Analysen (= Jahrbuch Kunst und Politik, 17), Göttingen 2015, S. 67-76.

- Welche Zuschreibungen bzw. Identitätsangebote an Schwarze und *weiße* Betrachter/-innen erfolgen durch die Kunstwerke?

Dem Profil der Museen Böttcherstraße entsprechend sollten diese Fragen in der geplanten Ausstellung durch die Konfrontation des historischen Materials mit Gegenwartskunst diskutiert werden. Vorgesehen war, eine Auswahl hervorragender Stücke des Schatzes in fünf Ausstellungsräumen temporär neue Nachbarschaften eingehen zu lassen, um sie auf diese Weise zu kommentieren und zu interpretieren – zur allgemeinen Blicköffnung auf den Themenkomplex *Stereotypenbildung versus Identitätsbildung* im Spannungsfeld von Fremdzuschreibungen und Selbstbildern vor dem historischen Hintergrund von Christentum, Kolonialismus und Rassismus.

Das Phänomen ›Schwarze Symbolfigur für *weißes* Kollektiv‹ kann kunsthistorisch derart kontextualisiert werden, dass es zu weiteren ikonografischen Motiven in Bezug gesetzt wird, bei denen dunkel und hell ausgeführte Varianten überliefert sind, z.B. die Heiligen Drei Könige, die Taufe des Kämmerers, die Venus, die sogenannte Schwarze Madonna.[196] Es wird offensichtlich, dass es sich keinesfalls um realistische ›Hautfarben‹, sondern Farbgebungen mit symbolischem Charakter handelt.

Anhand des Silberschatzes der Schwarzen Häupter lässt sich exemplarisch die Etablierung eines visuellen Rasse-Stereotyps studieren. Stereotypen entwickeln laut Homi K. Bhabha ihre Wirkmacht durch die ihnen innewohnende Kraft der Ambivalenz. Diese sorgt für die Verbreitung und Akzeptanz des kolonialen Stereotyps und sichert seine Wiederholbarkeit in sich wandelnden historischen und diskursiven Zusammenhängen.[197] Das Motiv des Mauritius mit dunkler Körperfarbe wird erstens mittels Zubehör (Kopfbinde, Ohrring), zweitens Physiognomie und lockigem Haar und drittens mit dunklen Farbtönen hergestellter Körperfarbe gebildet.

Folgende These soll hier diskutiert werden: Der christliche Mauritius mit dunkler Körperfarbe wird von einer geheimbundartigen, *weißen* Handelskompanie für ihre Zwecke instrumentalisiert. Das aus *weißer* Perspektive konstruierte ›Andere‹ steht symbolisch für fremde, geheimnisvolle, un-

196 Vgl. hierzu weiterführend: Anna Greve: Farbe – Macht – Körper. Kritische Weißseinsforschung in der europäischen Kunstgeschichte. Karlsruhe 2013, S. 98-158.

197 Vgl. Homi K. Bhabha: Die Verortung der Kultur, Tübingen 2000, S. 98 (1. engl. Aufl. 1994).

heimliche Macht und ist damit in mehrfacher Hinsicht eine besonders geeignete Symbolfigur für das Wirken der Kompanie.

Der Heilige Mauritius

Mauritius war Christ und Anführer der auf Befehl des Kaisers Diokletian im ägyptischen Theben zusammengestellten römischen – also nicht christlichen – Truppe, die zur Unterwerfung eines Aufstandes nach Gallien geschickt wurde.[198] Nordafrika war der Legende nach von Johannes dem Täufer christianisiert worden, und die Verpflichtung zum Dienst im römischen Heer bedeutete für die Christen den Gewissenskonflikt zwischen kaiserlicher und christlicher Pflichterfüllung.[199] Mauritius und seine Gefährten erlitten bei Acaunus im Rhonetal in der heutigen Schweiz den Märtyrertod, weil sie den vom Kaiser angeordneten nichtchristlichen Gottesdienst verweigert hatten.[200] Eine erste ausführliche Beschreibung des Martyriums des Heiligen Mauritius stammt aus der *Passio* (um 450) von Bischof Eucherius von Lyon (380-449). Sie wird im Mittelalter wiederholt aufgegriffen, aber nur in der Regensburger Kaiserchronik aus dem 12. Jahrhundert ist die Rede vom »Herzoge der More« und seinen Gefährten als »Christen von den

198 1936 führte das Interesse an der Reichsgeschichte unter den Ottonen Adalbert Josef Herzberg zur Untersuchung der Geschichte der Verehrung des Heiligen Mauritius, wobei die Tatsache, dass es die nordeuropäische Tradition des Schwarzen Mauritius gibt, lediglich in einer Fußnote Erwähnung fand. In *Darstellungen des Mohren im Mittelalter* (1980) stellt Dione Flühler-Kreis den Mauritius neben der Königin von Saba als zweites wichtiges Nebenmotiv neben dem Hauptmotiv der Heiligen Könige dar. Gude Suckale-Redlefsen widmete sich dem Schwarzen Mauritius im Rahmen des Projektes *L'Image du Noir* (ab Mitte der 1960er Jahre). Mit *Mauritius: der heilige Mohr* (1987) legte sie viele Jahre später einen Katalog mit über 300 Gemälden und Skulpturen vor. Vgl. Adalbert Josef Herzberg: Der heilige Mauritius: Ein Beitrag zur Geschichte der deutschen Mauritiusverehrung, Düsseldorf 1981 (erstmals erschienen 1936 in der Reihe Forschungen zur Volkskunde, H. 25/26); Jean Devisse: L'Image du Noir dans l'Art Occidental. Bd. 2,1: Des premiers Siècles chrétiens aux »Grands découvertes«, Fribourg 1979, S. 149-204; Dione Flühler-Kreis: Die Darstellung des Mohren im Mittelalter, Zürich 1980, S. 169-180; Gude Suckale-Redlefsen: Mauritius. Der heilige Mohr/The Black Saint Maurice, Zürich 1987.

199 Vgl. Flühler-Kreis: Darstellung 1980, S. 170.

200 Vgl. Engelbert Kirchbaum (Hg.): Lexikon der Christlichen Ikonografie, Freiburg 1994, Bd. 7, Sp. 610-613 (im Folgenden als LCI abgekürzt); Dione Flühler-Kreis: Mauritius – heiliger Ritter, Mohr und Reichspatron, in: Märtyrerkult im Mittelalter, Kunst + Architektur in der Schweiz 54 (2003), Nr. 3, S. 16-22.

schwarzen Moren«.[201] Am Anfang des 6. Jahrhunderts gründete der spätere Burgunderkönig Sigismund (gest. um 523) die Abtei Saint-Maurice-d'Agaune im schweizerischen Wallis an einer wichtigen Handelswegkreuzung, die im Gebiet zwischen den heutigen Staaten Deutschland, Frankreich und Italien verlief. Durch diese Dynastie wurde der Mauritiuskult verbreitet.[202] 937 ließ Otto der Große (912-973) Reliquien des Heiligen Mauritius nach Magdeburg bringen, das als politisch-militärischer Grenzposten gegenüber dem nicht christlichen Osten ausgebaut wurde. Auf einer um 962 datierten Elfenbeintafel ist Mauritius zusammen mit Maria als Fürbitter der ottonischen Königsfamilie vor dem thronenden Christus dargestellt, eine andere Tafel zeigt ihn in Begleitung Ottos, der das Modell einer Kirche, eventuell des Magdeburger Doms, trägt.[203] Der Magdeburger Kaiserdom wurde von Zeitgenossen als *magnae magnitudinis* bezeichnet und die Metropole selbst das *Nova Roma*. 962 hatte sich Otto vor dem Mauritiusaltar der Peterskirche in Rom als Otto I. zum Kaiser des Heiligen Römischen Reiches Deutscher Nation salben lassen.[204] Sechs Jahre später wurde Mauritius zum Patron des Erzstifts Magdeburg erklärt und stieg in den Rang eines Reichsheiligen auf.[205] In dieser Bedeutung standen ihm als Attribute das Reichsschwert und die Reichssporen als Reichsinsignien sowie die Heilige Lanze zu. Seit der zweiten Hälfte des 12. Jahrhunderts war es die Regel, dass der deutsche Kaiser im Petersdom in Rom vor dem Altar des Heiligen Mauritius zum Kaiser gesalbt wurde. Einen ranghöheren Schutzpatron hätte sich die Kompanie der Schwarzen Häupter also kaum wählen können. Aber warum beriefen sie sich nicht auf diese *weiße* ikonografische Tradition?

Als Figur mit dunkler Haut wird Mauritius erstmals um 1240 im Magdeburger Dom in einer Sandsteinfigur dargestellt, die nur noch als Torso erhalten ist. Die Vorstellung, dass er Schwarz sei, entstand vermutlich als sprachliche Ableitung von *Mauritius* (»Maure«, »Mohr«) sowie seiner Herkunft aus Theben in der Nähe des ›Paradiesflusses‹ Nil und dem damit assoziierten Äthiopien. Diskussionen, dass es sich hierbei um einen Interpretationsfehler handle, weil Nordafrikaner/-innen ja gar nicht so dunkel seien, bleiben

201 Zitiert nach Flühler-Kreis: Darstellung 1980, S. 171.

202 Vgl. Herzberg: Mauritius 1981, S. 17-22.

203 Vgl. LCI, Bd. 7, Sp. 613.

204 Herzberg: Mauritius 1981, S. 21.

205 Ebd., S. 107-108.

in den tradierten rassistischen Denkweisen verhaftet. Jacob de Voragines (1228-1298) macht in seiner *Legenda Aurea* (1263/67) eine Silbenableitung: »Mauricius kommt von mare: Meer; und cis, das ist: ausspeiend oder fest, und us, das heißt der Ratende oder der Eilende. Oder es kommt von mauron, das ist nach Isidorus griechisch, und heißt schwarz.«[206]

Möglicherweise hat auch die gezielte ›Rekrutierung‹ von Personal mit dunkler Körperfarbe durch die Hohenstaufer zur Entstehung des Schwarzen Mauritius beigetragen. Durch diese zumeist aus ihren Heimaten verschleppten Personen sollte der Zugriff der Hohenstaufer auf ferne Weltgegenden unter Beweis gestellt werden.[207] Schwarze Musiker sind als Teilnehmer der Triumphzüge von Heinrich VI. (1165-1197) und seinem Sohn Friedrich II. (1212-1250) durch ganz Europa belegt.[208] Das Adelshaus der Hohenstaufer war das erste in Europa, das Darstellungen von Menschen mit dunkler Körperfarbe in die eigene Emblematik und Heraldik aufnahm.[209]

Symbolische Schwärze war im Mittelalter ein mächtiges Widerstandspotential, wie im Fall der Königin von Saba oder der sogenannten Schwarzen Madonna. Es wurde von *weißen* Bildbetrachtern/Betrachterinnen vermutlich als fremd gefürchtet, dabei aber nicht unbedingt als minderwertig qualifiziert, sondern eher als radikal Anderes respektiert.[210] Das ›Urbild‹ des Schwarzen Mauritius in Magdeburg zeigt von der typisch gotischen Physiognomie abweichende Gesichtszüge, ist mit schwarzer Farbe bemalt und präsentiert die Figur in Ritterrüstung. Was vom Mittelalter zur Renaissance in der europäischen Kunst zu beobachten ist, ist eine Verschiebung von symbolischer Schwärze hin zu der Vorstellung von ›Hautfarbe‹ als Eigenschaft einer Menschengruppe, die stereotypisiert und als afrikanisch definiert wurde, also eine visuelle Vorbereitung der ›Rasse‹-Kategorisierung. Die Koppelung einer spezifischen Physiognomie mit einem Werturteil ist in

---

206 Christoph Wentzel (Hg.): Jacobus de Voragine: Legenda Aurea. Mit Mittelalterlicher Kunst, Freiburg 2007, S. 204.

207 Vgl. Paul H. D. Kaplan: Black Africans in Hohenstaufen Iconography, in: Gesta 26 (1987), S. 33.

208 Vgl. Hans Werner Debrunner: Presence and Prestige. Africans in Europe. A History of Africans in Europe before 1918, Basel 1979, S. 18-22; Flühler-Kreis: Darstellung 1980, S. 102; Kaplan: The Rise of Black Magus in Western Art, Ann Arbor 1985, S. 10 und S. 61; Kaplan: Africans 1987, S. 34.

209 Kaplan: Africans 1987, S. 73.

210 Zu dieser Interpretation vgl. weiterführend Greve: Farbe 2013, S. 123-134.

jedem Fall weniger ein Phänomen des Mittelalters als der Renaissance. Ein *weißer* bzw. durch helle Farbtöne hergestellter Typus wird nur implizit als Vergleichsgröße definiert. Wie im Fall der Königin von Saba und des Priesterkönigs Johannes lässt sich in Bezug auf den Heiligen Mauritius feststellen, dass er insbesondere dann als *weiße* Person dargestellt wird, wenn er eher als historische denn symbolische Figur auftritt.[211]

Obwohl der Magdeburger Mauritius von ähnlicher Qualität wie der berühmte Bamberger Reiter ist, wird er viel seltener rezipiert.[212] Wird über die Ästhetik gesprochen, finden Körperfarbe und Gesichtszüge keine Erwähnung; sind diese Ausgangspunkt des Interesses, wird die Skulptur als exotisches Werk abseits des kunsthistorischen Kanons behandelt. Künstlerische Qualität und als nicht typisch europäisch geltende Merkmale werden also entkoppelt und mit zweierlei Maß gemessen.

Im Norden verbreitete sich die Darstellung des Heiligen Mauritius mit dunkler Körperfarbe im Zusammenhang mit der Expansionspolitik Karls des IV. (1347-1378) in den Ostseeraum, wovon zahlreiche Altäre und Wappen zeugen.[213] Sowohl der militärisch tätige Deutsche Orden als auch Handelsverbände wie die Kompanie der Schwarzen Häupter trugen dazu bei.[214] Bis in die Gegenwart setzt sich die Verwendung des Heiligen Mauritius mit dunkler Körperfarbe in der Wappenkunde fort: Auch im Wappen des Papstes Benedikt XVI., der 2013 auf sein Amt verzichtete, ist er zu finden.

---

211 So wurde bereits im *Lexikon der Christlichen Ikonografie* festgestellt, dass Mauritius zu Pferde immer als *weißer* Europäer dargestellt wird. Vgl. LCI, Bd. 7, Sp. 613.

212 Vgl. hierzu Gude Suckale-Redlefsen: Der Schwarze Ritter von Magdeburg, in: Aufbruch in die Gotik. Der Magdeburger Dom und die späte Stauferzeit, hg. v. Matthias Puhle, Mainz 2009, Bd. 1, S. 207.

213 Vgl. Suckale-Redlefsen: Mauritius 1987, S. 64 und 173. – Das Wappen des Bistums Freising weist seit 1316 ein nach rechts blickendes, gekröntes M[...]enhaupt auf. Der seit 1380 im Coburger Wappen auftauchende Kopf als Hinweis auf den Heiligen Mauritius wurde 1934 von den Nationalsozialisten durch ein Wappenschild mit Schwert, das im Knauf ein Hakenkreuz trägt, ersetzt. 1945 wurde der Kopf als Wappen wieder eingeführt und 1974 neu gestaltet. Auch im Wappen der Nürnberger Familie Tucher findet sich ab 1345 ein vergleichbarer Kopf. Vgl. LCI, Bd. 7, Sp. 610; Peter J. Bräunlein: Von Mohren-Apotheken und Mohrenkopf-Wappen, in: Zeitschrift für Kulturaustausch (1991), Nr. 2, S. 224-229.

214 Vgl. Maria Anczykowski (Hg.): Der Silberschatz der Companie der Schwarzen Häupter aus Riga, Ausst.-Kat. Kunstsammlung Böttcherstraße, Bremen 1997; Martina Johannsen (Hg.): Schwarzweißheiten. Vom Umgang mit fremden Menschen, Ausst.-Kat. Landesmuseum für Natur und Mensch, Oldenburg 2001.

Ich fasse zusammen: Als exotisierte Figur, die außerhalb der gängigen Sozialhierarchie stand, war Mauritius durch die in seiner Person verschmelzenden Eigenschaften als Leitfigur für die Kolonialpolitik und Missionstätigkeit der Kompanie bzw. den Deutschen Orden besonders geeignet.[215] Militärische Tapferkeit und religiöse Gradlinigkeit zeichneten ihn aus. Der Schwarze Mauritius verkörpert eine spezifische regionalpolitische Bedeutung.

Die Kompanie der Schwarzen Häupter zu Riga

Seit der zweiten Hälfte des 12. Jahrhunderts sind norddeutsche Kaufleute und Aktivitäten des Deutschen Ordens in Russland nachweisbar.[216] Riga war zentraler Umschlagplatz für Leder, Pelze, Teer, Talg und Wachs von Osten nach Westen und in die andere Richtung für Bier, Gewürze, Hering, Salz und Tuche. Ein 1282 geschlossenes Bündnis mit Lübeck und Wisby ließ die Hansestadt Riga wirtschaftlich erblühen bis zu den kriegerischen Auseinandersetzungen ab 1558. Grundlage der Stadtverwaltung war die seit dem 13. Jahrhundert bestehende Rigaer Ratsverfassung. Die Gilden weiteten ihren Einfluss stetig aus, bis sie Mitte des 16. Jahrhunderts bei der Finanzverwaltung und dem Außenhandel mitentschieden. Die sogenannte Große Gilde traf sich im Neuen Haus am Markt. Die Kompanie der Schwarzen Häupter zu Riga, als Vereinigung junger, unverheirateter Kaufleute, hatte sich um 1400 von der Großen Gilde abgespalten und Ende des 15. Jahrhundert deren Sitz übernommen. Sobald ihre Mitglieder heirateten, wechselten sie in die Große Gilde. Die Kompanie der Schwarzen Häupter war eine besondere Sozialform zur Förderung des gegenseitigen Vertrauens, Knüpfens von Handelsbeziehungen – gemeinsame Mahlzeiten, Totenehrungen und karitative Tätigkeiten komplettierten dieses Netzwerk. Ihr ältestes Zeugnis sind die sogenannten Schragen (Statuten) von 1416. Es ist dies ein kleines Büchlein mit hölzernen Buchdeckeln. Auf der Rückseite des ersten Blattes ist eine einfache Darstellung des Schutzpatrons der Gilde zu sehen: ein mit dunklen

215 Vgl. Flühler-Kreis: Darstellung 1980, S. 169-180; Flühler-Kreis: Mauritius 2003, S. 21; Bernd Ulrich Hucker: Der »schwarze Heilige«. Mauritiusverehrung im Kloster Ebstorf, in: Veröffentlichungen des Max-Planck-Instituts für Geschichte, Bd. 218, Göttingen 2006, S. 197-228.

216 Vgl. Hans-Albrecht Koch: Rigische Geschichte im Spiegel der Compagnie der Schwarzen Häupter, in: Anczykowski: Silberschatz 1997, S. 9-10.

Farben ausgeführter Kopf mit schwarzem lockigen Haar in rotem Schild mit grün-weiß geflochtener Kopfbinde (vgl. Abb. 15).

Abbildung 15: Schragen der Schwarzen Häupter zu Riga

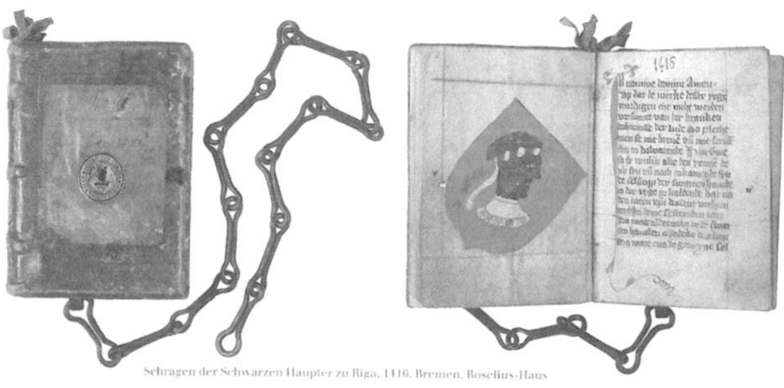

Riga?, 1416. Museen Böttcherstraße, Bremen

Vermutlich war die Figur des Heiligen Mauritius mit dunkler Körperfarbe Namensgeber der Kompanie. Vielleicht entstand die Bezeichnung aber auch im Gegensatz zu den »Grauen Häuptern« oder »Weißen Häuptern«, wie die an Jahren älteren Mitglieder der Großen Gilde bezeichnet wurden.[217]

Der bis heute weitergeführte Vereinszweck der Kompanie der Schwarzen Häupter ist:

> »[...] die Pflege und Förderung kultureller und gemeinnütziger Bestrebungen eines ehrbaren Kaufmanns und die Wahrung hanseatischer Tradition. Diese Aufgabe wird durch Förderung kaufmännischer Interessen, Beratung und Unterstützung erfüllt, ferner durch Erhaltung des bestehenden Archivs und der noch vorhandenen Werte der Compagnie der Schwarzen Häupter. Die Compagnie führt ein Siegel und eine Fahne mit dem Symbol, dem Mohrenkopf.«[218]

Juristischer Sitz des Vereins ist heute die Freie Hansestadt Bremen. Der Silberschatz der Kompanie wird seit 1987 im Roselius-Haus, das zu den Museen Böttcherstraße gehört, verwahrt.

217 Vgl. ebd., S. 12.

218 Ebd., S. 15.

Wie der Schwarze Heilige Mauritius ist der Schwarze Heilige König eine Erfindung der nordeuropäischen Kunstgeschichte. Ab 1400 etabliert sich der etwas abseits platzierte junge, dunkel ausgeführte König als Repräsentant des afrikanischen Kontinentes.[219] Beide Gestalten waren als Identifikationsfiguren für die junge Gilde der Schwarzen Häupter besonders geeignet: Aufgrund des Alters und des von der Norm abweichenden Erscheinungsbildes symbolisierten sie eine selbstbewusste und innovative Absetzung gegenüber der älteren Tradition.

Der Silberschatz

Der Silberschatz der Kompanie der Schwarzen Häupter entstand vorwiegend durch Stiftungen der Mitglieder, wie Inschriften, Wappen, Namen und Jahreszahlen auf den Gegenständen bezeugen. Er umfasst Reliquienbehälter, Pokale, Prunkbecher, -kannen und -platten sowie graviertes Besteck. Heute besteht er aus ca. 40 Stücken, die zwischen 1507 und 1923 entstanden.[220] Einmal jährlich werden der *St. Georgsreliquiar* (1507), der *Rigische Willkomm* (1616) und die *Hippokampen-Prunkkanne* (1665) den Museumsvitrinen entnommen und in einer feierlichen Prozession zum Schütting – dem heutigen Sitz der Handelskammer Bremen – gebracht, um dort bei einem festlichen Mahl in traditioneller Art genutzt zu werden. Es handelt sich somit um den seltenen Fall von ›lebendigem‹ Museumsgut.

Anhand der seit dem 16. Jahrhundert auf den Objekten erfolgten Applikationen und Gravuren kann die Tradierung des Kopf-Motivs nachvollzogen werden. Auf dem *St. Georgsreliquiar* von 1507 findet sich der Schragen-Kopf von 1416 als farbige Darstellung auf dem Schild des Georgs und als Gravur auf dem Sockel wieder, nun nach rechts blickend, mit weißer Kopfbinde. Der in Form eines spätgotischen Prunkbechers gestaltete *Rigische Willkomm* zeigt den in Email ausgeführten – von grünem Lorbeerkranz eingerahmt – Kopf im Boden des Bechers; er wurde also erst beim Austrinken sichtbar.

219 Vgl. Joseph Leo Koerner: The Epiphany of the Black Magus Circa 1500, in: The Image of the Black in Western Art. From the »Age of Discovery« to the Age of Abolition. Artists of the Renaissance and Baroque, hg. v. David Bindman, Henry Louis Gates, London 2010, S. 7-92.

220 Vgl. den Objektkatalog in: Anczykowski: Silberschatz 1997, S. 32-126.

Prominentestes Stück des Silberschatzes ist die *Hippokampen-Prunkkanne* in Gestalt des Heiligen Mauritius auf einem Hippokampen, die um 1665 entstand (vgl. Abb. 16).

Abbildung 16: Hippokampen-Prunkkanne

Hans Jakob Meier, Augsburg, um 1665.
Museen Böttcherstraße, Bremen

Der Schaft wird von drei Gestalten mit bloßem Oberkörper im Schneidersitz getragen, deren nackte Körperpartien mit schwarzem Lack bemalt sind. Um die Köpfe haben sie helle Stirnbänder gewunden, gekleidet sind sie mit Federröcken. Letztere waren ursprünglich (im 15. Jahrhundert) ikonografische Verweise auf den für die Europäer neuen Kontinent Amerika. Im Verlauf des 16. Jahrhunderts wurde das aus der Reiseliteratur-Illustration stammende Motiv auf den afrikanischen Kontinent übertragen und aus europäischer Sicht zum ›Merkmal‹ afrikanischer Bevölkerung.[221] Der Mauritius-Reiter

221 Zum Transfer zunächst als amerikanisch geltender Versatzstücke wie dem Federrock in europäische Darstellungen afrikanischer Ureinwohner/-innen sowie aus edlen Materialien gestalteter Kleinplastiken nach grafischen Vorbildern aus der Reiseliteratur vgl. Anna Greve: Das europäische Verlangen nach Exotik. Die afrikanischen Krieger im Grünen Gewölbe, in: Dresdener Kunstblätter (2006), Nr. 2, S. 81-86.

trägt einen goldfarbenen, römisch wirkenden Brustpanzer, der durch Federrock und mit Federn besetzten Ärmeln exotisiert ist. Um den Kopf hat er ein silbernes Tuch geschlungen. In der linken erhobenen Hand trägt er eine orientalisch anmutende Krone, mit der rechten Hand hält er die Zügel des Pferd-Fisch-Wesens. Derartige Kannen dienten beim Tischzeremoniell zur Händewaschung. Die Kombination des königähnlichen Mauritius mit der Wasserassoziation eröffnet ein breites Interpretationsfeld: Nicht nur an den Heiligen Mauritius, sondern auch an den jüngsten der Heiligen Drei Könige wird durch die Krone und edle Reitergestalt erinnert. Beide Figuren stehen für die Herkunft aus fernen Weltgegenden und den Überseehandel mit exotischen Produkten. Der die Zügel haltende Mauritius bezwingt die Naturkraft des Fabelwesens, lenkt im übertragenen Sinne die Geschicke der Kannenbesitzer.

Ein später Pokal aus dem Silberschatz ist in Form eines sogenannten Römers gestaltet (vgl. Abb. 17).

Abbildung 17: Pokal

Riga?, 1909. Museen Böttcherstraße, Bremen

Auf der Cuppa ist er zu einer Seite mit Jugendstiltypografie ligiert: »RB 30.IX.09.« Auf der gegenüberliegenden Seite ist ein Kopf mit Stirnbinde, großem runden Ohrring, Halskette und Kleidansatz an den Schultern zu sehen. Lediglich durch die Schraffuren werden Farbassoziationen hervorgerufen: Das lockige Haare erscheint ebenso wie das plastisch gestaltete Gesicht durch dichte Schraffuren dunkel im Gegensatz zu den spärlichen Schraffuren, die Kopftuch und Kleid hell wirken lassen – beides vor dem Hintergrund der glatten und spiegelnden Oberfläche der Cuppa. Am Fuß des Pokals lautet die Widmungsinschrift: »Den activen Collegen der Compagnie der Schwarzen Häupter von ihrem passiven Collegen Robert Brunnert. Mauritius 1922«.

Gegenüber dem Schragen-Kopf von 1416 scheint derjenige von 1909 standardisierter und dadurch nur scheinbar realistischer. Die Gestaltung von Kopftuch, Locken und Gesichtsform ist eindeutig genug, eine Farbgebung nicht mehr notwendig.

Ich komme zu den Eingangsfragen zurück und fasse zusammen: Die Figur des Heiligen Mauritius mit dunkler Körperfarbe wurde zur Symbolfigur der Kompanie der Schwarzen Häupter aufgrund seiner früheren Bedeutung für die Eroberung von Handelsstützpunkten im Osten Europas und seiner Assoziation mit dem die Übersee-Reisenden beschützenden jüngsten König der Heiligen Drei Könige. In der Zeit, als sich Spanier und Portugiesen der Eroberung nichteuropäischer Gebiete widmeten, tritt in der mitteleuropäischen Kunst ein Schwarzer Heiliger als Schutzherr der innereuropäischen Kolonisation auf. Sein Schwarzsein stand für abenteuerfreudiges, jugendliches Anderssein gegenüber den etablierten Handelsverbänden, machte eben auf diese Weise die Kompaniemitglieder zu etwas Besonderem. Dadurch trug er aber auch zur Etablierung von Weißsein als unsichtbarer Norm bei. Die Variante des Heiligen Mauritius mit dunkler Körperfarbe erfüllt eine symbolische und politische Funktion in der sich als *weiß* konstruierenden europäischen Kunst. Je standardisierter die Form des Kopfes wurde, umso unwichtiger wurde seine Farbgebung. Weil sie der heutigen *weißen* Vorstellung Schwarzer Menschen entspricht, wird sie von *weißen* Betrachter/-innen häufig mit Naturalismus/Realismus verwechselt. Mit Bhabha lässt sich sagen, dass die dieser Figur innewohnende Macht der Ambivalenz zwischen etablierter *weißer* Macht als Reichsheiligem und ›anderer‹ Schwarzer Macht tatsächlich ihr Fortbestehen über Jahrhunderte sicherte.

Die Ausstellung

Wie könnte eine Ausstellung zu diesem Themenkomplex aussehen? Noch vor einigen Jahren wäre eine ikonografische Ausstellung ›Schwarze in der Kunst‹ aus *weißer* Perspektive selbstverständlich gewesen. Nur einer Minderheit wäre aufgefallen, dass damit nicht Figuren mit dunkler Körperfarbe – und mittelbar auch Schwarze Menschen – gewürdigt, sondern ›positivrassistisch‹ diskriminiert würden.

Durch den Ansatz der Kritischen Weißseinsforschung ist es möglich, *weiße* Menschen in ihrer aktiv guckenden/starrenden und Schwarze Menschen als ›anders‹ markierenden Rolle zu thematisieren. Eine Gegenüberstellung von Schwarzen und *weißen* Perspektiven erscheint auf den ersten Blick wünschenswert, ist aber aufgrund zu verschiedener Positionsgenesen einerseits und andererseits unendlich vieler Zwischenpositionen nicht möglich. Den historischen Machtverhältnissen entsprechend kann eine Ausstellung daher nur erstens die aus *weißer* Perspektive entwickelten Stereotypen von Schwarzen Menschen problematisieren, zweitens gegenwärtige Besucher/-innen zu einer individuellen Standortbestimmung animieren und sie drittens mit Schwarzen Positionen konfrontieren. Subalterne Stimmen müssen hörbar gemacht, Blickwechsel angeboten werden.

Die Arbeit mit partizipativen Elementen ist unerlässlich. So sah das Konzept für die Ausstellung in der Böttcherstraße vor, dass alle Besucher/-innen bereits am Eingang durch ein Warnschild sensibilisiert werden, das sie darauf hinweist, jetzt mit einem moralisch schwierigen Thema konfrontiert zu werden. Entlang des Ausstellungsrundganges sollten sie durch direkte Fragen zum Nachdenken, Diskutieren und Selbstbefragen angeregt werden. Diese Fragen könnten als preisgünstiges ›Souvenir‹ – etwa in Form von Postkarten – mitgenommen werden, zur Fortsetzung des Themas außerhalb des Museums. Am Ende des Ausstellungsbesuchs wird durch eine Kommentartafel eine aktive eigene Positionierung des Publikums – welches das Museum in Erwartung einer passiven Rolle betreten hat – eingefordert.

Die mehrheitlich *weißen* Studierenden in dem Seminar entwickelten nach der Einführung in die Kritische Weißseinsforschung und die gegenseitige Konfrontation mit ihrem eigenen Weißsein ein entsprechendes Ausstellungsnarrativ. Dies ermöglichte gegen Ende des Semesters das Hören einer Schwarzen Position, die darauf aufmerksam machte, dass diese Ausstellung nur mithilfe eines mit Schwarzen Experten/Expertinnen besetzten Beirats umzusetzen sei.

Das Ausstellungsnarrativ

Entsprechend den in der Forschung identifizierten *weißen* Bewusstseinsstufen[222] zum Thema *Rassismus* ist die Ausstellungsnarration von den Räumen 1 bis 5 aufgebaut. In den einzelnen Geschossen liegt der Schwerpunkt auf unterschiedlichen Zielgruppen: 1. OG: Kinder/Familien, 2. OG: Die Kompanie der Schwarzen Häupter als Leihgeber und entsprechend kulturhistorisch interessiertes Publikum, 3. OG: Kunstaffines Publikum.

(Raum 1) Der Einstieg in das Thema erfolgt über das allgemein bekannte Motiv der Heiligen Drei Könige. Damit wird von dem Vorwissen der Besucher/-innen ausgegangen. Durch die Gegenüberstellung von hellen und dunklen Figurenvariationen wird das tradierte Bild festgelegter ›Hautfarben‹ infrage gestellt. Erweitert und zugleich zum Kernthema geführt wird dadurch, dass die ›Zweifarbigkeit‹ auch für die ikonografische Figur des Heiligen Mauritius konstatiert wird.

(Raum 2) Das erzeugte Irritationsmoment wird mittels abgespielter bekannter Spielfilmsequenzen aus einer neuen medialen und aktuellen Perspektive gesteigert. Die auf den ersten Blick scheinbar klare Zuordnung zu Schwarz und *weiß* bei realen Schauspielern/Schauspielerinnen erweist sich als Trugschluss.

(Raum 3) Mit einer neuen Offenheit können sich die Besucher/-innen jetzt dem Silberschatz der Schwarzen Häupter als Kernthema der Ausstellung nähern und eigene Fragen dazu entwickeln. Wie Stereotypen entstehen, sich weiterentwickeln und sich dennoch halten, kann als umfassendes Gesellschaftsthema erfasst werden. Eine Selbstbefragung nach der eigenen Rolle bei der Etablierung von Differenz durch die Nutzung von Stereotypen kann stattfinden. Direkte Fragen an die Besucher/-innen sollen zur Diskussion untereinander anregen. Es wird vermittelt: Sie sind in eine Ausstellung gekommen, um sich über (abstrakte) Figuren mit dunkler Körperfarbe (distanziert) zu informieren, finden sich (persönlich) als auf Schwarze (reale) Menschen starrend wieder; Sie sind unlösbar in das System verstrickt.

222 Vgl. Lida van den Broek: Am Ende der Weißheit. Vorurteile überwinden, Berlin 1988, S. 114 (1. niederl. Aufl. 1987).

(Raum 4) Durch die direkte Konfrontation mit Schwarzen Positionierungen zu *weißen* Stereotypen von Schwarzen Menschen in künstlerischen Filmen findet die Selbstbefragung Bestätigung und löst möglichst den Wunsch nach Vertiefung des Themas sowie alternativen Handlungsmöglichkeiten aus.

(Raum 5) Hier wird Gegenwartskunst Schwarz positionierter Künstler/-innen gezeigt, die teilweise als Auftragsarbeiten im Rahmen der Ausstellung entstehen sollen.

Topoi im Umgang mit Weißsein: Körper – Blicke – Selbst (Gemälde)

Sind Sie *weiß?*

»Was soll DIE Frage denn!«
»Stimmt, was bedeutet das eigentlich?«
»Natürlich nicht, sieht man doch!«
»Weiß ich gar nicht!«

... sind mögliche Antworten, die ich mir bei Ihnen als Leser/-innen vorstelle. Die damit verbundenen unterschiedlichen Standpunkte in einen Dialog zu bringen, war der hohe Anspruch, den sich die Kunsthalle Bremen mit der Ausstellung *Der blinde Fleck. Bremen und die Kunst in der Kolonialzeit* gesetzt hatte.[223] Zunächst: Wie kann über den Umgang mit Weißsein gesprochen werden, so dass niemand verletzt wird, widersprüchliche Meinungen und Argumente vorgebracht werden können, Neugierde auf andere Wahrnehmungen geweckt wird?

Die Literaturnobelpreisträgerin Toni Morrison hat das Unbehagen beim Sprechen über *weiß* und Schwarz treffend beschrieben:

223 Die Ausstellung entstand im Rahmen des von der Kulturstiftung des Bundes geförderten Programms *Fellowship internationales Museum* und wurde vom 5.8.-19.11.2017 mit einem umfassenden Begleitprogramm gezeigt. – Eine Kurzfassung des vorliegenden Kapitels erschien in: Julia Binter (Hg.): Der blinde Fleck. Bremen und die Kunst in der Kolonialzeit, Ausst.-Kat. Kunsthalle Bremen, Berlin 2017, S. 58-71.

> »Einer der Gründe für die Dürftigkeit kritischen Materials zu diesem weiten und fesselnden Thema besteht wahrscheinlich darin, daß in Rassenangelegenheiten von jeher Schweigen und Ausweichmanöver den literarischen Diskurs bestimmten. Die Ausweichmanöver förderten eine weitere, eine Ersatzsprache, in der Probleme verschlüsselt werden, um so die offene Debatte zu verhindern. Erschwert wird die Situation durch die Erregung, die in den Rassendiskurs einbricht. Was sie noch schwieriger macht, ist der Umstand, daß die Angewohnheit, die [historisch gewachsene Kategorie, A.G.] Rasse zu ignorieren, als taktvolle, sogar großmütige liberale Geste verstanden wird. Sie zur Kenntnis zu nehmen bedeutet, einen bereits diskreditierten Unterschied anzuerkennen. Durch Schweigen ihre Unsichtbarkeit zu erzwingen bedeutet, dem schwarzen Körper eine schattenlose Teilhaberschaft an dem dominierenden kulturellen Körper zuzugestehen. Dieser Logik zufolge spricht jedes wohlerzogene Gespür gegen das Zur-Kenntnis-Nehmen und verhindert so einen erwachsenen Diskurs. [...]. Diese Gepflogenheiten sind indessen delikate Angelegenheiten, über die man einen Moment lang nachdenken sollte, bevor man sie fallenläßt.«[224]

Sicherheit im Hier und Jetzt, ein Recht auf selbstbestimmte Identität und zugleich auf einen Platz in der Gesellschaft sind menschliche Grundbedürfnisse. Im Angesicht von Globalisierung und Migration entstehen heterogenere Gemeinschaften. Bestehende gesellschaftliche Werte müssen sich bewähren, ein neuer Konsens muss entwickelt werden. Dafür sind Kritikfähigkeit und Sensibilität gefragt: für die eigene Identität, für das Hören des Anderen, für die Wahrnehmung verschiedener Standpunkte. Wesentlicher Inhalt des Konsenses ist das Erarbeiten einer gemeinsamen Sprache.

Im Folgenden werde ich aufzeigen, wie die Dominanz von Weißsein[225] in der europäischen Kunstgeschichte thematisiert werden und damit zur

---

224 Toni Morrison: Im Dunkeln Spielen. Weiße Kultur und Literarische Imagination, Hamburg 1994, S. 30-31 (1. engl. Aufl. 1992). – 1988 bekam Morrison den Pulitzer Preis für ihr Buch *Menschenkind*, 1993 den Literaturnobelpreis für ihr Gesamtwerk.

225 Weißsein beschreibt das soziologische Konzept der Mehrheitsgesellschaft in Deutschland, sich selbst als Norm zu definieren. *Weiße* Personen sind eingebunden in ein kohärentes System, das häufig unbewusst rassistische Strukturen reproduziert. Die unterschiedlichen Schreibweisen von *weiß* – als unbewusste Kategorie – und Schwarz als Kennzeichnung eines Widerstandspotentials – sind bewusst gesetzte typografische Stolpersteine, die die Wahrnehmung von ungleichen Machtverhältnissen – nicht von

Bewusstseinsschärfung in der Gegenwart dienen kann, wie die Wahl von Wörtern und Begriffen Interpretationen leitet und Hierarchisierungen festschreibt, wie Perspektivwechsel Sicherheit im Selbst vermitteln, wenn sich überkommene Deutungsmuster ändern.

Farbe macht Körper

Körperfarben sind in gewisser Weise ein blinder Fleck in der europäischen Kunstgeschichte: Sie sind stets vorhanden und werden selten bewusst wahrgenommen. Zwischen dem 16. und 18. Jahrhundert wurden in Europa ›Hautfarben‹ stereotypisiert und als wesentliche ›Rassemerkmale‹ stilisiert.[226] Die Etablierung von Differenz wurde zum einen durch die Materialisierung imaginärer Bilder auf der Leinwand unterstützt und zum anderen durch das Verständnis dessen als Normalität fortgeschrieben.

Aus kunsthistorischer Perspektive stellen ›schwarz‹ und ›weiß‹ als gängige Bezeichnungen für ›Hautfarben‹ bereits ein Dilemma dar, werden sie doch auf der Leinwand aus einer Vielzahl an Farbpigmenten hergestellt. Ihre gesellschaftlichen Definitionen als ›anders/eigen‹, ›arm/reich‹, ›unten/oben‹ setzen die Erkenntnis voraus, dass Schwarzsein auf der Leinwand insbesondere durch dunkle Körperfarben konstruiert wird, aber nicht nur. Die Überlagerung der soziologischen Kategorie *weiß* mit der Farbbezeichnung ist mit deren symbolischer Bedeutung als Licht, Überlegenheit und Norm zu erklären. Wie sahen Körperfarben in der europäischen Kunst vor der Etablierung von ›Hautfarben‹ aus? In der Kunsthalle Bremen illustriert dies in typischer Weise Jacopo del Casentinos (1297-1349 oder 1358) *Hausaltar* von 1336: Die Körper sind auf einer grün-grauen Grundierung konzipiert. Die technische Schwierigkeit, Haut darzustellen, ist ein zentraler Gegenstand kunsttheoretischer Traktate. Theophilus Presbyter (gest. 1125) nennt in seiner Schrift *Schedula diversarum artium* aus dem 12. Jahrhundert nicht weniger als sieben dafür notwendige Farbtöne. Bezüglich der Hell-Dunkel-Abstufungen der Haut unterscheidet er zwischen Alter, Geschlecht und sozialer Klasse. Helle Haut wird als selbstverständliche Norm begriffen. Von zentraler Bedeutung

Hautfarben! – schärfen sollen. Vgl. hierzu das Kapitel *Zu Programm und Theorie der Kritischen Weißseinsforschung*.

226 Vgl. hierzu ausführlich: Anna Greve: Farbe – Macht – Körper. Kritische Weißseinsforschung in der europäischen Kunstgeschichte, Karlsruhe 2013.

für die weitere Entwicklung ist das aus den 1390er Jahren stammende *Libro dell'arte* von Cennino Cennini (1370-1440), in dem der neue kunsthistorische Terminus *Inkarnat (carne/incarnazione)* – mit Bezug auf die Menschwerdung Gottes in der Person Christi – den Prozess der Bildwerdung als Prozess der Fleischwerdung beschreibt.[227] Der Künstler wurde zum Schöpfer an der Leinwand und die Darstellung lebendig wirkenden Inkarnats zum Kriterium seiner Kunstfertigkeit – Haut als Spiegel der menschlichen Seele und Merkmal der Differenz zum Tier.

Erst Tizian (um 1477/90-1576) gelang es, durch das Übereinanderlegen einzelner Malschichten die durchscheinende Wirkung von Haut zu imitieren. Die Bildbetrachter seien im Angesicht seiner realistischen Hautdarstellungen errötet, berichten Zeitgenossen.[228] Mit der moralischen Aufwertung heller Hauttöne ab dem 14. Jahrhundert in Malereitraktaten – hier die Gleichsetzung mit dem Begriff Inkarnat – ging der Ausschluss dunkler Hauttöne einher.

In der Diskussion um das Primat von *disegno* (dem zeichnerischen Entwurf) und *colore* (der Farbgestaltung) in der italienischen Malerei des 16. Jahrhunderts kommen der Farbe Weiß einerseits und der Gestaltung heller Haut andererseits entscheidende Rollen zu.[229] An Tizians Darstellung des Europa-Mythos lässt sich exemplarisch aufzeigen, wie er der maltechnischen Herausforderung begegnete, symbolisches Weiß (die seit Ovid überlieferte Farbe des göttlichen Stieres)[230] und Hellhäutigkeit (als äußeres

227 Vgl. Christiane Kruse: Fleisch werden – Fleisch malen. Malerei als »incarnazione«. Mediale Verfahren des Bildwerdens im Libro dell'Arte von Cennino Cennini, in: Zeitschrift für Kunstgeschichte, 63 (2000), S. 322.

228 Vgl. Ann-Sophie Lehmann: Hautfarben. Zur Maltechnik des Inkarnats und der Illusion des lebendigen Körpers in der europäischen Malerei der Neuzeit, In: Gesichter der Haut, hg. v. Christoph Geissmar-Brandi, Frankfurt a.M. 2002, S. 106.

229 Vgl. Moshe Barasch: Light and Color in the Italian Renaissance Theory of Art, New York 1978, S. 29; Maurice Poirier: The *Disegno-Colore* Controversy Reconsidered, in: Explorations in Renaissance Culture, Nr. 13 (1987), S. 52-86; Carolin Bohlmann: Tintorettos Maltechnik. Zur Dialektik von Theorie und Praxis, München 1998, S. 84; Verena Krieger: Die Farbe als »Seele« der Malerei. Transformationen eines Topos vom 16. Jahrhundert zur Moderne, in: Marburger Jahrbuch für Kunstwissenschaft, 33 (2006), S. 91-112.

230 Vgl. Ovid: Metamorphosen, 2. Buch Vers 852: »Weiß ist die Farbe wie Schnee«. Übers.u. hg. v. Hermann Breitenbach, Stuttgart 1971.

Zeichen weiblicher Tugendhaftigkeit in Malereitraktaten) kontrastreich zu kombinieren (vgl. Abb. 18).[231]

Abbildung 18: Raub der Europa

Tizian, 1556-62. Isabella Stuart Gardner Museum, Boston

Im Vergleich der Farbtöne von Stier, Inkarnat und Draperie erscheint lediglich das Gewand tatsächlich weiß. Das Inkarnat wird durch die rote Grundierung und mehrere Malschichten bestimmt. Die Wangen der Europa glühen, hingegen ist ihre entblößte rechte Brust durch die Lichtführung hervorgehoben und deutlich heller als der mit gröberen Pinselstrichen und pastosem Farbauftrag ausgeführte Stier. Der auf der Leinwand mehrfarbig hergestellte Weiß-Eindruck des Stiers (das *picture*) verweist auf sein (inneres) Weißsein (das *image*).[232] Dieses wird als Männlichkeit, Überlegenheit und Göttlichkeit verstanden. Nur scheinbar kollidiert es mit dem Weißsein (*image*) der Europa, das als Weiblichkeit, Schicksalsergebenheit und Tu-

231 Vgl. hierzu ausführlich: Anna Greve: Der Europa-Mythos: Ein weißer Stier und eine hellhäutige Europa, in: Techniken des Bildes, hg. v. Martin Schulz, Beat Wyss, München 2010, S. 313-328.

232 Zur analytischen Differenz zwischen *picture* und *image* vgl. William J.T. Mitchell: What Is an Image?, in: New Literary History, Nr. 15 (Frühling 1984), 3, S. 503-537.

gendhaftigkeit aufgefasst und über helle Haut (*picture*) vermittelt wird. Fassen wir beides als zwei Seiten einer Medaille auf, wird sichtbar: Weibliche ›Hellhäutigkeit‹ als äußeres Zeichen strebt dem männlichen inneren Weiß als Ideal entgegen. Helles Inkarnat und Weißsein verhalten sich zueinander wie Abbild und Idee, für beide ist die Symbolik der Farbe Weiß die zentrale Referenz.[233] Weißsein als unsichtbare Norm wird in der europäischen Malerei diskursiv erzeugt, indem es mit hellen Hauttönen assoziiert und zugleich durch sie transportiert und gesellschaftlich zementiert wird. Die geraubte Europa wird in der Renaissancemalerei immer heller, aber auch in textlichen Darstellungen. 1581 erhält sie in der Ovid-Übersetzung des deutschen Verlegers Sigmund Feyerabend (1528-1590) erstmals eine »zarte weiße Hand«.[234] Im Universal-Lexikon von Johann Heinrich Zedler (1706-1751) wird 1734 dann sogar eine Ableitung des Namens »Europa« von »weißes Gesicht« diskutiert.[235]

Ist der Blick einmal geschärft, fallen in der europäischen Kunstgeschichte viele weitere ikonografische Motive auf, bei denen Weiß und Hellhäutigkeit als Farbe bzw. Symbolik eine wichtige Rolle spielen, beispielsweise bei *Leda und der Schwan* sowie bei Andromeda-Darstellungen. Sehr häufig werden helle Frauenkörper durch weiße Tücher oder Gewänder umfangen, wodurch ihr Weißsein unterstrichen wird. In der Kunsthalle Bremen lässt sich dies etwa an Louis Corinths (1858-1925) *Liegender weiblicher Akt* von 1899 und Felix Valottons (1865-1925) *Rückenansicht* von 1902 nachvollziehen.

Dunkle Körperfarben waren für die Maler (und Malerinnen) ebenso eine Herausforderung. Insbesondere im Zusammenhang mit dem ikonografischen Motiv der Heiligen Drei Könige kommen sie vor, aber auch in zahlreichen Historiengemälden, Genredarstellungen und Porträts.[236] Die Werke selber erzählen uns, wie mit Farbkombinationen, Malschichten und Kontrastierungen gearbeitet wurde, eine theoretische Reflexion – anders als im Fall von heller Haut – ist nicht überliefert. Ein prominentes Beispiel für die

233 Zur Farbe Weiß und ihrer Symbolik vgl. Richard Dyer: White, New York 1997; Wolfgang Ullrich, Juliane Vogel (Hg.): Weiß, Frankfurt a.M. 2003.

234 Sigmund Feyerabend: Ovids Verwandlungen [1581], zitiert nach Almuth-Barbara Renger (Hg.): Mythos Europa. Von Ovid bis Heiner Müller, Leipzig 2003, S. 75.

235 Vgl. Johann Heinrich Zedler: Großes vollständiges Universal-Lexikon, Bd. 8, Halle/Leipzig 1734, Sp. 2192.

236 Vgl. David Bindmann, Henry Louis Gates (Hg.): The Image of the Black in Western Art, Bde. 1-5, London 2010-2014.

Darstellung dunkler Haut im Barock mittels einer plastischen Modellierung durch die Farbtöne Braun, Rot, Schwarz, Grau sowie weiße Glanzlichter ist eine multiperspektivische Kopf-Darstellung von Peter Paul Rubens (1577-1640) von 1613/14 (vgl. Abb. 19).

Das Erkenntnisinteresse *weißer* Autoren/Autorinnen an dem Naturalismus des Künstlers, verbunden mit dem Wunsch, ihn als Künstler der europäischen Kunstgeschichte hervorzuheben, der würdige Darstellungen von Afrikanern/Afrikanerinnen schuf, führte zu Werkbezeichnungen, die sich auf die Körperfarbe bezogen. Sie wurde als Darstellung eines »schwarzen Afrikaners« (Kunst 1967) bezeichnet, es sei ein »Negerkopf« (Kunst 1967, Haehnel 1997), eine »Porträtskizze zu einem Afrikaner« (Haehnel 1997), es seien »Four heads« (Schreuder 2008) bzw. »vier Studien zu dem Kopf eines Afrikaners« (Schmidt-Linsenhoff 2010).[237] Nimmt N[...]kopf[238] eine rassistische Kategorisierung vor, unterstellt »Afrikaner« eine dunkle Körperfarbe und spezifische Physiognomie, lässt »Four heads« dies offen. Ein Originaltitel des Künstlers ist nicht überliefert. Die früheste Erwähnung des Werkes stammt von 1857, dort heißt es – zu unserer großen Überraschung – »Vier Temperamente«.[239]

Das *image* Afrikaner in der europäischen Kunstgeschichte funktioniert auch ohne dunkle Körperfarbe. Dies lässt sich anhand des Motivs der Heiligen Drei Könige im Bestand des Kupferstichkabinetts der Kunsthalle Bremen nachvollziehen. In der Technik des Kupferstiches ist es möglich, durch Weglassen, wenige oder viele Schraffuren unterschiedliche Körperfarben darzustellen. Viele Künstler/-innen erfanden aber andere Variationen zur Markierung des Königs, der als Afrikaner erkannt werden sollte: Sie arbei-

---

237 Vgl. Hans-Joachim Kunst: Der Afrikaner in der europäischen Kunst, Bad Godsberg 1967, S. 25, Abb. 29; Birgit Haehnel: Der dunkle Schatten auf der weißen Seele. Der schwarze Satyr in »Der trunkene Silen« von Rubens, in: Projektionen. Rassismus und Sexismus in der Visuellen Kultur, hg. v. Annegret Friedrich et al. (Hg.), Marburg 1997, S. 159; Esther Schreuder (Hg.): Black is Beautiful. Rubens to Dumas, Ausst.-Kat. De Nieuwe Kerk Amsterdam, Amsterdam 2008, S. 76; Viktoria Schmidt-Linsenhoff: Ästhetik der Differenz. Postkoloniale Perspektiven vom 16. bis 21. Jahrhundert, Marburg 2010, Bd. 2, S. 148.

238 Zum N-Begriff vgl. Grada Kilomba: »Don't You Call Me Neger!« – Das »N-Wort«, Trauma und Rassismus, in: TheBlackBook. Deutschlands Häutungen, hg. v. AntiDiskriminierungsbüro Köln/cyberNomads, Frankfurt a.M. 2004, S. 173-182.

239 Katalog der Gräflich von Schönborn'schen Bilder-Galerie zu Pommersfelden, 1857, Nr. 432.

teten eine von den anderen Königen abweichende Physiognomie aus, sie gaben ihm kurze, lockige Haare oder sie ordneten ihm Assistenzfiguren mit dunkler Körperfarbe zu, ergänzt durch – aus europäischer Perspektive – exotische Accessoires wie Turbane, Gewänder, Palmen oder Papageien. Eine Kontinuität ist allerdings festzustellen: Stets ist er der jüngste König und am Rand der Anbetungsszene platziert.[240] Dadurch wird er eben nicht als gleichwertig zu den anderen Königen qualifiziert – wie es die Forschung lange sah –, sondern von ihnen abgesetzt.

Abbildung 19: Vier Temperamente

Peter Paul Rubens, um 1613/14. Musées Royaux des Beaux-Arts de Belgique, Brüssel

Das koloniale Erbe ist in den meisten Bremer Museen präsent, nicht nur im Übersee-Museum. Sie hatten es bisher übersehen? Oder: Die vielen rassistischen Stereotype beleidigen Sie in Ihrer Existenz? Wahrnehmungen und

240 Vgl. hierzu Joseph Leo Koerner: The Epiphany of the Black Magus Circa 1500, in: The Image of the Black in Western Art, Bd. III,1: From the Age of Discovery to the Age of Abolition. Artist of Renaissance and Baroque, hg. v. David Bindman, Henry Louis Gates, London 2010, S. 7-92.

Wertungen heutiger Museumsbesucher/-innen gehen in diesem Punkt weit auseinander.[241]

Sprache bestimmt Blicke

Erst unvoreingenommen betrachten, dann darüber sprechen? Versuchen Sie es, es ist ein Ding der Unmöglichkeit. In dem Moment, wo unser Verstand versucht, das zu Sehende begrifflich zu fassen und einzuordnen, erfolgen bereits Festlegungen für eine zukünftige Interpretation.

Der Sechskampf auf der Insel Lipadusa heißt ein Gemälde der Kunsthalle Bremen von Julius Schnorr von Carolsfeld (1794-1872) aus dem Jahr 1816 (vgl. Abb. 20).

Abbildung 20: Sechskampf auf der Insel Lipadusa

Julius Schnorr von Carolsfeld, 1816. Kunsthalle Bremen

Die vor der italienischen Küste gelegene Insel Lampedusa hat heute aufgrund der inzwischen über 100.000 Personen aus Afrika, die dort als sogenannte *Boatpeople* ankamen, und den Tausenden, die auf dem Weg ertranken, eine traurige, verstörende Berühmtheit. Es ist der Ort des Zusammentreffens von Eigenem (als Christen) und Fremdem (als Muslime bzw. »Heyden«) in dem Gemälde von Schnorr von Carolsfeld. Quellentreu wird die in Gesang

241 In den Museen Böttcherstraße beispielsweise wird der Silberschatz der Schwarzen Häupter verwahrt; vgl. hierzu das Kapitel *Die Macht der Farbe.*

41 und 42 von Ludovico Ariosts *Rasendem Roland* (*Orlandeo furioso*) beschriebene Schlacht wiedergegeben. Das zwischen 1516 und 1532 entstandene Heldenepos erzählt, wie Roland – Heerführer Karls des Großen und jedem/jeder Bremer/-in als Wahrzeichen der Stadt und Statue auf dem Markplatz bekannt – durch König Agramente herausgefordert und ein Kampf »drei gegen drei« vereinbart wird. Eine systematische Auswertung aller Werkerwähnungen seit seiner Entstehung bis heute zeigt: Das grundsätzliche Thema war immer klar, durch die Wahl unterschiedlicher Begriffe ergaben sich aber Verschiebungen. Erstmals im Besitz der Kunsthalle wird das Werk im Jahresbericht 1904 erwähnt:

> »An einem südlichen Meeresgestade kämpfen drei Paare von geharnischten Rittern (Heiden und Christen) mit einander. Links und rechts in architektonischer Umrahmung zuschauende Gruppen. Links ein fürstlicher Mohr, dem eine weiße Sultanin einen Sonnenschirm hält. Rechts ein Bischof mit einem Kirchenmodell. Hinter ihm ein Geistlicher mit der Monstranz, umgeben von Gläubigen.«[242]

Bis 1939 wird diese Beschreibung bei allen Werkerwähnungen wiederholt.[243] Bei der nächsten Erwähnung im Jahr 1973 ist erstmals die Rede von »Mohrenfürst« und »weißer Sklavin«.[244] Dies wird in den Werkkatalog von 1998 übernommen,[245] parallel ist im gleichen Jahr erstmals die Rede von einem »dunkelhäutigen Fürsten«.[246] Vermutlich als gut gemeinter Versuch, nur das zu Sehende zu beschreiben und die diffamierende Kategorie *M[...]* zu ver-

242 Vgl. Jahresbericht des Vorstandes des Kunstvereins über das Geschäftsjahr 1904/5, Bremen 1905, S. 5; Katalog zur Ausstellung historischer Gemälde aus Privatbesitz in der Kunsthalle Bremen, Bremen 1904, Kat. 323.

243 Vgl. Emil Waldmann (Hg.): Gemälde und Bildhauerwerke der Kunsthalle Bremen, Bremen 1939, Kat. 272.

244 Gerhard Gerkens, Ursula Heiderich (Hg.): Katalog der Gemälde des 19. und 20. Jahrhunderts in der Kunsthalle Bremen, Bremen 1973, S. 296.

245 Der Kunstverein (Hg.): Kunsthalle Bremen. Meisterwerke: Gemälde, Skulpturen, Neue Medien, Bremen 1998, Bd. 1, S. 160.

246 Wulf Herzogenrath, Ortrud Westheider (Hg.): Kunsthalle Bremen, Gemäldegalerie, Kupferstichkabinett und neue Medien, Antwerpen 1998, S. 65.

meiden.[247] Im italienischen Text heißt es »moro«, wobei ebenso wie im Fall des Mauritius nicht eindeutig ist, ob sich diese Kategorisierung als Anderer primär auf die Herkunft aus Nordafrika oder eine dunkle Körperfarbe bezieht. Der Begriff wird als Synonym für »Heyden« (als Nicht-Christen), aber auch »Sarazenen« (muslimischen Glaubens) verwendet, die in Spanien und Frankreich eingefallen waren. Im *Rasenden Roland* unternimmt Roland persönlich den Versuch der Bekehrung von König Agramente zum Christentum. Auslöser des auf Lampedusa gipfelnden Konfliktes war allerdings die chinesische Prinzessin Angelika, die einst am Hof Karls des Großen Rolands Liebe entflammen ließ, dann aber einem »moro« folgte, woraufhin sich Roland auf die Suche nach ihr begab.

Auch heute noch würde das Thema einen 19-Jährigen interessieren. Seit 1811 studierte Schnorr von Carolsfeld an der Kunstakademie in Wien und stand im Kontakt mit den Malern des Lukasbundes. Joseph Anton Koch (1768-1839) wurde sein Mentor. Der *Sechskampf* entsprach den Kriterien der damals in der Gattungshierarchie oben stehenden Historienmalerei: ein historisch und moralisch bedeutendes Thema mit Vorbildcharakter für die Gegenwart. Die Nazarener luden den jungen Künstler nach Rom ein, sich an der Ausmalung des Casino Massimo zu beteiligen. Das Wirken Rolands wurde vermutlich mit dem Aufkeimen deutschen Nationalgefühls und den Befreiungskriegen gegen Napoleon um 1816 assoziiert. Im Stil ist die Orientierung an der altdeutschen Malerei und Werken der italienischen Renaissance unverkennbar. In einem Brief an den Vater erkundigt sich Schnorr von Carolsfeld 1822 anlässlich des Verkaufs des Werkes an Maximilian Speck von Sternburg besorgt nach der Entwicklung der Farben.[248] 1904 – als das Werk in die Kunsthalle kam – galt diese Kunst als veraltet. Gustav Pauli nannte

---

247 M[...] wird etymologisch sowohl auf »töricht«, »einfältig«, »gottlos« als auch »schwarz«, »dunkel«, »afrikanisch« zurückgeführt. Beide Bedeutungsrichtungen wurden von *weißen* Europäern/Europäerinnen im griechischen (*moros*) und lateinischen (*maurus*) seit der Antike verwendet, wurden aber auch häufig miteinander verknüpft; so bereits in Wolfram von Eschenbachs *Parzival* aus dem frühen 13. Jahrhundert. Vgl. Wilhelm Pape: Griechisch-Deutsches Wörterbuch, Graz 1954, Bd. 2, S. 101 (1. Aufl. 1848); Wolfgang Pfeifer (Hg.): Etymologisches Wörterbuch des Deutschen, Berlin 1999, S. 884 (1. Aufl. 1089); Susan Arndt, Ulrike Hamann: »Mohr_in«, in: Wie Rassismus aus Wörtern spricht. (K) Erben des Kolonialismus im Wissensarchiv deutsche Sprache. Ein kritisches Nachschlagewerk, hg. v. Susan Arndt, Nadja Ofuatey-Alazard, Münster 2011, S. 649-653.

248 Vgl. Julius Schnorr von Carolsfeld: Brief aus Italien, hg. v. Franz Schnorr von Carolsfeld, Gotha 1886, S. 249f.

das Gemälde »von grauslicher Buntheit«.[249] Es war ein Geschenk, über das sich der Direktor der Bremer Kunsthalle nicht unbedingt freute. Auch der schenkende Kunstmäzen Adolf Walter Heymel (1878-1914) favorisierte andere Stile, sein Interesse galt japanischen Farbholzschnitten und zeitgenössischer französischer Kunst. Zudem verband den in einer Bremer Kaufmannsfamilie Aufgewachsenen eine kuriose Kindheitsgeschichte mit dem Werk: Rudolf Alexander Schröder (1878-1962) – Schriftsteller und Vetter Heymels – überlieferte, dass sie mit einem Luftgewehr auf das Bild geschossen hätten, weil es ihnen nicht gefiel.[250] Tatsächlich wurden bei der ersten dokumentierten Restaurierung im Jahr 1973 über das Bild verteilte Schäden, »verursacht durch Schrotschüsse«,[251] festgestellt.

Der mit dunkler Körperfarbe dargestellte Mann und die dahinter stehende Frau mit heller Körperfarbe erhielten im Verlauf der Rezeption eine immer negativere Konnotation: In der ersten Quelle heißt es »Heyde« und »weibliche Figur«. Daraus wurden zunächst herrschaftliche Andere (»fürstlicher Mohr« und »weiße Sultanin«), dann ein herrschender Anderer (»Mohrenfürst« mit »weißer Sklavin«), zuletzt ein gewalttätiger Anderer, der als Exempel für den Islam stehe.[252] Sie, mein/-e Leser/-in, zucken gleichgültig mit den Achseln: »Früher hat man eben in anderen Kategorien gedacht«, »Das sind doch nur Sprachdetails« oder Sie denken empört: »Mit so einer Kategorie will ich nicht identifiziert werden!« oder: »Das ist doch auch heute noch das Problem!« Die Analyse eines Prozesses der Stereotypenbildung kann helfen, im Heute einen Denkraum zu öffnen, in dem durch Begriffe gesteuerte Wertsetzungen hinterfragt und alternative Wahrnehmungen möglich werden. Bisherige Interpretationen sahen in der Mitteltafel ein Kampfgeschehen mit ungewissem Ausgang, in den Seitenszenen Lesehilfen für ein kontradiktorisches Verhältnis: links Heidentum/Islam, rechts der richtige Glaube, das Christentum. Wenn wir als analytisches Werkzeug die Begriffe Schwarz (für »aus europäischer Perspektive als anders definiert«) und *weiß* (für »sich selbst als Norm definierend«) verwenden und dabei Körperfar-

249 Gustav Pauli: Die Kunst des Klassizismus und der Romantik, Berlin 1925 (= Propyläen-Kunstgeschichte, Bd. 14), S. 108.

250 Vgl. Theo Neteler: Verleger und Herrnreiter. Das ruhelose Leben des Alfred Walter Heymel, Göttingen 1995, S. 191.

251 Vgl. Restaurierungsakte, Bericht Januar 1973 auf Karteikarte.

252 Vgl. Kunstverein: Kunsthalle 1998, S. 160.

ben, Gesichtszüge, Kleidung, Accessoires, Körperhaltungen, Handlungen, Lichtführung und Positionen im Bildraum als Indizien nehmen, kann eine *weiße* und eine Schwarze Gruppe unterschieden werden. Im Medium des Bildes wird simultan die Dramatik des Moments und der spätere Ausgang des Geschehens dargestellt. Wozu dient die ergänzende Darstellung eines weiteren Schwarzen mit dunkler Körperfarbe und festlich wirkender, exotisierter Kleidung? Ist er – wie bezüglich des Motivs der Heiligen Drei Könige oben erläutert – eine Assistenzfigur, durch die das Anderssein symbolisiert wird? Gegenüber den Vorzeichnungen sind Kleidung und Frisur der dahinter stehenden Frau erheblich verändert: In einer trug sie ein unter der Brust geschnürtes Kleid und hochgesteckte Haare (was an die europäische Renaissance-Mode erinnert), in einer anderen ein Obergewand mit Beinkleid, Sandalen und mit einem Tuch zusammengebundene Haare (was an die orientalische Mode der Zeit erinnert).[253] Verschiedene Überlegungen des Künstlers sind denkbar: Sollte es eine hellhäutige Heidin (in orientalischer Kleidung für Asien) als Ergänzung zu dem Mann mit dunkler Haut (für Afrika) werden, damit beide zusammen umfassend das Heidentum repräsentieren? Oder ist die Frau die chinesische Prinzessin Angelika, in die sich Roland verliebt hatte, die sich aber laut Ariost für den [M...] entschied? Es gibt gar keinen Anlass, den Mann als ›Sklavenhalter‹ der Frau zu sehen.[254] Ihr gesenkter Kopf ist Ausdruck einer inneren Demut, ihre zeitlose Erscheinung in der Endfassung verdeutlicht ihren allegorischen Charakter: Sie ist die Ausführung der inneren Haltung des Mannes. Götze (falscher Glaube), Frau (innere Einkehr) und Mann (Bitte um Befreiung) symbolisieren zusammen das Heidentum (nicht den Islam, dieser wird durch die Schwarze Gruppe in der Mitteltafel repräsentiert). Das Heidentum wird nicht als Widerspruch zum Christentum dargestellt, sondern als auf die Befreiung durch das Christentum hoffend. Auch in der rechten Szene werden verschiedene Facetten des

253 Gerhard Gerkens und Michael Teichmann haben sich ausführlich mit den seit 1813 entstandenen Vorzeichnungen des Gemäldes befasst, thematisierten die hier dargelegten Details dabei aber nicht weiterführend. Gerhard Gerkens: Julius Schnorr von Carolsfeld. Der Sechskampf auf der Insel Lipadusa, in: Niederdeutsche Beiträge zur Kunstgeschichte 12 (1973), S. 47-58; Michael Teichmann: Julius Schnorr von Carolsfeld (1794-1872) und seine Ölgemälde. Monographie und Werkverzeichnis, Frankfurt a.M. 2001, S. 59-68.

254 Mann und Frau links im Bild stehen in einer Beziehung, weil die Frau den Umhang des Mannes hochhält. Ihr Schirm schützt aber sie selbst, nicht ihn. Deutlich ist er hinter der Säule angeordnet, der Mann davor.

Christentums vorgeführt, wenn nicht sogar die christlichen Tugenden gemeint sind: Glaube (Bischof mit Kirchenmodell), Liebe (Elisabeth), Hoffnung (Priester mit Hostie).[255]

Ein Jahr nach Fertigstellung (1817) wurde das Gemälde im Katalog der Dresdner Akademie-Ausstellung als einziges von über 100 Werken ausführlich beschrieben.[256] Dort wird der Bischof mit dem Heiligen Bonifatius assoziiert. Aufgrund seiner Missionstätigkeit im heidnischen Germanien wurde dieser seit dem 16. Jahrhundert als Apostel der Deutschen bezeichnet und von den Nazarenern öfter dargestellt.[257] Dies bestätigt den Missionsgedanken des Werkes. Interessant ist auch die Deutung der weiblichen Figur als »schimpflich, unterdrückte Menschheit«. Das Gemälde thematisiert nicht einen exemplarischen Kampf, sondern grundsätzlicher die Befreiung der Menschheit (durch das Christentum). Die Differenzierung der »Heyden« in »asiatische« und »afrikanische«, in »große«, »gewaltige« und »kluge« Kontrahenten in der mittleren Bildzone und einen »dummen« links im Bild zeigt, dass es nicht um einen einfachen Gegensatz, vielmehr ein komplexes Verhältnis geht. Auch heute steht Lampedusa für die Frage nach den geografischen und moralischen Grenzen Europas.

Ein Jahr vor Fertigstellung (1815) des Werkes war in der Schlussakte des Wiener Kongresses die *Declaration der Mächte über die Abschaffung des Negerhandels* formuliert worden.[258] Die Abolitionisten erzielten Erfolge. Um 1790 hatte Henry Webber (1754-1826) ihr Logo entworfen: ein kniender, gefesselter Mann mit dunkler Körperfarbe, dessen Haltung durchaus an die des Mannes in unserem Gemälde erinnert. Sein rechtes Bein ist so auf eine Stufe gestellt, dass sein bloßes Knie zu sehen ist. Mit der rechten Hand weist er auf das Zentrum des Gemäldes und hält zugleich locker eine gelöste

---

255 In der Vorzeichnung waren an dieser Stelle ein junger Mann mit großem Kreuz im Vordergrund und ein Heiliger mit Kirchenmodell dargestellt gewesen, in sehr ähnlichem räumlichen Aufbau wie Mann und Frau in der rechten Szene, wodurch eine deutlichere Korrespondenz gegeben war. Schnorr von Carolsfeld erarbeitete am Ende eine sehr viel komplexere Ausführung des Themas.

256 M. Prause: Die Kataloge der Dresdner Akademie-Ausstellungen 1801-50, Berlin 1975, Katalog von 1817, Nr. 99 und Nachtrag zu Nr. 99.

257 Engelbert Kirschbaum (Hg.): Lexikon der Christlichen Ikonographie, Freiburg 1994, Bd. 5, Sp. 435.

258 Vgl. Schlussakte des Wiener Kongresses, Anlage 15 zu Artikel 118: www.staatsvertraege.de/Frieden1814-15/wka1815-i.htm (4.2.2017).

Fesselkette. Auch heute noch wird mit derartigen Kolonialbildern beispielsweise für Spendenaktionen geworben. Seit der Französischen Revolution wurde die Versklavung von Menschen in ganz Europa diskutiert, endgültige Verbote erfolgten für das britische Kolonialreich erst 1834, vonseiten Frankreichs 1848. Es ist unwahrscheinlich, dass die Zeitgenossen Schnorr von Carolsfelds die Figur am linken Bildrand als ›bösen schwarzen Mann‹ auffassten, der eine *weiße* Frau versklavt. Diese Interpretation entspricht vielmehr dem Zeitgeist zu Beginn des 20. Jahrhunderts, als das Werk in den Bestand der Kunsthalle kam. Nicht historische Quellen, sondern in späteren Zeiten übliche Begriffe (und Wertungen) bestimmten, was in dem Werk gesehen wurde.

Kein Selbst ohne Anderes

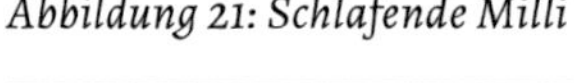
Abbildung 21: Schlafende Milli

Ernst Ludwig Kirchner, 1909/11. Kunsthalle Bremen

Die Vorzeichnungen *Heidentum* und *Christentum* zu Carolsfelds Gemälde erwarb der Kunstverein Bremen 1961.[259] Im selben Jahr kaufte er aus dem Nachlass von Ernst Ludwig Kirchner (1880-1938) ein doppelseitiges Gemälde, das dieser erstmals in der Zeit bearbeitete, als das Carolsfeld-Gemälde in die

259 Kunsthalle Bremen: Erwerbungen der letzten Jahre, Bremen 1961, Nr. 123-124.

Kunsthalle kam (vgl. Abb. 21).[260] Dies führt vor Augen, wie sich Malstil und Kunstgeschmack um 1905 gewandelt hatten.

Im Inventar heißt es zu dem Kirchner-Werk: »Liegender Akt mit Fächer« (um 1906/09), Rückseite: »Schlafende Milli (liegendes Negermädchen)« (1910/11).[261] Es ist diskutiert worden, inwiefern die spätere Seite als Reaktion auf die erste, als dessen Verwerfung, als künstlerische Weiterentwicklung oder als ästhetisches Pendant konzipiert wurde. Auf beiden ist eine auf der Seite liegende Frau mit angewinkeltem rechten Bein zu sehen. 1906 ist der Körper plastisch gestaltet, durch eine Vielzahl von pastös aufgetragenen Farben: gelb, rosa, beige, grün und rot. 1911 ist der Körper durch eine kräftige schwarze Umrisszeichnung geformt, die im flächigen Farbauftrag braun gefüllt ist. Durch ein kräftiges Rosa sind Lippen und Brustspitzen betont. Ist bei dem ersten Werk der Fauves-Einfluss unverkennbar,[262] entspricht das spätere Werk einem flächigen Expressionismus.[263] Unabhängig von der Stilfrage ist festzustellen, dass in diesem Werk des 20. Jahrhunderts – wie oben am Beispiel von Werken aus dem 16./17. Jahrhundert dargelegt – einerseits durch die Vielzahl von Farben und das Liegen auf einem weißen Tuch die Idee heller Haut erzeugt, andererseits durch einen flächigen Braunauftrag eine Schwarze Frau konstruiert wird. Im Gegensatz zu früheren Interpretationen haben die *postcolonial studies* herausgearbeitet, dass die Anleihen bei afrikanischen und ozeanischen Kunststilen sowie die Hypersexualisierung Schwarzer Menschen bei Kirchner und seinen Zeitgenossen/Zeitgenossinnen mit dem Wunsch nach der eigenen Befreiung aus bürgerlichen, europäischen Moralvorstellungen zusammenhängen.[264] Nicht eine Würdigung

260 Ebd., Nr. 24.

261 Inv. Nr. 838-1961/9. – Zur Einführung und Etablierung des N-Begriffs im Zusammenhang mit dem Motiv der sogenannten Schwarzen Venus zwischen 1915 und 1970 vgl. Greve: Farbe 2013, S. 134-138. – Zur Diskussion des Verhältnisses beider Gemäldeseiten vgl. insbesondere Inge Herold (Hg.): Der doppelte Kirchner: Die zwei Seiten der Leinwand, Ausst.-Kat. Kirchner Museum Davos, Köln 2015, S. 32-33.

262 Vgl. Henri Matisse: The Blue Nude – Souvenir of Biskra, 1907, Öl/Lw., 92,1 x 140,3 cm, Baltimore, Baltimore Museum of Art.

263 Vgl. Paul Gauguin: Manao Tupapau (Spirit of the Dead Watching), 1892, Öl/Lw., 72,4 x 92,4 cm, Buffalo, Albright-Know Art Gallery.

264 Vgl. hierzu u.a. Gerd Presler: Ernst-Ludwig Kirchner, seine Frauen, seine Modelle, seine Bilder, München 1998; Kea Wienand: Nach dem Primitivismus. Künstlerische Verhandlungen kultureller Differenz in der Bundesrepublik Deutschland. 1960-1990. Eine postkoloniale Relektüre, Bielefeld 2015; Hugh Honour: The New Negro, in: The Image of the

außereuropäischer Kulturen stand im Vordergrund, vielmehr wurden sie als Projektionsflächen zur eigenen Identitätsbildung benutzt; man konstruierte sich selber als anders. Inspirationsquellen waren zum einen die Skulpturen im Völkerkundemuseum in Dresden, zum anderen reale Menschen, die vor allem im Zirkus- und Varieté-Milieu arbeiteten, aber auch in sogenannten Völkerschauen der *weißen* Öffentlichkeit präsentiert wurden.[265] Kirchner hatte sein Atelier mit einem exotischen Dekor aus Tüchern und Figuren ausgestattet. Eine derartige Atmosphäre spiegelt die *Schlafende Milli*. Die in rosa ausgeführte Figur rechts im Bild ist als Farbkontrast zur Hauptfigur konzipiert und thematisiert damit die Verkehrung von Farb- und Exotik-Kategorien. Für Kirchner war eine enge Verzahnung von künstlerischem Schaffensprozess und Sexualität gegeben: »Oft stand ich mitten im Coitus auf, um eine Bewegung, einen Ausdruck zu notieren.«[266] Milli und ihren Kollegen Sam und ihre Kollegin Nelly (Nachnamen sind nicht überliefert) sind auf Atelierfotografien und weiteren Gemälden Kirchners zu finden. Die in einem Zirkus Beschäftigten arbeiteten nebenbei als Modelle für *weiße* Künstler. Kirchner schrieb 1910 an Erich Heckel (1883-1970): »Freue mich schon sehr, Deine Negerin kennen zu lernen, das ist was für mich.«[267] Schwarze Menschen wurden von *weißen* Europäern/Europäerinnen zu Beginn des 20. Jahrhunderts nicht als gleichwertig angesehen, die Faszination am ›Anderen‹ beruhte auf rassistischen Vorstellungen hierarchischer Menschenkategorien und Kulturstufen. Wie heute damit umgehen? Es ist eine historisch begründete Tatsache, dass bei *weißen* wie Schwarzen Menschen eine jeweils eigen empfundene Betroffenheit angesichts dieser Kategorisierung besteht. Bei der Beschäftigung mit historischem, künstlerischem Material müssen Fragen zu Wissensproduktion und Machtverhältnissen einbezogen werden. Ein Dialog verschie-

---

Black in Western Art. Bd. IV, 2: From The American Revolution to World War I. Black Models and white Myths, hg. v. David Bindmann, Henry Louis Gates, London 2012, S. 237-241.

265 Vgl. hierzu insbesondere: Galerie Neue Meister (Hg.): Die Brücke in Dresden 1905-1911. Ausst.-Kat. Staatliche Kunstsammlungen Dresden, Dresden 2001, S. 28-37; Wulf Herzogenrath, Anne Buschhoff (Hg.): 100 Jahre Brücke. Druckgraphiken, Zeichnungen und Gemälde aus der Sammlung der Kunsthalle Bremen. Ausst.-Kat. Kunsthalle Bremen, Bremen 2005, S. 102-117.

266 Ernst Ludwig Kirchner: Tagebuchaufzeichnung, 1923, zitiert nach Herzogenrath/Buschhoff: Brücke 2005, S. 111.

267 Nicht datierter Brief Kirchners an Heckel zwischen 30.3. und 2.4.1910, zitiert nach Herzogenrath/Buschhoff: Brücke 2005, S. 108.

dener Perspektiven ist erst möglich, wenn ein gemeinsames Bewusstsein für die Berechtigung der Differenz die Basis ist: Während die einen in der rezipierenden Generation die Naivität früherer Zeiten belächeln, sehen die anderen darin bis heute wirkende strukturelle Gewalt. Immer wieder werden Werke der Klassischen Moderne mit der ihnen innewohnenden Paarung ästhetischer Innovation mit Eurozentrismus thematisiert. Abseits des Kanons existieren Werke, die andere Brückenschläge in die Gegenwart ermöglichen. Die Skulptur *The Idol Maker* (1907)[268] von Herbert Ward (1863-1919) etwa zeigt den künstlerischen Schaffensprozess, der die in Europa breit rezipierten afrikanischen Skulpturen hervorbrachte. Heinrich Wilhelm Trübner (1851-1917) zeigt uns 1872 einen Mann mit dunkler Körperfarbe, der in die Lektüre einer Zeitung vertieft ist (vgl. Abb. 22).[269]

Abbildung 22: Politische Studien

Heinrich Wilhelm Trübner, 1872. Städel Museum, Frankfurt a.M.

268 Herbert Ward: The Idol Maker, 1907, Bronze, Washington D.C., Smithsonian Institution, National Museum of Natural History.

269 Zur wiederum diesen Werken innewohnenden Ambivalenz vgl. Honour: Image 2012, S. 218-220 und 225-230. – Der Blick auf Trübners Gemälde und die damit verbundenen Gedanken verändern sich radikal, wenn der im Frankurfter Städel geführte Titel »Ein Mohr, die Zeitung lesend (›Politische Studien‹)« verwendet wird (vgl. ebd., S. 219).

In der europäischen Kunstgeschichte sind unterschiedliche Strategien zur Darstellung *weißer* und Schwarzer Menschen nachweisbar. Dunkle Körperfarbe dient zumeist der Differenzmarkierung, die eigene *weiße* Identität ist implizit. Helle Körperfarben sind die (unsichtbare) Norm. Ist diese Tatsache bewusst, können Differenzen bei der heutigen Wahrnehmung und Bewertung historischer Werke besser verstanden werden, zumal dortige Bildmechanismen auch heute noch Realität in den Medien sind. Weder Quellen noch wissenschaftliche Analysen sind neutral, sondern immer zeitgebunden, interessegeleitet. Museen haben heute nicht mehr die Autorität, Besuchern/Besucherinnen die Welt zu erklären. Vielmehr sind sie auf Nutzer/-innen angewiesen, die Fragen der Gegenwart an das überlieferte Material richten; Museen können Themen multiperspektivisch aufbereiten, kontroverse Standpunkte in Gespräche bringen, Orientierungshilfe in der globalisierten Welt bieten. Jede/-r sollte sich fragen, wie viel Rassismus in ihm/ihr selbst steckt und welcher individuelle Beitrag geleistet werden kann für die Gleichberechtigung aller Menschen in dieser Welt. – Haben Sie Mut, das auszusprechen, was Ihnen im Angesicht der ausgestellten Werke durch den Kopf geht! Fragen Sie andere nach Ihrer Wahrnehmung! Probieren Sie einen Perspektivwechsel jetzt aus!

6. Stadtdialog

Politik ist wieder interessant, um die Bedeutung von Kultur wird diskutiert – das ist die gute Nachricht. Meinungsfreiheit wird gegen politische Korrektheit ins Diskussionsfeld geführt und andersherum – das ist alarmierend. Plötzlich sehen wir uns vor die Alternative ›Gleichberechtigung von Mann und Frau‹ oder ›Freiheit der Kunst‹ gestellt. An den gesellschaftlichen Grundwerten Freiheit, Gleichheit und Solidarität wird gerüttelt, wie es vor wenigen Jahren noch nicht denkbar schien. Auch die Wissenschaft kann scheinbar keinen Halt bieten. Längst ist erkannt, dass Wissenschaftler/-innen immer von einem individuellen Standpunkt aus sprechen und ihre Analysen auf subjektive Fragestellungen zurückgehen. Entsprechend bietet die Wissenschaft als solche keine objektive Antwort, sondern mehrere kontroverse Antworten. Jeder Bürger und jede Bürgerin kann im Internet selber recherchieren und vertritt schnell eine eigene Meinung. Zeit für historisch fundierte Analysen und Quellenüberprüfungen wird kaum investiert.

Kulturverwaltung im Dialog mit der Zivilgesellschaft: Der Bremer Bürgerdialog *Kolonialismus und seine Folgen* 2016-2019

Im Februar 2016 beschloss die bremische Bürgerschaft den Antrag *Bremisches Erinnerungskonzept Kolonialismus* der Fraktionen BÜNDNIS 90/DIE GRÜNEN und der SPD.[270] Ziel des Antrages war es, Bremens Rolle im Kolonialismus und das bis heute wirkende koloniale Erbe erneut in das öffentliche Bewusstsein zu bringen und dieses Wissen in die bremische Bildungs- und Kulturpolitik zu integrieren.[271] In Bremen gibt es bereits eine lange Tradition dazu. Vor dem Hintergrund aktueller Migrations- und Fluchtbewegungen hat das Thema erneut an Dringlichkeit zugenommen.[272]

Anhand dieses konkreten Themas werde ich im Folgenden exemplarisch aufzeigen, wie Kulturverwaltung heute nah an den Menschen arbeiten kann und welchen Herausforderungen sie sich dabei stellen muss. Gleichzeitig geht es um nichts Geringeres als um die allgemeinen Menschenrechte und um klare Verfahren in der repräsentativen Demokratie. Zudem ist dies ein Plädoyer für die Besinnung auf Grundsätze des wissenschaftlichen Arbeitens. Das Thema wird zunächst historisch abgeleitet, es folgt eine aktuelle Standortbestimmung, an die sich die daraus abzuleitende Überführung theoretischer Erkenntnisse in die Gesellschaftspraxis anschließt, um dann einige Beispiele postkolonialer Museumsarbeit vorzustellen und abschließend kulturpolitische Grundsätze für die Zukunft zu formulieren.

270 Vgl. Bremische Bürgerschaft (Stadtbürgerschaft) 19. Wahlperiode, Drs. 19/107 S vom 16.2.2016: *Bremisches Erinnerungskonzept Kolonialismus.*

271 *Koloniales Erbe* ist die übliche Ubersetzung des international gebrauchlichen Begriffs *colonial heritage*. Damit werden materielle Zeugnisse, Traditionen, Gedankenmuster gleichermaßen bezeichnet, die auf die Zeit des Kolonialismus zurückgehen. In Bremen ist abweichend der Titel *Kolonialismus und seine Folgen* gewählt worden, um deutlich zu machen, dass es sich nicht im juristischen Sinne um ein Erbe handelt, das auch ausgeschlagen werden könnte.

272 In der Debatte bot Staatsrätin Carmen Emigholz (SPD) an, dass der Senator für Kultur zusammen mit der Landeszentrale für politische Bildung eine Gesprächsrunde *Kolonialismus und seine Folgen* organisiert, um die Auseinandersetzung mit dem Thema zu fördern.

Rückblick: Bremens Bezug zum Kolonialismus

Der von Europa ausgehende Kolonialismus im 19. und 20. Jahrhundert war eine staatlich geförderte Inbesitznahme außereuropäischer Territorien, insbesondere – aber nicht ausschließlich – in Afrika. Auch im Ostseeraum und in Ozeanien gab es deutsche Kolonialbestrebungen bzw. Kolonialismus. Die damit verbundene Unterwerfung und Vertreibung der einheimischen Bevölkerung, teilweise bis zum Völkermord, aber auch die wirtschaftliche Ausbeutung wirken bis heute in Afrika und in Europa in verschiedener Weise nach. Moralisch legitimiert wurde die Kolonialherrschaft mit der angeblichen kulturellen Höherwertigkeit der Kolonialherren. In diesem Denken wurzelt die bislang noch nicht überwundene rassistische Diskriminierung von Menschen afrikanischer Herkunft.

Im Auftrag des Bremer Kaufmanns Adolf Lüderitz (1834-1886) erwarb Heinrich Vogelsang (1862-1914) im Jahr 1883 umfangreichen Landbesitz in Angra Pequena in Südwestafrika.[273] Wie damals häufig geschehen, bezahlte er dafür eine sehr viel geringere Geldsumme an die Einheimischen, als diese erwartet hatten. Er hatte sie über die wirkliche Größe der Maßeinheit getäuscht: Kaptein David Fredericks von Bethanien (1847-1880) war nur die englische Meile (rund 1,6 km) und nicht die deutsche Meile (rund 7,4 km) bekannt gewesen.

Im Jahr 1884 ließ Lüderitz seinen Besitz mithilfe von Otto von Bismarck (1815-1898) unter den Schutz des Deutschen Wilhelminischen Kaiserreichs stellen. Zunächst war dabei aber weniger an den Schutz vor der ortsansässigen Bevölkerung denn vor den anderen europäischen Kolonialmächten Großbritannien und Frankreich gedacht worden. Mit dem Besitz von Kolonien war in Europa die Vorstellung verbunden, Gebiete zur Ansiedlung von Auswanderern zu haben, die in Europa kein ökonomisches Auskommen fanden, Rohstoffquellen für die eigene Wirtschaft und Absatzmärkte für eigene Industrieprodukte zu erschließen. Aber ganz allgemein zählte es auch zum Prestige der europäischen Nationen, Kolonien zu besitzen. Die deutsche Kolonialherrschaft unterschied sich prinzipiell nicht von der anderer europäi-

---

273 Vgl. Bettina Schleier: Carl Adolf Lüderitz, Ludwig Roselius und Bremen als Stadt der Kolonien, in: Bremisches Jahrbuch, 84 (2005), S. 233-240; Horst Rössler: Bremer Kaufleute und die transatlantische Sklavenökonomie 1790-1865, in: Bremisches Jahrbuch, 95 (2016), S. 75-106.

scher Kolonialmächte. Ziel war die ökonomische Ausbeute des Territoriums, politische und bürgerliche Rechte gab es für die örtliche Bevölkerung nicht. Diese leistete unter der Führung von Kaptein Hendrik Witboois (um 1830-1905) Widerstand. Die Auseinandersetzungen gipfelten im Völkermord an den Herero und Nama durch deutsche Truppen. Nach dem verlorenen Ersten Weltkrieg wurden die deutschen Kolonialgebiete in Afrika Mandatsgebiete des Völkerbundes und britischen, französischen und belgischen Truppen zur Verwaltung unterstellt. Die Deutschen fanden sich mit diesem Diktum des Versailler Vertrags aber nur sehr schwer ab.[274] Zahlreiche Vereinigungen warben in den 1920er und 1930er Jahren für den Wiedergewinn der Kolonien. Höhepunkt dieser Aktivitäten war in Bremen 1932 die Einweihung der Elefanten-Skulptur von Fritz Behn (1878-1970) in der Nähe des Hauptbahnhofs als »Reichskolonialehrendenkmal«.[275] Der entsprechende Senatsbeschluss war gegen die Stimmen der Sozialdemokratie und der Kommunisten erfolgt, die befürchteten, dass das Denkmal weniger dem Gedächtnis gefallener Soldaten bei der Verteidigung der deutschen Kolonien dienen solle denn einer zukünftigen Politik zur Rückgewinnung von ehemaligen Kolonien. Zudem stünden dringendere Aufgaben – wie etwa der Wohnungsbau – an.[276] Aus heutiger Sicht ist festzustellen, dass das von Bremen ausgehende Bestreben nach Kolonien weniger in einem realen ökonomischen Profit denn einer völkisch-neokolonialen Ideologie begründet war.[277]

---

274 Vgl. Jan Esche: Koloniales Anspruchsdenken in Deutschland im Ersten Weltkrieg, während der Versailler Friedensverhandlungen und in der Weimarer Republik, Berlin 1989.

275 Vgl. Der Bevollmächtigte beim Bund, für Europa und Entwicklungszusammenarbeit (Hg.): Kooperation Bremen – Namibia: »Verantwortung, die aus der Geschichte erwächst«. Aus der Praxis der Entwicklungszusammenarbeit Bremens, Bremen 2000, S. 3.

276 Vgl. Heinz Gustafsson: Namibia, Bremen und Deutschland. Ein steiniger Weg zur Freundschaft, Berlin 2003, S. 306-307.

277 Hartmut Müller erforschte bereits in den 1970er Jahren die Wirtschafts- und Handelsbeziehungen Bremens und Westafrikas in der Kolonialzeit und stellte dabei eine deutliche Diskrepanz zwischen dem gewünschten und dem tatsächlichen wirtschaftlichen Erfolg Bremer Kaufleute fest. Das Volumen des Westafrika-Handels war äußerst bescheiden: 2,5 Prozent des Bremischen Exports gingen nach Westafrika, der Import von dort betrug nur 0,35 Prozent des Gesamtvolumens. Laut Müller sind in Bremen keine Wirtschaftsunternehmen mehr am Markt, die unmittelbar am Kolonialismus beteiligt waren. Vgl. Hartmut Müller: Bremen und Westafrika. Wirtschafts- und Handelsbeziehungen im Zeitalter des Früh- und Hochkolonialismus 1841-1914. 1 Teil, in: Jahrbuch der Wittheit zu Bremen, XV (1971), S. 45-92. 2. Teil, in: Jahrbuch der Wittheit zu Bremen, XVII

Da die deutsche Kolonialherrschaft durch den Bremer Lüderitz initiiert wurde, entwickelte sich in Bremen bereits seit den 1970er Jahren ein Bewusstsein für die Verantwortung für die damals geschehene unmenschliche Ausbeutung.[278] Während eines Besuchs von Ben Amathila (diplomatischer Vertreter der SWAPO Party of Namibia in Nord- und Westeuropa) im Jahr 1975 entstand die Idee für ein Gemeinschaftsprojekt *Politische Landeskunde Namibia* des Namibia-Instituts der Vereinten Nationen in Lusaka (Leitung auf namibischer Seite: Billy Modise) mit der Universität Bremen (Leitung auf bundesdeutscher Seite: Manfred O. Hinz).[279] Die Bremer Solidarität mit der namibischen Unabhängigkeitsbewegung war gesellschaftlich umstritten. Als einziges Bundesland nahm die Freie Hansestadt Bremen eine eindeutige Position im Gegensatz zur Südafrika-Politik der Bundesregierung ein und wurde in das Bündnis *Städte gegen Apartheid* aufgenommen.[280] Ziel des bilateralen Kooperationsprojektes Bremen-Namibia war es zunächst, Materialien für den Schulunterricht in Namibia und zum Aufbau eines neuen Rechtssystems zu erarbeiten, um damit einen Beitrag für ein unabhängiges Namibia zu leisten. Wie heute wurde damals bereits unter Bezugnahme auf antikoloniale Theoretiker/-innen wie Frantz Fanon (1925-1961) und Jean-Paul

---

(1973), S. 75-149; Hartmut Müller: »Afrikaner auf Plantagen ausgebeutet«. Vom Überwinden kolonialer Spuren: Hartmut Müller im Interview über frühen Handel zwischen Bremen und Westafrika, in: Weser Kurier, 22.5.2017: https://www.weser-kurier.de/bremen/stadtteile/stadtteile-bremen-nordost_artikel,-afrikaner-auf-plantagen-ausgebeutet-_arid,1602334.html (26.7.2017).

278 Unter der Leitung von Senatsrat Gunther Hilliges (SPD) wurde 1979 das Landesamt für Entwicklungszusammenarbeit gegründet, das erste seiner Art in einem deutschen Bundesland. Manfred O. Hinz und Helgard Patemann wurden im Rahmen des Forschungsprojektes *Politische Landeskunde Namibia* nach Windhoek abgeordnet. 1988 wurde der bis heute alle zwei Jahre vergebene Bremer Solidaritätspreis eingeführt. Damit stärkt der Senat Menschen und Gruppen, die sich gegen die Folgen von Kolonialismus und Rassismus zur Wehr setzen. Auch die 2016 in dritter Auflage erschienenen *Entwicklungspolitischen Leitlinien der Freien Hansestadt Bremen* stehen in dieser Tradition. Vgl. https://www.lafez.bremen.de/solidaritaetspreis-1475 (1.3.2018); Die Bevollmächtigte beim Bund, für Europa und Entwicklungszusammenarbeit (Hg.): Entwicklungspolitische Leitlinien der Freien Hansestadt Bremen, Bremen 2016 (3. Aufl.): https://www.lafez.bremen.de/sixcms/media.php/13/Leitlinien-WEB-2015.pdf (1.3.2018).

279 Vgl. Manfred O. Hinz: Namibia: Die Aktualität des kolonialen Verhältnisses. Beiträge aus dem Projekt Politische Landeskunde (= diskurs. Beiträge zu Wissenschaft und Gesellschaft, Bd. 6), Bremen 1982.

280 Vgl. Gustafsson: Namibia 2003, S. 437.

Sartre (1905-1980) von einem kolonialen Verhältnis ausgegangen, welches zwei Seiten hat und eine doppelte Entkolonialisierung erfordert: Deshalb entstand unter der Regie der Nichtregierungsorganisation Terre des Hommes neben dem sozialkundlichen Textbuch *Our Namibia* für Schüler/-innen in Namibia (als Alternative zum Schulmaterial, wie es die damalige Apartheidsdoktrin verlangte) auch das *Lernbuch Namibia* für Schüler/-innen in Bremen (wo das breite gesellschaftspolitische Spektrum von kolonialer Verharmlosung bis Verherrlichung vorherrschte).[281] Dieser damals sehr innovative Ansatz wurde durch eine separate Broschüre der Bildungsbehörde kommentiert.[282]

Heute ist eine breitere gesellschaftliche Akzeptanz der bremischen Verantwortung für die Kolonialgeschichte gegeben. Viele im Kolonialismus wurzelnde Strukturen wirken dennoch weiterhin fort.[283]

281 Helgard Patemann (Hg.): Lernbuch Namibia. Deutsche Kolonie 1884-1915, Wuppertal 1985 (2. Aufl.).

282 Vgl. Der Senator für Bildung, Wissenschaft und Kunst (Hg.): Namibia im Schulunterricht. Text von Caspar Kuhlmann. Eine Ergänzungsschrift zu: Helgard Patemann: Lernbuch Namibia, hg. von Manfred O. Hinz, B. Modise für Terre des Hommes (Osnabrück 1984), Bremen 1984. – Wie das Staatsarchiv, war auch das Übersee-Museum ein wichtiger Kooperationspartner des Namibia-Projektes. Die Ausstellung *Weiß auf schwarz. 100 Jahre Einmischung in Afrika* war 1982 ein klares Statement. Der Katalog eröffnete eine neue Sichtweise auf die Aufteilung Afrikas in Kolonien durch die sogenannte Afrikakonferenz in Berlin. Der Katalog enthielt ein Geleitwort des damaligen Bürgermeisters Hans Koschnick (SPD). Zwei Jahre später erschien eine zweite Auflage mit einem Geleitwort von Willy Brandt als Vorsitzendem der SPD und der Sozialistischen Internationale; d.h., das Thema war von Bremen aus SPD-besetzt und auf die Bundesebene gehoben worden. Vgl. Manfred O. Hinz, Helgard Patemann, Arnim Meier in Verbindung mit Herbert Ganslmayr und Hartmut Müller (Hg.): Weiß auf Schwarz. 100 Jahre Einmischung in Afrika. Deutscher Kolonialismus und afrikanischer Widerstand, Berlin 1986 (2. Aufl.).

283 Die Schwerpunktsetzung *Namibia* mit einem mehrjährigen Forschungsprojekt war ein klares Bekenntnis zum spezifischen Bezug Bremens zum Kolonialismus. Die Erforschung möglicher bremischer Bezüge zu den weiteren ehemaligen deutschen Kolonialgebieten in den heutigen Ländern Togo, Ghana, Kamerun, Nigeria, Kongo, Tansania, Burundi, Ruanda, China sowie in Ozeanien ist bisher nicht in vergleichbarem Maße erfolgt.

Die 1990er Jahre: Unabhängigkeit Namibias und das postkoloniale Bremen

Im März 1990 erlangte Namibia die Unabhängigkeit von Südafrika. Zwei Monate später wurde am Bremer Elefanten, der bereits 1987 in ein *Anti-Kolonial-Denk-Mal* umgewidmet worden war, ein Freiheitsfest veranstaltet (vgl. Abb. 23).[284]

Abbildung 23: Elefant

Fritz Behn, 1932. 1987 umgewidmet: Anti-Kolonial-Denk-Mal. Nelson-Mandela-Park, Bremen

Die enge Zusammenarbeit Bremens mit Namibia wurde fortgesetzt. 1995 fand der erste Namibia Round Table statt, ein Jahr später der zweite anlässlich eines Besuchs des namibischen Staatspräsidenten Sam Nujoma.[285] Auf

---

284 Eröffnet wurde das Fest von Bürgermeister Klaus Wedemeier (SPD). Vgl. Freie Hansestadt Bremen (Hg.): »Verantwortung, die aus der Geschichte erwächst«. Kooperation Bremen-Namibia, Bremen 2000, S. 7.

285 Nach seinen beiden Vorgängern positionierte sich auch der dritte SPD-Bürgermeister, Dr. Henning Scherf, deutlich zum Thema *Kolonialismus*, indem er anlässlich dieses Besuches, zusammen mit dem namibischen Staatsgast Dr. Sam Nujoma, am Elefanten eine

dem Areal neben der Elefantenskulptur wurde 2009 mit Steinen aus der Omaheke-Wüste in Namibia ein Denkmal zur Erinnerung an den Völkermord an den Herero und Nama eingeweiht (vgl. Abb. 24).[286]

Abbildung 24: Mahnmal für die Herero und Nama

Thomas Gatter, 2009. Nelson-Mandela-Park, Bremen

Das oben genannte Namibia-Projekt ging mit der Ausweitung seiner Arbeit im Zentrum für Afrikastudien der Universität Bremen auf.[287] Seit der Unabhängigkeit Namibias wurde ein Schwerpunkt des Zentrums nach Namibia verlagert, als Centre for Applied Social Sciences (CASS) an der Faculty

---

Bronzetafel mit der Inschrift »Zum Gedenken an die Opfer der deutschen Kolonialzeit« enthüllte. Seit 2008 wird der Bremer Elefant als Mahnmal gegen Kolonialismus und für interkulturelles Leben von den Vereinen Afrika Archiv und Der Elefant! gepflegt und immer wieder in das Bewusstsein der Öffentlichkeit gebracht. Vgl. www.der-elefant-bremen.de/ (1.3.2018); Landesamt für Entwicklungszusammenarbeit, Staatsarchiv Bremen (Hg.): Vom Kolonial-Ehrenmal zum Anti-Kolonial-Denk-Mal, Bremen 1990.

286 Der Entwurf für diesen Erinnerungsort stammte von Thomas Gatter, damaliger Leiter des Afrika Archives e.V. in Bremen. Vgl. Gunther Hilliges, Manfred O. Hinz: Bremen – Namibia. Geschichte einer Partnerschaft: 1975-2013. Dokumentation einer Ausstellung des Bremer Afrika Archivs, Bremen 2013, S. 28.

287 Nach Auskunft von Manfred O. Hinz wurde das Zentrum später in Zentrum für Afrika- und Migrationsstudien umbenannt, ist bis heute formal an den Juristischen Fachbereich der Universität Bremen angebunden und wird vom Bremer Afrika Archiv e.V. betreut.

of Law der Universität von Namibia. Mit der Gründung des Instituts für postkoloniale und transkulturelle Studien (INPUTS) an der Universität Bremen im Jahr 2002 wurde hier ein veränderter Forschungsansatz verankert: Spuren und Effekte kolonialer Geschichte sowohl in globalen Konstellationen als auch im lokalen Alltag in Bremen werden in den Blick genommen.[288] Im Rahmen des Projektes *Aus den Akten auf die Bühne* wurden beispielsweise Archivalien im Staatsarchiv aufbereitet, und die bremer shakespeare company trug diese als szenische Lesung *Bremen – Stadt der Kolonien?* (2016) vor.[289] Dennoch stolperte die Universität als Institution über den von ihr selbst gesetzten Anspruch: Die Forschungsgruppe *Black Knowledges* löste sich 2015 selber auf, da sie die Kritik an ihr – hier betrieben *weiße* Wissenschaftler/-innen ohne Beteiligung Schwarzer Menschen[290] einen selbsterhaltenden Forschungsansatz – als berechtigt ansah.[291] Zuletzt wurden 2017 in einem interdisziplinären Themensemester *Dekolonialisierung der Stadt – Dekolonialisierung des Wissens?* vielfältige selbstkritische Fragestellungen bearbeitet.

Durch die Allgemeine Erklärung der Menschenrechte nach dem Zweiten Weltkrieg ist Kolonialismus und Rassismus seit Langem jegliche Legitimation entzogen: Alle Menschen sind frei und gleich an Würde und Rechten geboren. Der Gedanke einer internationalen Solidarität mit den ehemals von Europa aus kolonialisierten Ländern in der Ferne trug in Deutschland bis in die 1990er Jahre die sogenannte Dritte-Welt-Bewegung. Heute fordert dieser Gedanke die deutsche Gesellschaft konkret heraus: Durch Globali-

---

288 Vgl. www.fb10.uni-bremen.de/inputs/ (28.3.2018).

289 Vgl. Anna Mamzer, Eva Schöck-Quinteros, Mareike Witkowski (Hg.): Bremen – eine Stadt der Kolonien? Szenische Lesung mit der bremer shakespeare company. Texteinrichtung und Regie von Peter Lüchinger (= Aus den Akten auf die Bühne, Bd. 10), Bremen 2016.

290 Die Großschreibung von Schwarzen Menschen und Klein- und Kursivschreibung von *weißen* Menschen in Texten, die sich mit strukturellem Rassismus befassen, hat sich inzwischen etabliert. Damit soll einerseits die bewusste politische Selbstpositionierung Schwarzer Menschen und anderseits die unbewusste Wirkmacht der unmarkierten (*weißen*) Norm beschrieben und auch typografisch sichtbar gemacht werden. Vgl. hierzu das Kapitel *Zu Programm und Theorie der Kritischen Weißseinsforschung*.

291 Vgl. Black Studies ohne Schwarze Beteiligung?, in: taz, 26.2.2015: www.taz.de/!5018924/ (22.4.2018). Zur Kritik Schwarzer Wissenschaftler/-innen an der Universität Bremen vgl. https://blackstudiesgermany.files.wordpress.com/2015/02/communitystatement_blackstudiesbremen_dt_unterz815.pdf (22.4.2018). Zur Selbstauflösung der Forschungsgruppe *Black Knowledges* vgl. www.fb10.uni-bremen.de/inputs/pdf/BKRG_Aufoesung-Disbanding_deu-engl.pdf (22.4.2018).

sierungs- und Migrationsprozesse sind die Menschen aus diesen Gegenden zu unmittelbaren Nachbarn/Nachbarinnen geworden. Über ungleiche Ressourcenverteilung, ökonomische Ausbeutung und die Grenzen der Sozialsysteme wird mit Bezug auf die innerdeutsche Gesellschaft gestritten. Die Folgen des Kolonialismus – und damit auch struktureller Rassismus – sind gegenwärtig.

Bündnisse aus der Zivilgesellschaft engagieren sich schon lange für Einzelaspekte des Themenkomplexes *Kolonialismus und seine Folgen*. Heute stellt sich die Frage, wie multiperspektivisch erinnert werden kann. Nachfahren/Nachfahrinnen der Kolonialmacht ausübenden und der von Versklavung betroffenen Nationen haben historisch begründet verschiedene Interessen an Erinnerungsarbeit, teilen aber den Wunsch nach weniger Rassismus in der Gegenwart. Sie blicken auf eine geteilte Geschichte, die zu sehr unterschiedlichen Identitätsbildungen mit generationsübergreifenden Nachwirkungen und Herausforderungen in der Gegenwart geführt hat.

Der Bürgerdialog 2016-2019: Die Folgen des Kolonialismus

Als Leiterin des Referats Museen beim Senator für Kultur und als Wissenschaftlerin mit dem Schwerpunkt *postkoloniale Theorie* wurde ich mit der Konzeption und Durchführung der Gesprächsrunde *Kolonialismus und seine Folgen* betraut. Aus dem Kreis der Antragsteller war eingangs der Wunsch geäußert worden, fünf bis zehn Experten/Expertinnen zu identifizieren und zu einem runden Tisch einzuladen. Aufgrund der oben skizzierten historischen Entwicklung und meiner wissenschaftlichen Beschäftigung mit der Kritischen Weißseinsforschung war es mir aber von Anfang an ein Anliegen, darauf zu achten, dass der Kreis nicht ausschließlich aus *weißen* Akademikern/Akademikerinnen und im Stadtraum einschlägig bekannten Personen besteht.[292] Die Theoriekenntnis sollte der Schlüssel zu einer veränderten Praxis sein.

292 Die Kritische Weißseinsforschung hat herausgearbeitet, dass es nicht länger darum gehen kann, aus *weißer* Perspektive über und für Schwarze Menschen zu sprechen; vielmehr nimmt sie die Blindheit bezüglich Weißsein als sich objektiv gerierender Norm in den Fokus. Es ist ein aus deutschen, Schwarzen Perspektiven heraus entwickelter Analyseansatz. Weißsein meint dabei weniger die sichtbare Hautpigmentierung als vielmehr das Symbol einer ideologischen Konstruktion als Gewordenes. Vgl. Susan Arndt: Weißsein – zur Genese eines Konzepts. Von der griechischen Antike zum postkolonialen »ra-

Zunächst führte ich zahlreiche Gespräche mit Vertretern/Vertreterinnen aus Universität, den Museen, der Kulturszene, von Vereinen sowie mit Privatpersonen. Dabei bestätigte sich die Vermutung, dass ein runder Tisch mit ausgewähltem Personenkreis weder dem heutigen multiperspektivischen Anspruch noch den Möglichkeiten einer dialogorientierten Politik im kleinsten Bundesland gerecht geworden wäre. In Bremen gibt es bereits ein beeindruckendes Netzwerk von Aktivitäten, das aber weder den einzelnen Akteuren/Akteurinnen bewusst noch für die allgemeine Öffentlichkeit sichtbar ist.[293] Daher entschieden wir uns, nicht nur die durch ihre Expertise bereits bekannten Personen einzuladen, sondern die Einladung über diverse Netzwerke zu streuen, den zivilgesellschaftlichen Bereich und Einzelpersonen stärker als das akademische Milieu anzusprechen. Neben den Kulturinstitutionen wurden insbesondere die Vereine und Bündnisse Afrika-FreundInnen Bremen, Afrika Netzwerk Bremen, Bremer Informationszentrum für Menschenrechte und Entwicklung, Decolonize Bremen, Der Elefant und Freiheit für die Westsahara wichtige Dialogpartner für uns.

Auch in den beiden anderen Stadtstaaten Hamburg und Berlin wird die Bearbeitung des Themas *Kolonialismus und seine Folgen* in den Museumsreferaten bearbeitet.[294] Alleine die Menge der potentiell am Thema Interessier-

---

cial turn«, in: Theorie und Praxis der Kulturwissenschaften, hg. v. Jan Standke, Thomas Düllo, Berlin 2008, S. 128.

293 Infolge der ersten Gesprächsrunde *Kolonialismus und seine Folgen* hat der Senator für Kultur einen Informationsbereich auf seiner Homepage mit Materialien und Kontakten zur Förderung der Vernetzung der Akteure/Akteurinnen eingerichtet: www.kultur.bremen.de/service/kolonialismus-13508 (11.2.2019). Dort sind auch zahlreiche Dokumente zu dem Bürgerdialog zu finden.

294 Vgl. Bürgerschaft der Freien und Hansestadt Hamburg, 20. Wahlperiode, Drucksache 20/12383 vom 8.7.2014: Mitteilung des Senats an die Bürgerschaft: Stellungnahme des Senats zu dem Ersuchen der Bürgerschaft vom 13. Juni 2013. Bericht des Kulturausschusses über die Drucksache 20/3752: *Aufarbeitung des ›Kolonialen Erbes‹ – Neustart in der Erinnerungskultur unter Einbeziehung der Partnerschaft mit Daressalam* (Drucksache 20/8148). Damals wurde an der Universität unter der Leitung von Jürgen Zimmerer eine Forschungsstelle für Hamburgs (post)koloniales Erbe eingerichtet. Das Bündnis Hamburg Postkolonial kritisierte, dass bei der Bearbeitung des Themas *Kolonialismus und seine Folgen* der Einbezug der Zivilgesellschaft unzureichend sei. Vgl. dazu https://hhpostkolonial.wordpress.com/2015/01/08/not-about-us-without-us/, 8.1.2015 (30.3.2017). Drei Jahre nach der ersten umfassenden Befassung der Hamburger Bürgerschaft erfolgte ein erneuter Bericht zum Bearbeitungsstand im Rahmen einer Großen Anfrage. Vgl. Antwort des Senats auf die Große Anfrage der Fraktion DIE LINKE *Hamburgs (post)koloniales Er-*

ten erfordert dort einen größeren logistischen Aufwand und langwierigeren Prozess.[295] Wie in Bremen ist die wissenschaftliche Bearbeitung in Universitäten und Museen der Ausgangspunkt, der durch die Frage nach neueren Kunstproduktionen und Kulturarbeit in dem Bereich erweitert wird. Hinzu kommt die Erkenntnis, dass eine rassismuskritische Kulturpolitik mit dem Ziel von mehr Diversität in Einrichtungen, Programmen und Publikum nur in Zusammenarbeit mit zivilgesellschaftlichen Bündnissen und Menschen afrikanischer Herkunft möglich ist. Entsprechend sind das Afrika Netzwerk in Bremen (ANB) und die bundesweit agierende Initiative Schwarzer Menschen in Deutschland (ISD) in Hamburg und Berlin wichtige Partner der jeweiligen Kulturbehörde. Es zeichnet sich ab, dass weniger das Verfassen eines theoretischen Erinnerungskonzeptes sinnvoll ist denn das Formulieren politischer Grundsätze, die ein buntes Mosaik vielfältigster wissenschaftlicher Ansätze, historischer Aufarbeitungen, künstlerischer Produktionen und kultureller Aktivitäten befördern. Dabei sind *Provenienzforschung*, *Erinnerungskultur* und der *Abbau von strukturellem Rassismus in der Gegenwart* Schwerpunkte, die sich ergänzen.

Die 63 Teilnehmer/-innen der ersten Gesprächsrunde in Bremen 2016 waren sichtlich überrascht von dem großen und zugleich sehr unterschiedlichen

---

innerungskonzept – Ergebnisse und Perspektiven vom 28.7.2017 (Drucksache 21/9672). Zum Prozess in Berlin vgl. Abgeordnetenhaus Berlin, 17. Wahlperiode, Drucksache 17/2967 vom 31.5.2016: *Landeskonzept Dekoloniarisierung zur kritischen Auseinandersetzung mit Berlins postkolonialer Gegenwart. Zur aktuellen Kritik am Humboldt-Forum als Versuch eines innovativen Umgangs mit dem Thema Kolonialismus im Museum*; zudem: https://www.welt.de/kultur/article166916316/So-schlimm-steht-es-wirklich-um-das-Humboldtforum.html (26.7.2017); Ulle Schauws: Geschichten der Vielen. Erinnerungskultur in der Einwanderungsgesellschaft, in: Politik & Kultur. Zeitung des Deutschen Kulturrates (2016), Nr. 6, S. 1-2; Anke Schwarzer: Der verdrängte Kolonialismus. Plädoyer für eine Dekolonialisierung der Bundesrepublik, in: Blätter für deutsche und internationale Politik (2018), Nr. 6, S. 85-92.

295 Wie in Bremen lud die Hamburger Kulturbehörde Vertreter/-innen aus Parteien, Kulturinstitutionen und zivilgesellschaftlichen Bündnissen zu einer offenen Gesprächsrunde ein. Über 100 Teilnehmer/-innen kamen am 29.11.2017 und 23.3.2018 zu den ersten Brainstorming-Treffen zusammen, um zu diskutieren, wie ein runder Tisch *Koloniales Erbe* konzipiert sein könnte. Intensiv wurde darum gerungen, wie Repräsentanten/Repräsentantinnen aus verschiedenen afrikanischen Communitys, solidarischen Initiativen, Kulturinstitutionen und Verwaltung gewählt bzw. in einen Beirat berufen werden könnten. Vgl. hierzu im Anhang das Schaubild zur Beteiligungsstruktur am runden Tisch *Koloniales Erbe* in Hamburg.

Interesse an dem Thema.[296] Wir arbeiteten mit einem Moderatorenteam, das aus sechs Personen bestand. Bewusst war es entlang der Kategorien Universitätswissen/Erfahrungswissen, Männer/Frauen, Schwarze/*weiße* Personen zusammengestellt. Vielfältige Perspektiven waren bereits in die Konzeption der Veranstaltung geflossen. Bei den Teilnehmern/Teilnehmerinnen war das große Bedürfnis auffallend, zu erzählen, was sie schon alles in dem Bereich tun; bei Privatpersonen und Repräsentanten/Repräsentantinnen von Institutionen gleichermaßen. Nachgeordnet war das Formulieren von Anforderungen. Bloß Zuhörende und Lernende wollten die wenigsten sein. Ziel der Veranstaltung war ein erstes Brainstorming. Gearbeitet wurde in Kleingruppen. In einer *Tauschbörse* erfolgte eine Suche-Biete-Bestandsaufnahme: Was wird in Bremen bereits zum Thema gemacht? Wer ist an welchem Aspekt interessiert? Was wird vermisst? In einer *Zukunftswerkstatt* wurden Visionen entwickelt: Wie sollte im Jahre 2025 in Bremen an Kolonialismus erinnert werden? Was könnte jede/r selbst dazu beigetragen haben?

Trotz sehr unterschiedlicher Perspektiven auf und Erwartungen an das Thema waren sich die Diskutanten/Diskutantinnen in einem Punkt einig: An die Beteiligung Bremens am deutschen Kolonialismus soll nicht als hermetisch abgeschlossene Geschichtsepisode erinnert werden. Es geht um einen kontinuierlichen Prozess in der Gegenwart mit dem Ziel, Rassismus abzubauen und ökonomische Abhängigkeit zu vermeiden.

Als zentrale Problematik wurde deutlich, dass viele Akteure/Akteurinnen bisher die Deutungshoheit über das Thema für sich reklamierten. Alle stehen nun vor der Herausforderung, eigene Kategorien hinterfragen zu müssen, um miteinander auf einer Ebene kommunizieren zu können. Es stellt sich die Frage, wer wen wie repräsentierten darf. Welcher wissenschaftliche Ansatz ist der richtige, wessen Projekt sollte gefördert werden, wie können unterschiedliche Wissensformen in einen Dialog gebracht werden?

Wissen aus der Lebenserfahrung und durch akademisches Studium erarbeitetes Wissen ergänzen sich und stehen in keinem hierarchischen Verhältnis. Zudem müssen Blickwechsel von tradierten *weißen* Perspektiven zu Schwarzen Standpunkten vorurteilsfrei ermöglicht werden. Letztere haben konkrete Erwartungen im Hier und Jetzt. Dies scheint insbesondere für

296 Vgl. die Dokumentation der ersten Gesprächsrunde: https://www.kultur.bremen.de/service/kolonialismus-13508#Dokumente und Materialien (28.3.2018).

weiße Aktivisten/Aktivistinnen eine schmerzhafte Erfahrung zu sein. Die Bestandskraft ihrer Erzählung als Kämpfer/-innen für die Unterdrückten in der sogenannten Dritten Welt geht verloren. Die Weltverhältnisse sind komplexer geworden und fordern den Praxistest heraus. Eingewanderte Menschen reklamieren nun Raum in der Mitte der Gesellschaft, um für sich selber zu sprechen. Es zeigt sich, dass es teilweise schwerer fällt, den neuen Nachbarn/Nachbarinnen zuzuhören, als sich für Menschen in der Ferne einzusetzen.

Ein innerdeutsches Beispiel kann die Absurdität derartig aneinander vorbeilaufender, gut gemeinter Absichten am besten verdeutlichen. Da der Bremer Elefant als Denkmalskulptur außergewöhnlich ist, zieht er des Öfteren die Aufmerksamkeit von Kulturwissenschaftler/-innen auf sich. So war er zuletzt Gegenstand eines Seminars der Universität Vechta.[297] Studierende entwickelten eine Ausstellung zur Aufklärung der Passanten/Passantinnen über die Geschichte des Elefanten und erstellten dazu ein Faltblatt. Damit wollten sie einen Beitrag zur kritischen Auseinandersetzung mit dem Kolonialismus – also Entwicklungshilfe für Bremerinnen und Bremer – leisten. Allerdings versäumten sie es, einen Bezug zu dem laufenden Bürgerdialog herzustellen. So wurde die Chance vertan, durch die Ausstellung und die Faltblätter die Vernetzung der bereits vorhandenen zahlreichen Aktivisten/Aktivistinnen vor Ort zu unterstützen.

Ein weniger missionarischer, vielmehr konsensbildender Ansatz scheint vielversprechender, so dass möglichst alle Interessierten – egal welcher Herkunft – mitgenommen werden können. Er erfordert naturgemäß aber mehr Zeit als eine zentrale Bearbeitung durch wenige Beteiligte und ist als kontinuierlicher Prozess weniger spektakulär als ein singulär zu vermarktendes Ereignis. Mittelfristig ist aber mit in der Gesellschaft nachhaltiger verankerten Veränderungen zu rechnen. Tatsächlich erfuhren wir als senatorische Behörde Zuspruch aus den afrikanischen Communitys und einigen (*weißen*) solidarischen Initiativen für den eingeschlagenen Weg, während vor politischen Repräsentanten/Repräsentantinnen zunächst die Langsamkeit des Prozesses kritisiert worden war.

Da sich bei der ersten Gesprächsrunde bereits gezeigt hatte, dass kein Konsens über die Priorität einzelner Aspekte des Themenkomplexes zu er-

---

297 Vgl. https://www.uni-vechta.de/fileadmin/user_upload/Marketing/Startseite_News_und_Kalender/2017/2017-03-27_Ausstellung_Bremer_Elefant_Flyer.pdf (2.4.2018).

zielen sein würde und eine Sprachlosigkeit angesichts sehr unterschiedlicher methodischer Ansprüche drohte, entschieden wir uns, der Vielfalt Raum zu geben und den kontroversen Standpunkten ihre Gleichwertigkeit vor Augen zu führen. Während der zweiten Gesprächsrunde wurde deshalb in vier Arbeitsgruppen gearbeitet:

- Kolonialismus als Thema im Bildungsbereich
- Umgang mit Straßennamen und Orten mit Kolonialbezug
- Kolonialismus im Blick von Künstlern/Künstlerinnen und Kulturschaffenden
- Abbau von strukturellem Rassismus in Verwaltung und Kulturinstitutionen

An dieser Gesprächsrunde nahmen 56 Personen teil. Die Zusammensetzung der Arbeitsgruppen spiegelte eine deutliche, fast unüberwindbare Diskrepanz zwischen dem allgemeinen Mehrheitsinteresse (*weißer* Teilnehmer/-innen) am Erinnern an historische Fakten der Kolonialgeschichte mit Bezügen zur Gegenwart einerseits und dem existentiellen Minderheitenanliegen (Schwarzer Teilnehmer/-innen) andererseits, den für *weiße* Menschen häufig nicht wahrgenommenen und im Kolonialismus wurzelnden strukturellen Rassismus in der Gegenwart zu überwinden.[298]

Selbstkritisch ist anzumerken, dass die Ansprache afrikanischer Communitys nicht ausreichend gelang. Die Planung derartiger Veranstaltungen muss berücksichtigen, dass Tag, Uhrzeit und Ort so gewählt werden, dass Berufstätige in kulturfernen Berufen teilnehmen können, sie sich durch Sprache und Bild in der Einladung persönlich mit ihrer spezifischen Kom-

298 Mit großem Abstand war das Interesse für den Bildungsbereich am stärksten. Verabredet wurde ein von der Landeszentrale für politische Bildung durchzuführendes Verfahren zur gemeinsamen Sammlung von Fortbildungsmöglichkeiten, Handreichungen und Unterrichtsmaterialien. Die zweitgrößte Gruppe war diejenige zu Straßennamen und Orten mit Kolonialbezug. Hier wurden vornehmlich Vor- und Nachteile von Straßen-Umbenennungen oder Legenden unter Straßennamen diskutiert. Die von gegenwärtigen Gesellschaftsverhältnissen ausgehenden Arbeitsgruppen zu strukturellem Rassismus und Kolonialismus im Blick von Künstlern/Künstlerinnen und Kulturakteuren/-akteurinnen sprachen im Gegensatz zu den ersten beiden Gruppen weniger Personen an, dafür aber alle Schwarzen Teilnehmer/-innen.

petenz ernsthaft angesprochen fühlen und eine mehrsprachige Kommunikation sichergestellt ist.

Insgesamt auffällig war, dass die seit 1979 in Bremen geführten Debatten zum Thema *Kolonialismus* bei den jüngeren Aktivisten/Aktivistinnen kaum bekannt waren.[299] Neuartig war die zielorientierte Zusammenarbeit zwischen Institutionen und Bündnissen der Zivilgesellschaft: So hatte der Beirat des Stadtteils Schwachhausen die Arbeitsgruppen im Vorfeld um Unterstützung bei dem Verfassen von Legenden für einzelne Straßennamen gebeten.[300] Die von Staatsarchiv und Aktivistinnen gemeinsam erarbeiteten Texte wurden nach einer lebhaften Diskussion von dem politischen Gremium angenommen und ihre Aufhängung sogleich umgesetzt.[301]

Derartige Prozesse müssen von der Bevölkerung selbst getragen werden. Ansonsten würden Verfügungen von oben dem eigenen Anspruch postkolonialer Aktivisten/Aktivistinnen an inhaltliche Überzeugung, Multiperspektivität und die Achtung demokratischer Prozesse widersprechen.

Postkoloniale Museologie: Neue Themen in den Kultureinrichtungen

In Bremen wird das Thema *Kolonialismus und seine Folgen* nicht als temporäres Sonderthema bearbeitet, sondern als integraler Bestandteil Bremer Kunst- und Kulturgeschichte, der die gesamte Bevölkerung angeht. Dieser Ansatz hat sich in den letzten Jahren im Dialog zwischen Kulturverwaltung, Museumsleitungen und Zivilgesellschaft durchgesetzt.

Postkoloniale Museologie nimmt Museen im Kontext einer verflochtenen Weltkulturgeschichte in den Blick. Dabei geht es nicht nur um Objek-

---

299 Etwa hinsichtlich der Lüderitzstraße gibt es in Bremen eine lange Tradition der öffentlichen Auseinandersetzung, die bis zur *Aktion Lüderitz* am 27.10.1979 zurückreicht und im Detail dokumentiert ist. Die damaligen Aktivisten/Aktivistinnen wurden von Skinheads angegriffen, es gab in der bremischen Gesellschaft aber auch noch weitere Kreise, die offen eine kolonialrevisionistische Haltung vertraten. Vgl. Gustafsson: Namibia 2003, S. 413-414.

300 Der SPD-geführte Beirat Schwachhausen hatte zuletzt 1980 beschlossen, von einer Umbenennung der Lüderitzstraße abzusehen, mit der Begründung, nicht gegen die Haltung der Anwohner/-innen handeln zu wollen. Wichtiger sei es, durch Öffentlichkeit einen Umdenkungsprozess zu befördern. Das Anbringen von Legende an Straßennamen wurde als spätere Möglichkeit erwogen. Vgl. Gustafsson: Namibia 2003, S. 418-420.

301 Beiratsbeschluss vom 24.8.2017: https://www.ortsamtschwachhausenvahr.bremen.de/schwachhausen/beirat/beschluesse_2017-20743 (22.7.2018).

te aus außereuropäischen Gegenden oder interkulturelle Ansätze, sondern auch um veränderte Perspektiven auf den klassischen Kanon der europäischen Kunst- und Kulturgeschichte. Dadurch werden neue Identitätsbildungen jenseits des Dualismus ›wir/die Anderen‹ möglich.

Das Bündnis Decolonize Bremen zeigte 2017 die von der Initiative Schwarzer Menschen in Deutschland konzipierte Wanderausstellung *Homestory Deutschland. Schwarze Biografien in Geschichte und Gegenwart* in der Unteren Rathaushalle.[302] Insbesondere die Empowerment-Veranstaltungen für Schwarze Deutsche/*People of Color* als Begleitprogramm waren ein neuartiges Angebot in Bremen. In der Oberen Rathaushalle eröffnete Bürgermeister Carsten Sieling (SPD) im selben Jahr die Sonderausstellung *Der blinde Fleck. Bremen und die Kunst in der Kolonialzeit* (vgl. Abb. 25).

Abbildung 25: (Un)Framed Narratives, 2017

Ngozi Schommers. Installation in der Ausstellung *Der blinde Fleck*. Kunsthalle Bremen

302 Vgl. Initiative Schwarzer Menschen in Deutschland (Hg.): Homestory Deutschland. Schwarze Biografien in Geschichte und Gegenwart. Ausst.-Kat. Wanderausstellung, Bonn 2008. – Die Bremer Station dieser Wanderausstellung wurde von den Bremer Aktivisten/Aktivistinnen in ehrenamtlicher Arbeit umgesetzt u.a. durch eine Projektförderung des Senators für Kultur.

Mit ihr widmete sich erstmals ein deutsches Kunstmuseum diesem Themenkomplex.[303] Das Rahmenprogramm wurde in Kooperation mit dem Afrika Netzwerk Bremen entwickelt.[304] Die Platzierung beider Ausstellungen im Herzen der Stadt stellte ein erneuertes politisches Bekenntnis zur gesellschaftlichen Relevanz des Themas *Kolonialismus und seine Folgen* dar.

Im Bereich der Provenienzforschung mit Kolonialbezug ist das Übersee-Museum bundesweit führend.[305] Mit einer feierlichen Übergabezeremonie wurden 2017 menschliche Überreste der Moriori und Māori aus dem Sammlungsbestand an den Staat Neuseeland zurückgegeben.[306] In Kooperation mit der Arbeitsstelle *Globalgeschichte* der Universität Hamburg läuft derzeit das Projekt *Koloniale Spuren im Übersee-Museum Bremen. Die Afrika-Sammlungen des Übersee-Museums Bremen*. Die Ergebnisse des internationalen Forschungsteams werden ab 2019 in der Dauerausstellung zu sehen sein.[307] Bereits jetzt sind in der Afrika-Abteilung afrikanische Perspektiven auf den eigenen Kontinent und seine Geschichte durch Videofilme und Kunstwerke eingebunden (vgl. Abb. 9). Auch das landesgeschichtliche Focke-Museum und das Deutsche Schifffahrtsmuseum in Bremerhaven berücksichtigen das Thema *Kolonialismus* bei den derzeit laufenden Überarbeitungen ihrer Dauerausstellungen.

Von den im Jahr 2017 genehmigten 17 Projekten des Programms *360° – Fonds für Kulturen der neuen Stadtgesellschaft* der Bundeskulturstiftung

---

303 Vgl. das Kapitel *Topoi im Umgang mit Weißsein.*

304 Insbesondere die mit bis zu 170 Personen besuchten Diskussionsveranstaltungen sorgten für eine breite Öffentlichkeit: *Symposium: Kolonialismus im Museum. Konflikte, Potentiale, Öffentlichkeiten* (16.9.2017), *Podiumsdiskussion: Grenzen im Kopf. Wie betreffen Bilder aus der Kolonialzeit unseren Alltag heute?* (24.10.2017), *Podiumsdiskussion: Bremen und sein koloniales Erbe* (7.11.2017).

305 Die Leiterin des Übersee-Museums, Wiebke Ahrndt, war an der Erarbeitung der *Empfehlungen zum Umgang mit menschlichen Überresten in Museen und Sammlungen* (2013) und dem *Leitfaden zum Umgang mit Sammlungsgut aus kolonialen Kontexten* (2018) des deutschen Museumsbundes beteiligt. Vgl. www.museumsbund.de/wp-contentupoads/2017/04/2013-empfehlungen-zum-umgang-mit-menschl-ueberresten.pdf (26.7.2017); https://www.museumsbund.de/wp-content/uploads/2018/05/dmb-leitfaden-kolonialismus.pdf (1.7.2018).

306 Am 29. Mai 2018 beschloss der Bremer Senat die Rückgabe menschlicher Überreste aus der Sammlung des Übersee-Museums nach Namibia. https://senatspressestelle.bremen.de/detail.php?gsid=bremen146.c.300211.de&asl= (1.7.2018).

307 Vgl. hierzu im Kapitel ›*Das Fremde*‹ *als Ausgangspunkt.*

werden vier in Bremen durchgeführt – und zwar im Theater Bremen, der Stadtbibliothek, dem Focke-Museum und der Kunsthalle. Dabei geht es ausdrücklich darum, die Kompetenzen von Schwarzen Menschen/*People of Color* und Menschen mit Migrationserfahrung als Beobachter/-innen und Analysten/Analystinnen der Mehrheitsgesellschaft einzuholen, sie nach Ideen für das Brückenbauen zu einem immer ausdifferenzierteren Kulturpublikum zu fragen.[308] Ziel ist die Weiterentwicklung der Kulturinstitutionen, die ohne diese Kompetenzen ihre gesellschaftliche Relevanz und breite Akzeptanz verlieren werden. Wie schwierig dies trotz bester Absichten in der Umsetzung ist, zeigten die sehr unterschiedlichen Kritiken im Internet an der Ausschreibung des Focke-Museums zu dem 360°-Projekt.[309] Einzelne Bürger/-innen befürchteten, dass das Landesmuseum durch das gezielte Suchen eines/einer Schwarzen Mitarbeiters/Mitarbeiterin seine bremische (*weiße*) Identität aufgeben würde. Andere empörten sich über die vermeintliche Reduktion potentieller Bewerber/-innen auf ihr Schwarzsein. Wenige Monate später geriet das Bremer Theater mit seiner Inszenierung der Oper *The Rake's Progress* von Igor Strawinsky in die Kritik.[310] Das Team hatte entschieden, dass das Schwarz-Schminken eines Darstellers für seine Verkörperung des Schattens bzw. Teufels in Ordnung sei und nicht einen Menschen mit dunkler Körperfarbe suggerieren solle. Interessant wäre die Frage: Waren es Schwarze Menschen, die im Theater saßen und sich verletzt fühlten, oder *weiße* Personen, die ihr Wissen bezüglich politischer Korrektheit ereifernd weitergeben wollten? Derartige Vorfälle bedürfen heute kontextualisierender, nachdenklicher Debatten und nicht konfrontativer, moralischer Vorwürfe. Auf die neuen 360°-Kulturagenten/-agentinnen wartet eine äußerst komplizierte Aufgabe.

---

308 Der Senator für Kultur hat daher eine eigene Referentin-Position für interkulturelle Kulturarbeit eingerichtet, ein entsprechendes Förderkonzept verfasst und ein eigenes Budget zur Projektförderung in diesem Bereich definiert. In den Zielvereinbarungsgesprächen mit den Kultureinrichtungen werden die Themen *Kolonialismus und seine Folgen*, *interkulturelle Kulturarbeit* und *Diversität* regelmäßig angesprochen.

309 Vgl. hierzu vertiefend das Kapitel ›*Das Eigene*‹ *als Ausgangspunkt*.

310 Vgl. Blackfacing im Bremer Theater, in: taz, 29.5.2018: www.taz.de/!5505882/ (1.7.2018).

Ausblick: Kulturpolitische Grundsätze zum Thema Kolonialismus

Der Senator für Kultur hat in dem begonnenen Prozess eine Moderatorenrolle eingenommen, um für Kulturinstitutionen und Zivilgesellschaft einen Rahmen zu schaffen, fachlich fundierte Impulse in deren Dialog zu geben und die sich ergebenden Vorschläge zu strukturieren und mit den Beteiligten zu kommunizieren. Blicken wir in die Historie des Themas Kolonialismus und seiner Aufarbeitung, ist festzustellen, dass gerade die Bewertung einzelner Aspekte – wie z.B. das Benutzen bestimmter Begriffe – und das Präferieren einzelner Perspektiven – z.B. die gängige Geschichtsschreibung – zu viel Leid geführt haben. Der laufende Prozess in Bremen ist die Kernidee eines postkolonialen Erinnerungskonzeptes: andauerndes Erinnern und multiperspektivisches, aktives Arbeiten vieler Menschen am Thema in der Gegenwart. Es handelt sich um eine generationenübergreifende Aufgabe der Bewusstseinsschärfung und des gesellschaftlichen Globaldialogs.[311]

Aus dem Bürgerdialog *Kolonialismus und seine Folgen* hat die Kulturverwaltung für sich den Schwerpunkt *Abbau von strukturellem Rassismus* herauskristallisiert. Damit wurde nicht das von der (*weißen*) Mehrheit favorisierte Thema gewählt, sondern das Anliegen der von den Folgen des Kolonialismus am stärksten betroffenen Personen aufgenommen. Das Wort *Rassismus* löst Angst, Beklemmung, Empörung aus. Bei einigen Menschen deswegen, weil sie in ihrem Alltag von Rassismus betroffen sind. Bei anderen deswegen, weil sie das Klassifizieren von Menschen in ›Rassen‹ mit dem Nationalsozialismus und nicht mit der Gegenwart verbinden. Bei einer dritten Gruppe deswegen, weil sie durch Zuwanderung die deutsche Gesellschaft in ihren Grundwerten bedroht sehen und das Gefühl haben, dass Minderheiten gesellschaftlich bevorzugt werden. Exemplarisch kann an dem Thema *Kolonialismus und seine Folgen* ein wertschätzender Blickwechsel zwischen Mehrheitsperspektive und Minderheitenpositionen in einer Gesellschaft erprobt werden. Bei dem heute viel gebrauchten Begriff *Diversität* wird häufig vergessen, dass er nicht auf Religion und Brauchtum fokussiert ist, sondern gesellschaftliche Vielfalt im Allgemeinen meint, also hinsichtlich der Kategorien *Kultur, Geschlecht, Alter, körperliche und geistige Beeinträchtigung* sowie *unterschiedlichster individueller Lebensentwürfe*. Dem liegt

311 Vgl. hierzu weiterführend das Kapitel *Globaldialog*.

zugrunde, dass sich die Gesellschaft immer mehr ausdifferenziert und in der Folge individualisiert und Kultur nicht mehr als abgrenzbares, in sich geschlossenes Konstrukt verstanden werden kann. Heute gilt es, sich aktiv mit kulturellen Unterschieden ebenso wie mit politischen Differenzen auseinanderzusetzen, auf der Basis der allgemeinen Menschenrechte und der Prinzipien der repräsentativen Demokratie. Aufgabe des Staates ist es, Schutzräume zum offenen Austausch über Fragen und Sorgen zu organisieren und zugleich Plattformen für konsensbildende Dialoge zu fördern. Eine Konsequenz aus den öffentlichen Gesprächsrunden in Bremen und Hamburg ist es m.E., dass angesichts einer zunehmenden Radikalisierung in der Gesellschaft verstärkt darauf geachtet werden muss, dass ein freier Gedankenaustausch unter Betroffenen von Rassismus nicht zugleich eine neutrale Zusammenarbeit zwischen Schwarzen und *weißen* Menschen sein kann und schon gar nicht zum Argumenten-Austausch mit Vertretern/Vertreterinnen der demokratisch gewählten AfD oder gar einzelnen sogenannten Reichsbürger/-innen taugt.[312] Alle diese Ziele sind legitim und notwendig, müssen aber unterschiedlich vorbereitet und moderiert werden, um einer weiteren Radikalisierung – sowohl von links als auch von rechts – nicht Vorschub zu leisten und keine unnötigen Verletzungen zu provozieren. Gesamtgesellschaftlich müssen in den letzten Jahrzehnten eingeschlagene Wege überprüft werden, Irrtümer insbesondere auf Seiten des Bildungsbürgertums eingeräumt, Sackgassen verlassen werden. Demokratie meint eben nicht Mehrheitsherrschaft, sondern eine vom Volk ausgehende Macht, die gesellschaftliche Vielfalt sichert, Räume zum Aushandeln von Positionen schafft,

312 Vgl. Sitzung zum kolonialen Erbe: AfD-Abgeordneter rausgeworfen, in: Hamburger Abendblatt, 27.3.2018: https://www.abendblatt.de/hamburg/article213862869/Sitzung-zum-kolonialen-Erbe-AfD-Abgeordneter-rausgeworfen.html (17.4.2019). – In Hamburg wird inzwischen zu Beginn eines jeden runden Tisches folgender Grundsatz verlesen, der von allen Anwesenden angenommen und respektiert werden muss: »Der runde Tisch versteht Kolonialismus als ein System der Ausbeutung, Gewalt und Ungleichheit, das von Rassismus durchdrungen ist, diesen hervorbringt und festigt. Kolonialgeschichte und ihre Aufarbeitung ist im kritisch-reflexiven Sinne die Aufarbeitung einer ›entangled history‹, einer geteilten Geschichte, die in ihren globalen Verflechtungen analysiert und verstanden werden muss. Dies vorausgesetzt, kann der runde Tisch keine offenen oder unterschwelligen fremdenfeindlichen, rassistischen, anti-semitischen, sexistischen, diskriminierenden und/oder kolonialrevisionistischen Positionen tolerieren.« Protokoll zum Runden Tisch *Koloniales Erbe* am 7.9.2018 in der Handelskammer Hamburg, Behörde für Kultur und Medien, Dr. Thomas Overdick, 15.10.2018, S. 2.

Minderheiten schützt, aber auch keine Diktatur von Einzelmeinungen zulässt.

Struktureller Rassismus bedeutet die Benachteiligung von Menschen durch Institutionen und Systeme nur aufgrund ihres Aussehens, durch das sie einer Menschengruppe zugerechnet werden, die pauschal als minderwertig qualifiziert wird: Warum spiegeln Programm, Personal und Publikum einer Kultureinrichtung nicht die Zusammensetzung der Gesellschaft wider? Warum haben Menschen mit dunklerer Körperfarbe als die Mehrheit in Deutschland häufig eine schlechtere Ausbildung und bewerben sich nicht auf Jobs in Kultureinrichtungen? Wie fühlt es sich an, als Einziger bzw. Einzige mit anderem Aussehen in einer *weißen* Kultureinrichtung zu arbeiten? Welchen Vorurteilen muss man sich dann im Alltag stellen? Wie kann man ins Gespräch kommen über das Lebensgefühl einer Mehrheit oder einer Minderheit – ohne gegenseitige Verletzungen und Vorwürfe? Da sich *weiße* Deutsche naturgemäß nicht mit solchen Fragen auseinandersetzen müssen, wird die Existenz von strukturellem Rassismus häufig grundsätzlich infrage gestellt. Um ihm auf die Spur zu kommen, bedarf es mutiger Schwarzer Menschen, die ihn ansprechen.

Möglichkeiten zum vertieften Spracherwerb für Migranten/Migrantinnen, mehrsprachige Veranstaltungen und eine offenere Personalpolitik wurden von der Arbeitsgruppe *Abbau von strukturellem Rassismus* als Voraussetzungen für eine breitere gesellschaftliche Teilhabe von Zugewanderten und Schwarzen Menschen sowie mehr Diversität in der Kulturszene benannt. Zugleich seien Schulungen des Personals in Verwaltung und Kultureinrichtungen zur Sensibilisierung für alltäglichen Rassismus und seinen geschichtlichen Ursprung notwendig. Der Austausch vor Ort über diese Themen sollte zukünftig auch mit Perspektiven in den einst vom deutschen Kolonialismus betroffenen Gebieten in den Dialog gebracht werden.

Im Jahr 2017 war die Münchner Künstlerin Nadja Ofuatey-Alazard als Artist in Residence Gast in Bremen. Sie formulierte:

> »Aus meiner Sicht ist ein Prozess im Gange in Bremen, der gut ist, richtig ist, wichtig ist. Und der eigentlich normal sein müsste: Die Akteur/innen der Stadt fangen langsam damit an, sich mit der kolonialen Vergangenheit zu beschäftigen, ihre Spuren sichtbar zu machen und darüber ins Gespräch zu kommen [...]. Ich glaube fest an die Notwendigkeit von Polyphonie und Pluriversalität: daran, dass es viele Stimmen gibt und viele Perspektiven, die

hörbar und sichtbar gemacht werden müssen. Die Single Story, die eine Geschichte, existiert nicht.«[313]

7. Globaldialog

Vielen war es vorher bewusst, aber 2015 realisierte die breite Öffentlichkeit – und sicherlich auch jeder/jede für sich –, dass ein globaler Verteilungskampf um lebenswichtige Ressourcen und ein gutes Leben auf uns zukommt. Viele Bürgerkriege, Fluchtbewegungen und Hungersnöte waren auch zuvor schon als wesentliche Folgen des Kolonialismus verstanden worden. Durch Migration verbreitete Krankheiten, künstliche Grenzziehungen, wechselnde Bevorzugungen einzelner Volksgruppen, wechselnde Mandatsübernahmen durch unterschiedliche europäische Mächte, ökonomische Ungleichheit infolge der Trennung von Rohstoffausbeutung einerseits und hochwertiger Industrieverarbeitung andererseits und nicht zuletzt die Versklavung vieler afrikanischer Menschen durch europäische Händler/-innen beförderten auf dem afrikanischen Kontinent Misstrauen, wechselnde Allianzen und schließlich auch korrupte Regierungen. Das durch den Versklavungshandel unterbrochene Bevölkerungswachstum trug wesentlich dazu bei, dass lokale Identitätstraditionen erschüttert bzw. unterbrochen wurden.[314] Bis heute manifestiert sich eine starke Prägung einzelner Regionen durch die ehemaligen europäischen Kolonialmächte. Auch die heute existierenden Kultur- und Bildungseinrichtungen in Afrika gehen auf die einstigen Kolonialverwaltungen zurück. Felwine Sarr schreibt:

> »Der afrikanische Kontinent könnte seine reichhaltigen Kulturen als Kräfte der Anpassung und des Wandels begreifen, um sie für neue gesellschaftliche Aufgaben zu mobilisieren. [...] Damit dieses Unterfangen gelingt, sind zwei Ressourcen von grundlegender Bedeutung: Autonomie und Sou-

313 »Narrative aufbrechen«. Die Künstlerin Nadja Ofuatey-Alazard hilft Bremen beim Dekolonialisieren. Ein Gespräch über anhaltende Ausbeutung, neue Aufarbeitung und falschen Stolz, in: taz-nord-bremen, 15.5.2017: www.taz.de/!5406593/ (8.8.2017).

314 Laut Felwine Sarr sank zwischen 1600 und 1900 der afrikanische Anteil an der Weltbevölkerung von 30 auf zehn Prozent. Dabei ist der afrikanische Kontinent so groß, dass flächenmäßig dort die USA, China, Indien und ein Teil Westeuropas untergebracht werden könnten. Vgl. Felwine Sarr: Afrotopia, Berlin 2019, S. 53 und S. 48 (1. franz. Aufl. 2016).

> veränität über die Zeit. [...] Man muss sich selbst als eigenes Epizentrum wiederherstellen.«[315]

Die Verankerung fester Budgets für Entwicklungshilfe in den Haushalten westlicher Nationen und das regelmäßige Werben um Spenden durch Hilfsorganisationen waren und sind vor diesem Hintergrund begründet. Die nach Europa ausgerichtete Migrationsbewegung nahm ab 2015 eine neue Qualität an. Durch die sozialen Medien rückte die Vorstellung eines guten Lebens in Europa als Wohlstand auf der Grundlage der erkämpften Werte Freiheit, Gleichheit, Solidarität in das Bewusstsein der Weltöffentlichkeit. Die Hoffnung darauf bringt weiterhin Menschen – insbesondere aus Afrika – dazu, ihre Heimat zu verlassen, eine weite Reise anzutreten und sich in Lebensgefahr durch die Überquerung des Mittelmeers in Minibooten zu begeben. In einem demokratischen Staat ist auf der Grundlage des eigenen Wertekanons die Vorstellung nicht aushaltbar, dass an den Grenzen Menschen umkommen. Man ist sich des Glückes als Zufall bewusst, hier geboren zu sein. Zugleich ist jedem und jeder aber auch klar, dass nicht alle Menschen nach Deutschland kommen können, dann wären das aktuell verfasste Staats- und Sozialsystem, mit dem lieb gewonnenen Wohlstand, schlagartig beendet. Um diesen nicht auflösbaren Widerspruch für die eigenen Bürger/-innen erträglich zu machen, verhandeln die demokratisch legitimierten Regierungen international: über Verteilungsquoten für nach Europa geflüchtete Menschen, über umfangreichere Programme der Entwicklungszusammenarbeit, über eine stärkere finanzielle Unterstützung von Aufnahmelagern für geflüchtete Menschen innerhalb Afrikas und vieles mehr. Fakt ist, dass eine Wiedergutmachung des mit dem Kolonialismus begonnenen Unrechts finanziell nicht darstellbar ist. Folglich kann es nur um ehrlich gemeinte Entschuldigungen, symbolische Entschädigungsgesten und den Willen zu einer gemeinsam gestalteten Zukunft gehen.

---

315 Ebd., S. 45-46.

Der Umgang mit dem kolonialen Erbe: Ein internationaler Aushandlungsprozess

Die Aufarbeitung der Kolonialgeschichte durch Analyse der damaligen Machtasymmetrie zwischen Europa und Afrika sowie durch das Aufdecken ihrer bis heute wirkenden Folgen war in Deutschland seit den 1980er Jahren vornehmlich ein Anliegen Schwarzer Aktivisten/Aktivistinnen, *weißer* solidarischer Initiativen sowie Schwarzer und *weißer* Wissenschaftler/Wissenschaftlerinnen – infolge eines zögerlichen *postcolonial turns* in den Wissenschaften. Inzwischen gehören postkoloniale Theorie, *black studies* und *critical whiteness studies* zum Kanon kritischer Geisteswissenschaften. Vielfältig sind die dahinterstehenden Interessen und Fragestellungen, teilweise widersprüchlich ihre Aussagen und Handlungsempfehlungen. Weiterhin lässt sich schnell feststellen, ob eine *weiß* oder Schwarz positionierte Person spricht bzw. schreibt; angesichts von 500 Jahren Kolonialgeschichte ist dies wenig verwunderlich. Auf beiden Seiten sind große Emotionen vorhanden, die aber kaum unterschiedlicher sein könnten. Kritische *weiße* Personen etwa haben ein großes Interesse daran, sich beispielsweise durch die Aufarbeitung der ›Tätergeschichte‹ von dieser zu distanzieren und durch Erinnerungsarbeit ihre persönliche Verurteilung vergangenen Unrechts zum Ausdruck zu bringen. Schwarze Menschen sind logischerweise stärker daran interessiert, Schwarze Geschichte sichtbar zu machen, in den Kanon einzuschreiben und heutigen Alltagsrassismus zu thematisieren. Achille Mbembe schreibt:

> »Auf den ersten Blick besteht die schwarze Vernunft also aus einer Vielzahl von Stimmen, Aussagen und Diskursen, Kenntnissen, Kommentaren und Sottisen, deren Objekt das Ding oder die Menschen ›afrikanischer Herkunft‹ bilden, und aus dem, was angeblich deren Name und Wahrheit ist (die Attribute und Eigenschaften, das Schicksal und dessen Bedeutung als empirischer Ausschnitt der Welt). Diese aus mehreren Schichten zusammengesetzte Vernunft reicht mindestens bis in die Antike zurück. [...] Die Moderne spielt in ihrer Entstehung jedoch eine zentrale Rolle, und zwar einerseits aufgrund der Berichte der Reisenden und der Forscher, der Soldaten und Abenteurer, der Kaufleute, Missionare und Kolonisten; andererseits aufgrund der Schaf-

fung einer ›Kolonialwissenschaft‹, deren letzter Nachkomme die ›Afrikawissenschaft‹ darstellt.«[316]

Auf diesen »ersten Text« des europäischen Blicks antwortet nach Mbembe ein »zweiter Text«, der das afrikanische Ich ins Zentrum stellt, als Schritt der Emanzipation und des Wiederaufbaus, wobei »Geschichtsschreibung sich mehr denn je als Akt moralischer Phantasie«[317] erweist. Die Funktionsweise des Kolonialismus basierte auf einer Verstaatlichung des Biologischen. Die Historie einer augenscheinlichen Ungleichheit ist tief in die Menschheitsgeschichte eingeschrieben. Insofern sind in Deutschland für *weiße* und Schwarze Menschen auch heute noch ungleiche Startbedingungen für Bildungserwerb und Berufswahl, individuelles Selbstbewusstsein und gesellschaftliche Anerkennung gegeben: »Wie Fanon und vor ihm schon W.E.B. Dubois gezeigt haben, kann derjenige, der seiner Fähigkeit, für sich selbst zu sprechen, beraubt ist, sich selbst stets nur als einen ›Eindringling‹ denken oder zumindest als jemanden, der im sozialen Bereich allenfalls als ›Problem‹ erscheinen kann.«[318]

Die grundlegend unterschiedlichen, sich aber im Verlauf der Geschichte immer mehr verflechtenden *weißen* und Schwarzen Perspektiven lassen sich inzwischen weniger einzelnen Kontinenten zuordnen; vielmehr treffen sie in der globalisierten Welt an verschiedenen Orten direkt aufeinander. Vielleicht lässt sich so die derzeit zu beobachtende Diskrepanz erklären, dass es deutschen Museen leichter zu fallen scheint, mit sogenannten Herkunftsgesellschaften von Kunst- und Kulturobjekten über Rückgaben und/oder Kulturkooperationen zu verhandeln, als mit in Deutschland lebenden afrikanischen Communitys und einzelnen Schwarzen Menschen derart zusammenzuarbeiten, dass diese nicht nur bereichernde Kooperationspartner/-innen, sondern Teammitglieder im Museum werden und ihre Perspektiven als integrale Bestandteile der deutschen Gesellschaft anerkannt und berücksichtigt werden. Immer noch werden viel zu häufig die ›anderen‹ Perspektiven auf Geschichte und Gegenwart von *weißen* Amtsinhabern/Amtsinhaberinnen als ›falsche‹ Ausbildung, ›Sprachbarriere‹ oder subjektive

316 Achille Mbembe: Kritik der schwarzen Vernunft, Frankfurt a.M. 2014, S. 61-62 (1. franz. Aufl. 2013).

317 Ebd., S. 65.

318 Ebd., S. 211.

Wahrnehmung missverstanden. Weiterhin fehlt es an einem gesamtgesellschaftlichen Willen zu einer Versöhnung und der Akzeptanz der Migrationsgesellschaft als gegebene Realität.

Die Aufarbeitung des deutschen Kolonialismus und seiner Folgen ist in vielfältiger Weise notwendig und wirft grundlegende ethische Fragen auf. Akteure/Akteurinnen mit unterschiedlichsten Kompetenzen sind gefordert: Wissenschaftler/-innen unterschiedlicher historischer Disziplinen zur Analyse von Ereignissen und Prozessen, Psychologen/Psychologinnen zur Bearbeitung vielfältiger Emotionen von Angst bis Zorn, Erziehungswissenschaftler/-innen und Vermittler/-innen zur Einführung des Themas in Bildungseinrichtungen, Kulturakteure/-akteurinnen, politische Aktivisten/Aktivistinnen aus afrikanischen Communitys und solidarischen Initiativen zur breiten und vertiefenden gesellschaftlichen Reflexion. Es würde dem Thema nicht gerecht, in diesem Feld Prioritäten zu setzen. Es hat sich als hilfreich erwiesen, das Themenfeld selbst als Mosaik zu begreifen, an dem jeder/jede mit dem eigenen Erkenntnisinteresse und der eigenen Kompetenz arbeitet und sich dabei nur als ein Steinchen im Gesamtgefüge begreift, – allerdings unter der Voraussetzung, den Nachfahren/Nachfahrinnen der einst versklavten Menschen das erste Votum zu geben.

Daher werde ich – quasi als Rahmen für die vorangegangenen und sehr museumsbezogenen Gedanken in den bisherigen Kapiteln – im Folgenden aktuelle politische Positionierungen zu den zentralen Aspekten *struktureller Rassismus*, *Erinnerungskultur* und *Umgang mit Sammlungsgut* skizzieren.[319] Angesichts der Tatsache, dass es sich um Zeitgeschichte handelt, kann dies lediglich eine Momentaufnahme sein, die vielleicht schon bald überholt sein wird.

Struktureller Rassismus

Die seit 1948 international geltenden Allgemeinen Menschenrechte sind eine Absichtserklärung, die täglich an vielen Orten in der Welt verletzt wird. Insbesondere der seit dem 17. Jahrhundert eng mit dem Kolonialismus verbundene Rassismus gegen Schwarze Menschen ist weiterhin weltweit ver-

---

319 Zum politischen Diskussionsstand in Bremen vgl. die von der Deputation für Kultur am 30. April 2019 beschlossenen *Kulturpolitischen Leitlinien zum Umgang mit dem kolonialen Erbe*. Ihr vollständiger Text ist im Anhang abgedruckt.

breitet, so dass er immer wieder Gegenstand internationaler Abkommen wird. Menschen afrikanischer Abstammung gehören seit Jahrhunderten zu Deutschland. Dennoch sind sie auch hier zahlreichen Diskriminierungen ausgesetzt. Bereits 2001 wurde in Durban die Erklärung der UN-Weltkonferenz gegen Rassismus verabschiedet, auf die sich beispielsweise Initiativen wie Hamburg Postkolonial berufen.[320] Seit 2015 läuft die von der UN-Generalversammlung beschlossene *Internationale Dekade für Menschen Afrikanischer Abstammung* (2015-2024) unter dem Motto *Anerkennung, Gerechtigkeit und Entwicklung*. Am 27. März 2019 beschloss das EU-Parlament mit großer Mehrheit einen Entschließungsantrag zu den Grundrechten von Menschen afrikanischer Abstammung in Europa. Darin wird die Anerkennung von strukturellem Rassismus gegenüber Schwarzen Menschen in den zentralen Gesellschaftsbereichen Bildung, Arbeit, Wohnen, Gesundheit, Strafrecht und politische Partizipation gefordert:

> »1. Fordert die Mitgliedsstaaten und EU-Organe auf, anzuerkennen, dass Menschen afrikanischer Abstammung besonders stark Rassismus, Diskriminierung und Fremdenfeindlichkeit ausgesetzt sind und ihre Menschen- und Grundrechte im Allgemeinen nicht im gleichen Maße wahrnehmen können, was strukturellem Rassismus gleichkommt, und dass sie als Einzelpersonen und auch als Gruppe Anspruch auf Schutz vor diesen Ungleichheiten haben, einschließlich positiver Maßnahmen zur Förderung ihrer Rechte sowie zur Gewährleistung der uneingeschränkten und gleichberechtigten Wahrnehmung [...].«[321]

Die Mitgliedsstaaten werden aufgefordert, nationale Strategien zur Bekämpfung von Rassismus zu entwickeln. Dazu zählen auch Maßnahmen zum Empowerment und die Aufarbeitung und Sichtbarmachung der Geschichte von Menschen afrikanischer Abstammung in Europa. Sowohl die historischen Ungerechtigkeiten durch Versklavung und Kolonialismus als auch die positiven Beiträge von Schwarzen Menschen für die Entwicklung Europas und die Menschheitsgeschichte sind bisher nicht in angemessenem Umfang Teil des kollektiven Wissens in Europa. Den Internationalen Tag des Gedenkens an die Opfer der Sklaverei und des transatlantischen

320 Vgl. www.hamburg-postkolonial.de/durban.html (5.5.2019).

321 Vgl. www.europarl.europa.eu/doceo/document/B-8-2019-0212_DE.html (5.5.2019).

Sklavenhandels (25. März) aufzugreifen und die Durchführung sogenannter Monate der Schwarzen Geschichte sind zwei konkrete Maßnahmen, die empfohlen werden. In Nordamerika gilt der Februar als *Black History Month*, in Großbritannien wird er im Oktober begangen. In dieser Zeit werden Veranstaltungen zur Erinnerung an Schwarze historische Persönlichkeiten und ihre Leistungen durchgeführt.

Ebenfalls ausdrücklich erwähnt wird in der EU-Entschließung unter dem Buchstaben G die Problematik der Gesichtsschwärzung als Unterhaltungsmaskerade (*Blackfacing*), das die Reproduktion von diskriminierenden Stereotypen über Menschen afrikanischer Abstammung befördert.

Auch wenn es heute viele gutmeinende und engagierte *weiße* Wissenschaftler/-innen und aktivistische solidarische Initiativen gibt, die diese Themen erforschen und öffentlich machen, wird es erst dann zu einem grundlegenden Wandel kommen können, wenn auch diese Gesellschaftsgruppen auf einen Teil ihrer systembedingten Privilegien verzichten und daran mitwirken, Schwarze Menschen als für sich selbst Sprechende in gesellschaftspolitische Diskussionsprozesse zu bringen, sie in Gremien zu wählen und in Besetzungsverfahren mit ihren spezifischen Kompetenzen, etwa zur Analyse der *weißen* Mehrheitsgesellschaft, zu berücksichtigen. Dazu gehört auch, dass die von diesen Schwarzen Menschen (dann) möglicherweise gesetzten anderen Prioritäten oder andere Erkenntnismethoden als fachlich fundierte und kompetente Entscheidungen akzeptiert werden. Dies ist dann der Moment, wo sich *weiße* Menschen selber fragen und ins Gespräch mit Schwarzen Menschen darüber treten können, was die Ursachen für unterschiedliche Wahrnehmungen und Anliegen sind. Insofern ist es konsequent, dass die Entschließung beispielsweise nicht die Finanzierung eines Forschungsprojektes zur historischen Aufarbeitung oder die Einrichtung einer zentralen Gedenkstätte fordert. Vielmehr heißt es unter 12: »betont die wichtige Rolle zivilgesellschaftlicher Organisationen bei der Bekämpfung von Rassismus und Diskriminierung und fordert eine stärkere finanzielle Unterstützung von Basisorganisationen auf europäischer, nationaler und lokaler Ebene.«[322]

Mit der Entschließung auf EU-Ebene wurden neue Maßstäbe für das Thema gesetzt – auch für einzelne Städte in Deutschland. Jetzt ist der Transfer in die Praxis erforderlich. Politisches Handeln durch Institutionen

322 Ebd.

im Gesellschaftssystem und durch jeden Einzelnen bzw. jede Einzelne im Alltag ist gefragt. Die Initiative Schwarzer Deutscher hat die EU-Entschließung entsprechend hoffnungsvoll auf ihrer Homepage gewürdigt.[323] Liegt es nur an meiner eigenen Blindheit für dieses relevante Thema, dass ich die hier skizzierten Dokumente und Daten bis vor Kurzem nicht kannte? Habe ich die Berichte dazu in den überregionalen Zeitungen übersehen und die Diskussionsrunden bei Sandra Maischberger und Anne Will überhört? Oder gab es sie gar nicht? Auch die ebenfalls im März 2019 vorgelegten neuen *Afrikapolitischen Leitlinien der Bundesregierung* wurden nach meiner Wahrnehmung kaum öffentlich diskutiert. Dabei ist ihre Verzahnung mit früheren Ansätzen der ›Entwicklungshilfe‹ und der Deutschland inzwischen direkt betreffenden Problematik globaler Migration und gesellschaftlicher Radikalisierung – aber auch der internationalen Konkurrenz um afrikanische Absatzmärkte – bemerkenswert. Ausdrücklich heißt es: »Wir haben ein strategisches Interesse daran, Glaubwürdigkeit und Einfluss Europas in Afrika fortzuentwickeln.«[324] In der *Fortschreibung und Weiterentwicklung der Afrikapolitischen Leitlinien der Bundesregierung* wird dieses Interesse Europas noch einmal ausdrücklich betont und konkretisiert:

> »Das Wohlergehen Europas ist mit dem unseres Nachbarn Afrika untrennbar verbunden. Europa und Afrika sind Akteure der globalen Entwicklung. Die partnerschaftliche Zusammenarbeit mit den Staaten Afrikas ist daher eine zentrale Aufgabe unserer Zeit. Es liegt im deutschen und europäischen Interesse, zur politischen Stabilität und zu einem Abbau des Entwicklungs- und Wohlstandsgefälles beizutragen. Es liegt ebenso in Deutschlands Interesse, die Chancen, die eine Partnerschaft mit Afrika bietet, wahrzunehmen.«[325]

Als Ziel der Zusammenarbeit im Bereich der Kultur nennen die *Afrikapolitischen Leitlinien* die Stärkung des (afrikanischen) Bewusstseins für eigene

323 Vgl. http://isdonline.de/endlich-eu-parlament-verabschiedet-wegweisende-resolution-zu-grundrechten-von-menschen-afrikanischer-herkunft-in-europa/ (20.5.2019).

324 https://www.bmvg.de/resource/blob/12808/227e3ae06ed32cb4d81d61a1bbc8b206/afrikapolitische-leitlinien-der-bundesregierung-data.pdf (20.5.2019), S. 3.

325 Die Bundesregierung: Eine vertiefte Partnerschaft mit Afrika. Fortschreibung und Weiterentwicklung der Afrikapolitischen Leitlinien der Bundesregierung, 27.3.2019, S. 2.

kulturelle Wurzeln und damit die Förderung einer »Resistenz gegenüber extremistischen Angeboten«.[326]

Erinnerungskultur und Umgang mit Sammlungsgut

Identitätspolitik ist das Schlagwort, unter dem aktuell die Orientierung der Menschen in der Welt diskutiert wird.[327] Setzte *Heimat* einst eine (geerbte) Verwurzelung in einer spezifischen Region und Tradition voraus, wird sie längst auch als vorübergehendes Zuhause verstanden, das aktiv hergestellt werden kann.[328] Menschen unterschiedlicher Herkunft finden sich heute über spezifische Interessen zusammen, vereinen verschiedene Kulturtraditionen miteinander, und regelmäßiges Umziehen ist zu einer normalen Lebensanforderung geworden – was aber auch zur Folge haben kann, dass derjenige, der an dieser Entwicklung nicht partizipiert (weil er nicht kann oder will), ins Abseits und unter Rechtfertigungsdruck gerät, sich in seiner Regional- und Traditionsbindung angegriffen fühlt. Zudem scheint die Auflösung der Regionalbindung mit der Bildung neuer Identitätskonzepte verbunden zu sein. Kulturelle Identität wird von einigen Gesellschaftsgruppen zur Betonung eigener Alleinstellungsmerkmale eingesetzt, mit dem Ziel der Separierung von der Gesellschaftsmehrheit und deren Fragmentierung. Sie kann aber auch der Stiftung von Gemeinschaft und Förderung gesellschaftlicher Grundwerte dienen, auf deren Basis die Einzelnen ihre Individualität leben können. Die identitätsstiftenden Möglichkeiten von *Kultur* werden wiederentdeckt.[329] Im Koalitionsvertrag der Bundesregierung von

---

326 https://www.bmvg.de/resource/blob/12808/227e3ae06ed32cb4d81d61a1bbc8b206/afrikapolitische-leitlinien-der-bundesregierung-data.pdf (20.5.2019), S. 11.

327 Vgl. beispielsweise Stuart Hall: Das verhängnisvolle Dreieck. Rasse, Ethnie, Nation, hg. v. Kobena Mercer, Frankfurt a.M. 2018 (1. engl. Aufl. 2017); Francis Fukuyama: Identität. Wie der Verlust der Würde unsere Demokratie gefährdet, Hamburg 2019 (1. engl. Aufl. 2018); Aus Politik und Zeitgeschichte 69 (2019), H. 9-11.

328 Zum Begriff und Konzept *Heimat* vgl. das Kapitel *Heimatmuseum*.

329 Vor dem Hintergrund, dass Kunst und Kultur im Nationalsozialismus in menschenverachtender Weise sowohl zur Identitätsbildung als auch Ausgrenzung ganzer Gesellschaftsgruppen eingesetzt wurde, wird heute das große Potential des Zusammendenkens von Kultur und Identität als untrennbar von der Verpflichtung zur Förderung von Vielfalt und Freiräumen zur kreativen Entfaltung verstanden. Der Politikwissenschaftler Francis Fukuyama sieht Identität als wesentlichen Bestandteil der menschlichen

2018 ist der Abschnitt *Kunst, Kultur und Medien* im Kapitel *Zusammenhalt und Erneuerung – Demokratie beleben* zu finden.[330] Erstmals wird darin das koloniale Erbe als Teil der deutschen Geschichte anerkannt.[331] In den *Ersten Eckpunkten zum Umgang mit Sammlungsgut aus kolonialen Kontexten*, die im März 2019 von der Staatsministerin des Bundes für Kultur und Medien, der Staatsministerin im Auswärtigen Amt für internationale Kulturpolitik, der Kulturministerinnen und Kulturminister der Länder und der kommunalen Spitzenverbände verabschiedet wurde, wird entsprechend »die Bedeutung von Kulturgütern für die kulturelle Identität der Herkunftsstaaten und den betroffenen Zivilgesellschaften«[332] betont.

Stellt das Thema *Dekolonisierung des Stadtraumes* in Deutschland deshalb ein so umkämpftes Anliegen dar? Schließlich geht es bei Denkmälern und Straßennamen um materialisierte (Kultur-)Identität.[333] Heute möchte niemand mehr in einer Hitlerstraße leben, aber eigentlich auch nicht in einer Lüderitzstraße. Plädieren die einen für eine Umbenennung in Namen afrikanischer Widerstandskämpfer/-innen, favorisieren die anderen erläuternde Texte, so dass die zumeist erst in der deutschen Nachkolonialzeit erfolgte Benennung der Straßennamen mit Kolonialbezug als Zeugnisse einer kolonialrevisionistischen Epoche sichtbar bleiben. Es steht außer Frage, dass die Aufarbeitung und Kennzeichnung zur Beförderung einer gesellschaftlichen Diskussion im öffentlichen Raum in eindeutigen Fällen geboten ist. Aber wo ist die Grenze zwischen eindeutigen Verbrechern/Verbrecherinnen und Mitläufern/Mitläuferinnen zu ziehen? Wer soll das entscheiden? Im 21. Jahrhundert kann dies meiner Meinung nach keinesfalls per staatlicher Ver-

Würde an, den es in demokratischen Staaten in besonderer Weise zu schützen gilt. Vgl. Fukuyama: Identität 2019.

330 Vgl. https://www.mdr.de/nachrichten/politik/inland/download-koalitionsvertrag-quelle-spd-100-downloadFile.pdf (20.5.2019), S. 166.

331 Ebd., S. 172.

332 https://www.kmk.org/fileadmin/pdf/PresseUndAktuelles/2019/2019-03-25_Erste-Eckpunkte-Sammlungsgut-koloniale-Kontexte_final.pdf (20.5.2019), S. 1.

333 Vgl. hierzu die *Resolution zum Umgang mit kolonialen Straßennamen*, die am 3.10.2010 verabschiedet und an Kommunen und Stadtbezirke, Städte, Landesregierungen und den Deutschen Städtetag verstand wurde: www.freedom-roads.de/pdf/Resolution03102010.pdf (13.6.2019).

ordnung erfolgen, sondern setzt Bürgerinitiative und Partizipationsprozesse voraus.[334]

Wie oben dargelegt, geht die Initiative zur Anerkennung des Themas *Kolonialismus und seine Folgen* als Teil der deutschen Geschichte und als zu berücksichtigender Aspekt insbesondere in den Gesellschaftsbereichen Bildung, Kultur und Wissenschaft insbesondere auf Schwarze Aktivisten/Aktivistinnen und Wissenschaftler/-innen in Deutschland zurück. Im Koalitionsvertrag von 2018 findet dies allerdings keine Erwähnung, vielmehr wird auf den Deutschen Museumsbund Bezug genommen, der 2013 erstmals *Empfehlungen zum Umgang mit menschlichen Überresten in Museen und Sammlungen* und 2018 einen *Leitfaden zum Umgang mit Sammlungsgut aus kolonialen Kontexten* vorgelegte.[335] Zunehmende internationale Diskussionen des Themas – insbesondere auch in Hinblick auf das Humboldt-Forum – hatten eine fachliche Positionierung erforderlich gemacht. Es handelt sich um Orientierungshilfen für Museen und ihre Träger, die damit verbundene Provenienzforschung, die juristische und ethische Bewertung der Forschungsergebnisse, die sich daraus möglicherweise ergebenden Deakzessionsverfahren sowie die Ausstellungs- und Vermittlungspraxis. Bereits nach einem Jahr war die im Koalitionsvertrag genannte Absicht umgesetzt, am Deutschen Zentrum Kulturgutverluste in Magdeburg einen neuen Provenienzförderbereich *Kultur- und Sammlungsgut aus kolonialen Kontexten* einzurichten, einschließlich einer mit allen Bundesländern abgestimmten Förderrichtlinie, einem Förderbeirat zur Evaluierung von Projektanträgen und neu eingestelltem Personal.

Zeitgleich wurden in Deutschland weitere Debatten durch die Rede des französischen Präsidenten Emmanuel Macron entfacht, innerhalb der nächsten fünf Jahre die Voraussetzungen für Restitutionen des afrikanischen Erbes an Afrika schaffen zu wollen. Mit der Erarbeitung ethischer

---

334 Vgl. zu diesem Themenkomplex exemplarisch Eva Bahl et al. (Hg.): DECOLONIZE MÜNCHEN. Dokumentation und Debatte. Ausst.-Kat. Stadtmuseum München, München 2015; Zwischenraum Kollektiv (Hg.): Decolonize the City! Zur Kolonialität der Stadt. Gespräche, Aushandlungen, Perspektiven, Münster 2017; Nicola Lauré al-Samarai für Berlin Postkolonial: Grenzgänger*innen. Schwarze und osmanische Präsenz in der Metropole Berlin um 1700, Berlin 2019, 2 Bde.

335 Vgl. https://www.museumsbund.de/wp-content/uploads/2017/04/2013-empfehlungen-zum-umgang-mit-menschl-ueberresten.pdf (20.9.2019); https://www.museumsbund.de/wp-content/uploads/2018/05/dmb-leitfaden-kolonialismus.pdf (20.5.2019).

Richtlinien als Grundlage beauftragt er den senegalesischen Ökonom Felwine Sarr und die französische Kunsthistorikerin Bénédicte Savoy.[336] Für Berlin Postkolonial war dies der Anlass, die deutsche Bundeskanzlerin Angela Merkel zu vergleichbarem Handeln aufzufordern.[337] Viele deutsche Museumswissenschaftler/-innen vertreten hingegen die Position, dass die Erforschung der betroffenen Bestände intensiviert werden müsse und die in Deutschland bereits laufenden Rückgabeverfahren konkreter als die französische Absichtserklärung seien.[338]

In jedem Fall stellen die *Ersten Eckpunkte zum Umgang mit Sammlungsgut aus kolonialen Kontexten* eine klare Positionierung Deutschlands dar und haben damit im Kontext der internationalen Debatten einen hohen symbolischen Wert. In der Präambel heißt es:

> »Die Aufarbeitung der deutschen Kolonialgeschichte als Teil unserer gemeinsamen gesellschaftlichen Erinnerungskultur gehört zum demokratischen Grundkonsens in Deutschland und ist über die Politik hinaus eine Aufgabe für alle Bereiche der Gesellschaft, auch für Kultur, Bildung, Wissenschaft und Zivilgesellschaft.«[339]

In diesem Papier werden Handlungsfelder zur Verbesserung der Transparenz über und zur Dokumentation von Sammlungsgut aus kolonialen Kontexten, zur Intensivierung der Provenienzforschung, zur kritischen Präsentation und Vermittlung entsprechender Ausstellungsinhalte, zur Priorisierung von Rückführungen, wenn entsprechende Gesuche vorliegen, zur internationalen Kooperation im Kulturbereich und zur wissenschaftlichen Erforschung des Themas insgesamt definiert. Kernziel ist es, die Erfor-

---

336 Vgl. http://restitutionreport2018.com/sarr_savoy_en.pdf (20.5.2019).

337 Vgl. www.berlin-postkolonial.de/cms/index.php/dokumente/9-news/kurzmeldungen/128-offener-brief-an-merkel (22.11.2018).

338 Vgl. hierzu exemplarisch https://www.tagesspiegel.de/kultur/praesident-der-stiftung-preussischer-kulturbesitz-hermann-parzinger-fordert-internationale-vereinbarung-zu-kolonialem-erbe/20802820.html, 2.1.2018 (20.5.2019); https://www.sueddeutsche.de/kultur/raubkunst-debatte-richtig-falsch-uebereilt-nichtig-und-sehr-mutig-1.4226044, 26.11.2018 (20.5.2019); https://www.zeit.de/news/2018-12/30/parzinger-verspricht-hilfe-bei-rueckgabe-von-raubkunst-181230-99-384965 (20.5.2019).

339 https://www.kmk.org/fileadmin/pdf/PresseUndAktuelles/2019/2019-03-25_Erste-Eckpunkte-Sammlungsgut-koloniale-Kontexte_final.pdf (20.5.2019), S. 1.

schung der Erwerbungsumstände von Sammlungsgut aus kolonialen Kontexten zu stärken, um unrechtmäßig Erworbenes zurückgeben zu können.

Es ist ein politisches Papier und Kompromissergebnis eines intensiven Ringens von 16 Bundesländern, der Beauftragten für Kultur und Medien beim Bund und des Auswärtigen Amtes. Insofern kann es nicht gleichzeitig den sich teilweise widersprechenden fachlichen Positionen in diesem Themenfeld gerecht werden. Weiterhin sind zugespitzte Positionen von Aktivisten/Aktivistinnen und grundlegende Forschungen von Wissenschaftlern/Wissenschaftlerinnen gleichermaßen notwendig, um den Prozess der zivilgesellschaftlichen Auseinandersetzung mit dem kolonialen Erbe voranzutreiben. Die Initiative Schwarzer Deutscher und solidarische Initiativen wünschen sich die explizite Benennung des Kolonialismus als systematisches Unrechtssystem sowie eine stärkere Prozessbeteiligung.[340] Daraus ergäbe sich aus ihrer Sicht die Grundsatzaussage, dass im Prinzip alles Sammlungsgut aus kolonialen Kontexten unrechtmäßig erworben worden sei. Klares Ziel der Provenienzforschung wäre also das Ermitteln der heutigen rechtmäßigen Eigentümer/-innen bzw. der Nachweis, dass das eigene Sammlungsgut eine Ausnahme ist und rechtmäßig erworben wurde (Beweislastumkehr). Insbesondere Wissenschaftler/-innen betonen dagegen, dass Provenienzforschung ergebnisoffen sein müsse. Nicht alles sei unrechtmäßig erworben, eine Differenzierung zwischen den sehr verschiedenen Herkunftsstaaten/Herkunftsgesellschaften sowie im Einzelfall sehr unterschiedlichen Erwerbungskontexten sei nötig. In einigen Regionen war es durchaus üblich, mit Gegenständen oder sogar menschlichen Überresten zu handeln. Was unter Kunst- bzw. Kulturobjekten zu verstehen ist und welchen Wert sie für die jeweilige Gesellschaft besaßen bzw. besitzen, unterscheidet sich ebenfalls stark. Während manche Gegenstände aus heutiger Sicht für die Herkunftsstaaten/Herkunftsgesellschaften wertlos sind, haben andere einen hohen spirituellen und/oder materiellen Wert. Zunehmend liegen auch Fälle vor, in denen deutsche Museen Sammlungsgut gerne zurückgeben würden, die Herkunftsstaaten/Herkunftsgesellschaften diese

340 Vgl. http://isdonline.de/kolonialismus-kein-verbrechen-gebeine-kolonisierter-sollen-zurueck-aber-ein-anspruch-auf-rueckgaben-wird-nicht-anerkannt/, 14.3.2019 (20.5.2019). – Während die Initiative Schwarzer Deutscher die Differenzierung zwischen der systematischen Gewaltausübung in Kolonialismus und Nationalsozialismus kritisiert, wird ebendies z.B. von den Kirchen gelobt: https://unserekirche.de/kurznachrichten/kulturrat-eckpunkte-zu-kolonialguetern-noch-nicht-ausreichend-14-03-2019/ (20.3.2019).

aber gar nicht zurückhaben wollen. Differenzen zwischen den staatlichen Organen und den lokalen Gemeinschaften hinsichtlich der als legitim anzusehenden Erben sind gleichfalls an der Tagesordnung. Immer häufiger werden Ersatzleistungen wie Kulturkooperationen, Stipendien oder die Unterstützung zum Aufbau eigener Museumsstrukturen gewünscht.[341]

In diesem Feld von Europa aus zu entscheiden, was der richtige Weg wäre, hätte neokoloniale Züge. Insofern wird von allen Seiten die Dringlichkeit gesehen, ein international besetztes Gremium einzurichten bzw. Verfahren zu entwickeln, um zu Einzelfällen Position beziehen und Empfehlungen geben zu können. Auch unter Wissenschaftlern/Wissenschaftlerinnen gehen die Ansichten weit auseinander, mit welchem Intensitätsgrad Provenienzforschung betrieben werden sollte. Ist es wirklich notwendig und angemessen, Schädel zu vermessen, um zu ermitteln, aus welcher Gegend sie stammen? Einige Herkunftsstaaten verlangen dies inzwischen. Für eine exakte regionale Zuordnung und damit richtige Rückgabe erscheint das auf den ersten Blick legitim. Auf den zweiten realisieren wir, dass damit die überwunden geglaubten Praktiken ethnischer Zuordnung zu Regionen als Grundlage rassistischer Theorien wieder aktiviert werden könnten. Schließlich ist angesichts der langen Zeitspanne des Kolonialismus und der defizitären Dokumentation klar, dass sich heute viele Fragen nicht mehr eindeutig klären lassen. Auf den Punkt gebracht: Das Geld, das für Provenienzforschung zu Sammlungsgut, Digitalisierung und den Aufbau einer internationalen Datenbank ausgegeben wird, kann nicht gleichzeitig für die Erforschung der Kolonialgeschichte und ihrer heutigen Auswirkungen, für Programme zum Abbau von strukturellem Rassismus oder die Errichtung einer zentralen Gedenkstätte für die Opfer des Kolonialismus ausgegeben werden. Um den Kolonialismus als systematisches Unrechtssystem anzuerkennen und die Notwendigkeit einer gesamtgesellschaftlichen Aufarbeitung seiner Funktionsweise und der heutigen Auswirkungen zu betonen, gaben die mehrheitlich SPD-geführten Länder Berlin, Hamburg, Brandenburg, Bremen und Thüringen eine ergänzende Protokollerklärung ab.[342]

341 Vgl. beispielsweise den Benin-Dialog: http://docs.dpaq.de/14096-statement_from_the_benin_dialogue_19_october_2018_16.33.pdf (20.5.2019).

342 Vgl. https://www.berlin.de/sen/kulteu/aktuelles/pressemitteilungen/2019/pressemitteilung.792450.php (20.5.2019). Dort ist das pdf-Dokument zum Herunterladen zu finden: protokollerklaerung-zu-den-ersten-eckpunkten-umgang-mit-sammlungsguetern_20190313.pdf.

Bereits vor Abschluss des Koalitionsvertrages 2018 hatte die AfD im Bundestag eine Große Anfrage zum Thema *Provenienzforschung* gestellt, mit zahlreichen Detailfragen zu den damit verbundenen Ressourcen und Verfahrenswegen.[343] Im Vorfeld der Erstellung der *Ersten Eckpunkte zum Umgang mit Sammlungsgut aus kolonialen Kontexten* hatte sich der Deutsche Kulturrat[344] geäußert, und stellten die Fraktionen von BÜNDNIS 90/DIE GRÜNEN und FDP Anträge, die die Notwendigkeit der Aufstockung von Mitteln für die Provenienzforschung und die damit verbundene länderübergreifende Zusammenarbeit innerhalb Deutschlands, aber vor allem auch mit Herkunftsstaaten/Herkunftsgesellschaften, betonen. Als weitere Schwerpunkte zum Thema plädiert der Antrag für ein transnationales Förderprogramm zur Aufarbeitung der deutschen Kolonialherrschaft und die Einrichtung eines entsprechenden zentralen Erinnerungs- und Lernortes.[345] In dem Antrag der FDP wurde die Notwendigkeit einer internationalen Ethikkommission betont.[346]

Zur Beratung dieser Anträge fand Anfang April 2019 eine Anhörung mit Experten/Expertinnen im Ausschuss Kultur und Medien statt.[347] Während der Anhörung kristallisierten sich erste parteipolitische Positionierungen heraus. Es wurde deutlich, dass die geladenen Experten/Expertinnen entsprechend ausgewählt waren, daher viele verschiedene Aspekte einbrachten, die teilweise untereinander nicht widerspruchsfrei vereinbar sind.[348] In der Ausschussdebatte lehnte die AfD die pauschale Verurteilung des Kolonialismus als Unrechtssystem ab und betonte dessen zivilisatorische Leistungen

343 Vgl. Antwort der Bundesregierung auf die Große Anfrage der Fraktion der AfD *Aufarbeitung der Provenienz von Kulturgut aus kolonialem Erbe in Museen und Sammlungen* vom 13.1.2018 (Drucksache 19/6539).

344 Vgl. https://www.kulturrat.de/positionen/vorschlaege-zum-umgang-mit-sammlungsgut-aus-kolonialen-kontexten/, 20.2.2019 (21.5.2019).

345 Vgl. Antrag der Fraktion BÜNDNIS 90/DIE GRÜNEN *Zur kulturpolitischen Aufarbeitung unseres kolonialen Erbes* vom 13.2.2019 (Drucksache 19/7735).

346 Antrag der Fraktion der FDP *Kulturpolitische Aufarbeitung des Sammlungsgutes aus kolonialen Kontexten* vom 19.3.2019 (Drucksache 19/9545).

347 Vgl. https://www.bundestag.de/dokumente/textarchiv/2019/kw14-pa-kultur-medien-631622, 3.4.2019 (20.5.2019).

348 Vgl. Jörn Häntzschel: Bis die Ziffern rot werden. Ein Strudel aus Kompetenz und Ahnungslosigkeit, Engagement und Leerlauf: Der Kulturausschuss des Bundestages debattiert über Raubkunst und die deutsche Kolonialgeschichte, 4.4.2019: https://www.sueddeutsche.de/kultur/kulturpolitik-bis-die-ziffern-rot-werden-1.4396364 (8.5.2019).

für die entsprechenden Regionen. Von Seiten BÜNDNIS 90/DIE GRÜNEN wird hingegen die Notwendigkeit einer dezidierten Verurteilung des deutschen Kolonialregimes gefordert, mit entsprechenden Zeichensetzungen wie Straßenumbenennungen, Gedenkveranstaltungen und zentralen Erinnerungsorten. Die CDU scheint sich auf die am Sammlungsgut orientierte Bearbeitung des Themas durch Provenienzforschung und Digitalisierung zu konzentrieren. Ihrer gesellschaftlichen Grundausrichtung entsprechend, betont die SPD die Schwerpunkte *Abbau von strukturellem Rassismus* und *Förderung einer gesamtgesellschaftlichen Diskussion*. Im Interesse des Themas wäre aus meiner Sicht zu wünschen, dass diese unterschiedlichen Schwerpunktsetzungen nicht in Konkurrenz zueinander gebracht, sondern als sich ergänzende Aspekte verstanden werden. So könnte folgen, dass je nach Regierungsparteien und Interessengruppierungen in den Bundesländern und Kommunen sehr unterschiedliche Schwerpunkte gesetzt werden und damit quasi arbeitsteilig erprobt und vorangebracht werden.

So sinnvoll alle Aspekte sind, so sehr stellt sich doch letztendlich die Frage, ob dies aus Sicht der Nachfahren/Nachfahrinnen der einst kolonialisierten Menschen – sowohl in Afrika als auch in Europa – tatsächlich die relevanten Themen sind. Denn bisher sind sie weder in den gesellschaftlichen Debatten, in zivilgesellschaftlichen Bündnissen, Museen, wissenschaftlichen Gremien noch im politischen System in angemessener Weise vertreten. Insofern müsste es aus meiner Sicht der erste Schritt sein, Schwarze Perspektiven in diese Diskurse zu holen: nicht als Berater/-innen, sondern als Entscheidungsträger/-innen. Erst dann sollte über konkrete Projekte, Prioritäten und Geldverteilung entschieden werden. Denn sicher ist, dass es natürlich auch unter Schwarzen Menschen viele verschiedene Ansichten gibt, die bei aller Differenz untereinander dennoch sowohl in Europa als auch in den Herkunftsländern/Herkunftsgesellschaften die bisherigen Debatten als sehr um sich selbst kreisend und *weiß* wahrnehmen. Im Sinne der Kritischen Weißseinsforschung bedeutet *weiß* hier das Privileg, sich selbst als Norm zu definieren, zwar Einzelaufgaben anzuerkennen und abzuarbeiten, ohne jedoch die Notwendigkeit der Infragestellung des handelnden Selbst zu betonen. Weiterhin findet die Debatte um das koloniale Erbe unter den Bedingungen eines strukturellen Ungleichgewichts statt, sind doch die Nachfahren/Nachfahrinnen der einst Kolonialisierten auf den guten Willen und die Entscheidungen der Nachfahren/Nachfahrinnen der ehemaligen Kolonialmächte angewiesen.[349]

Vielfältige Zugänge und andere Prioritäten

Die weiterhin bestehende globale ökonomische Ungleichheit und Machtasymmetrie als zentrale Folge des Kolonialismus gerät in den sehr *weißen* museumsbezogenen Debatten häufig aus dem Blick. Eine konsequente Beteiligung Schwarzer Menschen in allen Projektetappen würde zu einer besseren Verzahnung der Spezialdiskurse mit dem historischen Kontext und den heutigen Gesellschaftsauswirkungen führen. Die zunehmend wichtige Rolle von Bürgerwissen auch in der Wissenschaft ist in dem *Grundsatzpapier des Bundesministeriums für Bildung und Forschung zur Partizipation* ausgeführt.[350] Auch die Bundesregierung hat sich bereits klar zum Thema *Bürgerwissen* positioniert.[351] Als Erfolgsfaktoren für Partizipationsverfahren nennt sie: Aktualität des Gegenstands und Betroffenheit der Beteiligten, ein Konzept für die Kontinuität des Prozesses, ein breiter Einsatz von Methoden sowie die Beachtung der Kontext- und Zielgruppengerechtigkeit, eine sorgfältige Akteursanalyse für eine passende Akteursgruppenzusammenstellung, Transparenz über Einflussmöglichkeiten, lokale Vernetzung, Berücksichtigung von Praxisbedürfnissen, Mitverantwortung aller Akteure/Akteurinnen für den Gesamtprozess, gemeinsame Sprache aller sowie die Neutralität der Prozessleitung.

Insofern stellen die in diesem Kapitel genannten Grundsatzpapiere zu den Themen struktureller Rassismus, Erinnerungskultur und Umgang mit Sammlungsgut sowie die verschiedenen parteipolitischen Positionierungen

349 Diesen Aspekt betonte Louis Henri Seukwa, Professor für Erziehungswissenschaften an der Hochschule für Angewandte Wissenschaften Hamburg, sowohl in der Anhörung des Ausschusses für Kultur und Medien am 3.4.2019 (vgl. https://www.bundestag.de/dokumente/textarchiv/2019/kw14-pa-kultur-medien-631622, 20.5.2019) als auch bei der Podiumsdiskussion zum Umgang mit dem kolonialen Erbe in Bremen am 16.5.2019. Vgl. hierzu die Dokumentation im Anhang.

350 Vgl. https://www.zukunft-verstehen.de/application/files/3614/6824/6051/grundsatzpapier_partizipation_barrierefrei.pdf (13.5.2019).

351 Vgl. Antwort der Bundesregierung vom 27.7.18 auf die Kleine Anfrage der Fraktion BÜNDNIS 90/DIE GRÜNEN *Bürgerwissenschaft und Partizipation in der Forschung* (Drucksache 19/3625).

zum Themenfeld *Kolonialismus und seine Folgen* den politischen Rahmen dar und benennen die Maßstäbe, nach denen der ›Erfolg‹ des Auseinandersetzungsprozesses bzw. eine angemessene Umsetzung von Projekten in den nächsten Jahren bewertet werden kann. Insbesondere auf die Weiterentwicklung folgender Aspekte dürfen wir gespannt sein:

- Die erste Fassung des Leitfadens des Deutschen Museumsbundes zum Umgang mit Sammlungsgut aus kolonialen Kontexten wurde erst nach Fertigstellung mit internationalen Experten/Expertinnen diskutiert. Die zweite ergänzte Fassung des Leitfadens wurde im Sommer 2019 vorgelegt. Es soll eine dritte Fassung folgen. Ein Detailvergleich zeigt, inwiefern sich thematische oder methodische Verschiebungen durch den Austausch mit betroffenen Herkunftsstaaten/Herkunftsgesellschaften ergeben – bzw. auch nicht.
- Die Bund-Länder-Arbeitsgruppe *Koloniales Erbe* hat den Auftrag, in einem Modellprojekt eine neue Anlaufstelle zu schaffen und zu erproben, in der länderübergreifend eine Vernetzung zum Thema *Provenienzforschung zu Sammlungsgut aus kolonialen Kontexten* erfolgen kann, mit dem Ziel, eine internationale Transparenz über diese Sammlungsbestände herzustellen. Gleichfalls wird die Notwendigkeit einer Austauschplattform zum internationalen Umgang mit Rückgabewünschen gesehen. Dabei wird von entscheidender Bedeutung sein, inwiefern Bund und Ländern bei dieser Aufgabe, unter Einbezug der Herkunftsstaaten/Herkunftsgesellschaften und der deutschen Zivilgesellschaft, eine gute Zusammenarbeit gelingt, so dass tatsächlich gemeinsame Kriterien für die Provenienzforschung entwickelt werden.
- Im Bundeshaushalt 2019 sind acht Millionen Euro zur Schaffung einer Agentur für Internationale Museumskooperation vorgesehen, in den Folgejahren sollen jeweils fünf Millionen zur Verfügung gestellt werden.[352] Ziel ist es, deutsche Museen international sichtbarer zu machen und andere Länder, insbesondere in Afrika, bei dem Aufbau einer eigenständigen Museumsarbeit zu unterstützen.
- Für den Förderbeirat des Deutschen Zentrums Kulturgutverluste gelang es nicht, Menschen afrikanischer Herkunft zu berufen. Die eigentliche

352 Vgl. die Antwort der Bundesregierung auf die Kleine Anfrage der Fraktion der FDP *Agentur für Internationale Museumskooperation* vom 21.3.2019 (Drucksache 19/8706).

Notwendigkeit wurde in der Konstituierungsphase zwar angesprochen, den an dieser Stelle verantwortlichen *weißen* Menschen waren aber keine entsprechend ausgebildeten Schwarzen Menschen bekannt, die hätten gefragt werden können. Zukünftig muss ergründet werden, ob diese Wissenslücke durch verstärkte internationale Kooperationen geschlossen werden kann oder die Kriterien zur Berufung in solche Entscheidungsgremien derart verändert werden müssen, dass die sich in ihren Ausbildungs- und Interessensschwerpunkten abbildenden Kompetenzen Schwarzer Menschen berücksichtigt werden.

- Um die Konstituierung eines dem Thema angemessen besetzten Beirats für den runden Tisch *Koloniales Erbe* in Hamburg wurde über mehrere Jahre gerungen. Auf der Grundlage einer Analyse der Beteiligten wurde ein Repräsentationsschema entwickelt, so dass Menschen aus afrikanischen Communitys in der Mehrzahl, *weiße* Solidarische Initiativen berücksichtigt und Kultureinrichtungen in der Minderheit sind (vgl. Abb. 26 im Anhang). Dabei wurden bewusst nicht Repräsentanten/Repräsentantinnen von Communitys/Vereinen/Institutionen, sondern sich durch ihre Arbeit hervorgetane Einzelpersonen berufen.[353] Aufgabe des Beirates ist es, die Entstehung eines postkolonialen Erinnerungskonzeptes für die Freie und Hansestadt Hamburg fachlich zu begleiten.
- Schwarze Menschen werden von *weißen* Institutionen zunehmend als Experten/Expertinnen zum Thema *Kolonialismus und seine Folgen* gefragt. Aufgrund der Tatsache, dass sie in Deutschland in den Bereichen Museum, Wissenschaft, Verwaltung und Politik unterrepräsentiert sind, ist zumeist von Anfang an ein ökonomisches und beschäftigungsstrukturelles Ungleichverhältnis gegeben. Daher wird derzeit in verschiedenen Kontexten intensiv über neue Systeme der Honorierung nachgedacht. Dass eine ehrenamtliche Tätigkeit in diesem Zusammenhang die Ausnahme sein sollte, hat sich inzwischen durchgesetzt. Die Spanne reicht von symbolischen Aufwandsentschädigungen bis zu Honoraren in Anlehnung an Empfehlungen für freiberuflich Tätige. Hürde dabei ist etwa die Frage, ob das Expertenwissen einer Schwarzen Person eher demjenigen des museumspädagogischen oder des museumswissenschaftlichen Personals entspricht, liegen doch häufig keine vergleichbaren Berufsabschlüsse vor.

---

353 Vgl. https://www.hamburg.de/pressearchiv-fhh/12437812/beirat-zur-aufarbeitung-der-hamburger-kolonialgeschichte-berufen/, 9.4.2019 (20.5.2019).

- Um tatsächliche Veränderungen in Programm, Publikum und Personal in den Kultureinrichtungen zu erreichen, hat die Bundeskulturstiftung das *Förderprogramm 360° – Fonds für Kulturen der Stadtgesellschaft* aufgelegt. Bewusst wurde für diese Stellen nach Menschen mit Migrationshintergrund, *People of Color*, Schwarzen Deutschen gesucht. Die Stellen sind mit der Gehaltsstufe E13 wissenschaftlichen Kuratoren gleichgestellt, direkt an die Einrichtungsleitungen angebunden und haben eine Laufzeit von vier Jahren. Damit wurden notwendige Rahmenbedingungen für einen wirklichen Wandel der Institutionen von innen geschaffen. Ob dies auch gelingt und vor allem, ob diese Stellen tatsächlich von dem gesuchten Personenkreis besetzt wurden oder Strukturbedingungen gegeben waren, aus denen heraus erneut mehrheitlich *weiße* Menschen eingestellt wurden, wird erst nach Ablauf des Programms evaluiert werden können.

Ausblick

Dieses Buch beginnt mit der intellektuellen Argumentation, warum das Thema *Koloniales Erbe in Museen* von gesellschaftlicher Relevanz ist. Am Ende dürfte deutlich geworden sein: Diese Argumentation richtet sich an *weiße* Leser/-innen, denn Schwarzen Menschen ist dies täglich gegenwärtig. In den letzten 15 Jahren haben sich durch heftige emotionale Reaktionen, neugierige Fragen und persönliche Anmerkungen sehr unterschiedlicher Menschen meine Vorstellungen dessen, was Kritische Weißseinsforschung sein kann, stetig weiterentwickelt – und ich möchte sie keinesfalls als abgeschlossen verstanden wissen. Als *weiße* Person im System sehe ich es als meine Aufgabe an, die Selbstverständlichkeiten für Einzelne in die breite Fachöffentlichkeit zu kommunizieren.[1] Dabei habe ich gelernt, dass die Zuspitzung von Positionen für den gedanklichen Fortschritt der Theorie ebenso wichtig ist wie das behutsame Vortasten in der zwischenmenschlichen Kommunikation darüber. Es muss beides geben, was dann aber aufgrund der faktischen Gegensätzlichkeit unvereinbar ist. Konkret: Es bedarf radikaler Referenten/Referentinnen wie der Autorin Noah Sow, die eine dezidiert Schwarze Position vertritt und keine Fragen des *weißen* Publikums zulässt.[2] Es ist eine wirkungsvolle und provokante Art, zu vermitteln, wie es ist, nicht sprechen zu dürfen bzw. nicht gehört zu werden. Gleichfalls bedarf es Vermittler/-in-

---

1 Reni Eddo-Lodge gibt *weißen* Menschen eine klare Anleitung, was sie tun können: »Weiße fragen mich oft sehr ernst, was sie tun können, um dabei zu helfen, dem Rassismus ein Ende zu setzen [...]. Weiße sollten Gruppen, die die entscheidende Arbeit tun, finanziell oder organisatorisch unterstützen. Oder in heiklen Situationen als Unbeteiligte einschreiten. Sich in exklusiv weißen Umfeldern für antirassistische Anliegen einsetzen. Weiße, ihr müsst mit anderen Weißen über Hautfarbe sprechen. Ja, ihr werdet vielleicht als radikal abgelehnt, aber ihr habt nur wenig zu verlieren.« Reni Eddo-Lodge: Warum ich nicht länger mit Weißen über Hautfarbe spreche, Stuttgart 2019 (1. engl. Aufl. 2017).

2 Noah Sow: Deutschland Schwarz Weiß. Der alltägliche Rassismus, München 2009.

nen wie Virginie Kamche, die als Fachpromotorin für Migration, Diaspora und Entwicklung immer wieder aufs Neue bereit ist, *weißen* Menschen zu erklären, wo und wie struktureller Rassismus in unserer Gesellschaft täglich präsent ist. Mehr Gehör als Sow bekommt sie trotzdem nicht. – Sind wir fit für die Zukunft, wenn es um eine faire und gleichberechtigte Auseinandersetzung zwischen den Nachfahren/Nachfahrinnen der Kolonialisatoren/Kolonisatorinnen und der Kolonisierten geht? Nein, noch lange nicht. Was dürfen wir hoffen? – Das Sichtbar-Machen der Differenzen verstehe ich als Voraussetzung dafür, um den in die Zukunft gerichteten Wunsch, für jeden einzelnen Menschen als *zoon politikon* gleiche Voraussetzungen zu denken, ernsthaft umsetzen zu können.[3] Man ginge sonst von falschen Tatsachen aus. Und so sind die im Anhang zu findenden, sehr einfach geschriebenen und für jeden Menschen verständlichen *Kulturpolitischen Leitlinien zum Umgang mit dem kolonialen Erbe in Bremen* ein konsequentes Ergebnis aus vielen gedanklichen Schleifen in den vorherigen Kapiteln und einem sich über drei Jahre erstreckenden Bürgerdialog in Bremen. Sie sind die praktische Antwort auf die theoretische Eröffnung des Themas im Vorwort.

Wenn es gelungen ist, *weißen* Lesern/Leserinnen Lust auf das Thema zu machen, sie sich frei machen können von Verlustängsten und Vorurteilen, sie den Mut aufbringen, Schwarze Menschen zu fragen und ihnen zuzuhören, hat dieses Buch seinen Zweck mehr als erfüllt. Die Analyse des kolonialen Erbes mittels Kritischer Weißseinsforschung liefert Erkenntnisse über Mechanismen der Kulturdefinition und gesellschaftlicher Machtausübung, die über das wissenschaftliche Spezialthema hinaus von viel allgemeinerem Interesse sind: Es geht darum, auf der Grundlage der Werte Freiheit, Gleichheit und Solidarität Mensch zu sein.

3 Reni Eddo-Lodge dazu: »Hautfarbe zu sehen ist eine Voraussetzung, um das System zu verändern.« Eddo-Lodge 2019, S. 95.

Anhang

1. Kulturpolitische Leitlinien zum Umgang mit dem kolonialen Erbe in Bremen[1]

Das Land Bremen hat die *Ersten Eckpunkte zum Umgang mit Sammlungsgut aus kolonialen Kontexten der Staatsministerin des Bundes für Kultur und Medien, der Staatsministerin im Auswärtigen Amt für internationale Kulturpolitik, der Kulturministerinnen und Kulturminister der Länder und der kommunalen Spitzenverbände* vom 13. März 2019 mit verabschiedet und zudem die Protokollerklärung der Länder Berlin, Hamburg, Thüringen, Brandenburg und Bremen zu den *Ersten Eckpunkten zum Umgang mit Sammlungsgut aus kolonialen Kontexten* vom 13. März 2019 mit formuliert. Diese Eckpunkte wird der Senator für Kultur für das Land Bremen im Dialog mit den Kultureinrichtungen weiterentwickeln. Er sieht das Thema allerdings eingebettet in den größeren Kontext *Kolonialismus und seine Folgen*, zu dem er seit 2016 einen Bürgerdialog moderiert.

Zum historischen Hintergrund: Kolonialismus und seine Folgen

Das Thema hat in Bremen eine lange Tradition. Seit mehr als 100 Jahren unterhält die Freie Hansestadt Bremen Beziehungen zu den ehemaligen deutschen Kolonien in Afrika. Der Bremer Kaufmann Adolf Lüderitz erwarb 1883 umfangreichen Landbesitz um Angra Pequena in Südwestafrika. Er täuschte seine Vertragspartner bei den Verhandlungen und bezahlte einen sehr geringen Preis. 1884 ließ er seine Ländereien mithilfe des deutschen

1 Der folgende Text wurde von der Deputation für Kultur am 30. April 2019 in Bremen einstimmig von Vertretern und Vertreterinnen der SPD, BÜNDNIS 90/DIE GRÜNEN, CDU, FDP, LINKE beschlossen.

Kanzlers Otto von Bismarck unter den Schutz des Deutschen Wilhelminischen Kaiserreichs stellen. Die namibische Wirtschaft wurde – so sie überhaupt einen relevanten Faktor darstellte – auf die Bedürfnisse des Deutschen Reiches ausgerichtet. Der grausame Höhepunkt der darauf folgenden Konflikte zwischen den dort lebenden Menschen und den deutschen Kolonialherren/-herrinnen war der Völkermord an den Herero und Nama, die von 1904 bis 1908 gegen die deutsche Fremdherrschaft kämpften. Da die deutsche Kolonialherrschaft im heutigen Namibia durch den Bremer Lüderitz initiiert wurde, sieht Bremen für sich seit den 1970er Jahren eine besondere Verantwortung für das Thema *Kolonialismus und seine Folgen*.

Nach dem ersten Weltkrieg musste das Deutsche Reich aufgrund des Versailler Vertrags seine afrikanischen Kolonien an Frankreich und Großbritannien übergeben. Die deutsche Bevölkerung wollte das aber nicht akzeptieren. Zahlreiche Vereinigungen warben für den Wiedergewinn der Kolonien und eine Rückkehr des deutschen Handels nach Afrika. Höhepunkt dieser Aktivitäten in Bremen war 1932 die Einweihung der Elefanten-Skulptur von Fritz Behn am Hauptbahnhof als Reichskolonialehrenmal. 1987 wurde es in ein Anti-Kolonial-Denk-Mal umgewidmet. 2009 wurde daneben ein Denkmal für die ermordeten Herero und Nama eingeweiht.

In den 1970er Jahren nahm die Freie Hansestadt Bremen als einziges Bundesland eine eindeutige Positionierung gegen die Südafrika-Politik der Bundesregierung ein und wurde Teil des Bündnisses *Städte gegen Apartheid*. Im Rahmen des bilateralen Kooperationsprojektes der Universität Bremen und des Instituts der Vereinten Nationan für Namibia *Politische Landeskunde Namibia* entstand neben dem sozialkundlichen Textbuch *Our Namibia* für Schüler/-innen in Namibia auch das *Lernbuch Namibia* für Schüler/-innen in Bremen. Aus dem Kulturbereich waren das Übersee-Museum und das Staatsarchiv in Bremen wichtige Kooperationspartner.

Das Landesamt für Entwicklungszusammenarbeit wurde 1979 gegründet, das erste seiner Art in einem deutschen Bundesland. Seit 1988 wird alle zwei Jahre der Bremer Solidaritätspreis verliehen. Damit stärkt der Senat Menschen und Gruppen, die sich gegen die Folgen von Kolonialismus und Rassismus wehren. Erster Preisträger waren Nelson und Winnie Mandela, was erhebliche politische Debatten in Bremen auslöste. Die gemeinsame Enthüllung der Gedenktafel am Anti-Kolonial-Denk-Mal zur Erinnerung an die Opfer des deutschen Kolonalismus durch den Präsidenten Sam Nujoma und den Senatspräsidenten Henning Scherf 1996 war ein weiteres Versöhnungszeichen. Die 2016 in dritter Auflage erschienenen *Entwicklungspolitischen Leitlinien des Landes Bremen* stehen in dieser Tradition.

Das Projekt *Politische Landeskunde Namibias* ging mit Ausweitung der Arbeit ins Zentrum für Afrikastudien auf, später umbenannt in Zentrum für Afrika- und Migrationsstudien. Seit der Unabhängigkeit Namibias 1990 wurde ein Schwerpunkt des Zentrums nach Namibia verlagert. Mit der Gründung des Instituts für postkoloniale und transkulturelle Studien (INPUTS) verankerte die Universität Bremen einen neueren Forschungsansatz: Spuren und Effekte kolonialer Geschichte sowohl in globalen Zusammenhängen als auch im Alltag in Bremen in den Blick zu nehmen.

Der Bürgerdialog *Kolonialismus und seine Folgen* 2016-2019

Der Kolonialismus war ein System von Herrschafts-, Gewalt- und Ausbeutungsverhältnissen, das auf der Vorstellung biologisch und kulturell ungleichwertiger Menschen beruhte. Heute werden Alltagsgegenstände, Kunstwerke und auch menschliche Überreste in Museen, aber auch politische Systeme, Traditionen und die Art zu denken, die auf die Zeit des Kolonialismus zurückgehen, mit dem Begriff *Koloniales Erbe* zusammengefasst. Es ist die Übersetzung des international üblichen Begriffs *colonial heritage*. Diese kolonialen Spuren wirken bis heute fort, in den ehemals kolonialisierten Ländern, aber auch in Europa.

Nachfahren/Nachfahrinnen der ehemaligen Kolonialmächte haben – historisch begründet – andere Interessen an Erinnerungsarbeit als die der einst von Versklavung betroffenen Nationen. Es eint sie dennoch der Wunsch, das Wissen über den Kolonialismus und seine Folgen zu verbreiten und in der Gegenwart die allgemeinen Menschenrechte zu verwirklichen und nachkoloniales Verhalten zu überwinden. Menschen afrikanischer Herkunft, solidarische Initiativen, Mitarbeiter/-innen aus den Museen, Theatern und Kulturzentren in Bremen sowie Wissenschaftler/-innen der Universität haben in den letzten Jahren über den Kolonialismus und seine Folgen in Bremen diskutiert. Der Senator für Kultur hat diesen Bürgerdialog moderiert.

Eine offensive Auseinandersetzung mit Alltagsrassismus, das Aufzeigen seiner Wurzeln im Kolonialismus, der Umgang mit Sammlungsgut aus kolonialen Kontexten, die Förderung erinnerungskultureller Projekte, das Sichtbarmachen kolonialer Spuren im öffentlichen Raum und partnerschaftliche Beziehungen mit den Gesellschaften ehemals kolonialisierter Länder sieht der Senator für Kultur als miteinander verwobene und nicht voneinander zu trennende Aspekte des Umgangs mit dem kolonialen Erbe an.

Auf dieser Grundlage wurden die vorliegenden kulturpolitischen Leitlinien zum Umgang mit dem kolonialen Erbe erarbeitet. Es ist ein erster Versuch, den Kultureinrichtungen eine Orientierung zu geben und ihnen zu sagen, auf was es ankommt, wenn sie mit Menschen afrikanischer Herkunft zusammenarbeiten wollen. Es ist die Absicht, damit diesen Menschen zu zeigen, dass ihre besonderen Kompetenzen anerkannt und gebraucht werden. Die gesellschaftliche Vielfalt soll in Programm, Publikum und Personal der Kulturszene sichtbar werden. Junge Menschen brauchen Vorbilder, die ihnen zeigen, dass Menschen afrikanischer Herkunft die Institutionen mitgestalten.

1. *Zusammenarbeit mit Menschen aus ehemals kolonialisierten Ländern*
   Viele Bremer Museen, Theater und Kulturzentren arbeiten inzwischen regelmäßig mit dem Afrika Netzwerk Bremen – aber auch anderen Communitys – zusammen. Projekte wie das *Festival der Kulturen* machen Mut, dass eine intensivere Zusammenarbeit gelingen kann. Sowohl Vereine als auch Institutionsleitungen wünschen sich den Kontakt. Die Vereine fühlen sich aber häufig durch das Programm nicht angesprochen und den Institutionen fehlen entsprechende Rückmeldungen zu ihrem Programm. Sie möchten im Dialog Neues lernen, ihre Institutionen weiterentwickeln und Perspektivwechsel möglich machen. Dafür ist von beiden Seiten der erste Schritt, Kontakt zu suchen, zuzuhören und Fragen zu stellen.
   Der Senator für Kultur wird im Dialog mit der Bevollmächtigten beim Bund für Europa und Entwicklungszusammenarbeit prüfen, inwiefern internationale Kooperationen und Kulturaustauschprojekte mit Kultureinrichtungen in ehemals kolonialisierten Ländern in Zukunft ausgebaut werden können, etwa durch Artist-in-Residence-Programme mit der Partnerstadt Durban und mit Windhoek.

2. *Abbau von strukturellem Rassismus*
   Der Senator für Kultur hat aus dem Bürgerdialog *Kolonialismus und seine Folgen* heraus für sich den Schwerpunkt *Abbau von strukturellem Rassismus* definiert, denn dieser Aspekt war den Nachfahren/Nachfahrinnen der einst kolonialisierten Menschen das wichtigste Anliegen.

Spracherwerb, Sprachentwicklung und Sprachsensibilität sind wichtige Voraussetzungen, um die eigene Perspektive in den gesellschaftlichen Dialog einbringen zu können. Insbesondere Volkshochschule und Stadtbibliothek machen Angebote in diesem Bereich. Weitere Kultureinrichtungen entwickeln hierzu ebenfalls vermehrt Veranstaltungen. Damit öffnen sie sich neuen Bevölkerungsgruppen, die ihrerseits die Institutionen zu einer veränderten Haltung gegenüber ihren Besuchern und Besucherinnen anregen.
Interkulturelle Weiterbildungen und die Sensibilisierung für Alltagsrassismus sind für die Mitarbeiter/-innen in der Verwaltung und in den Kultureinrichtungen wichtig. Schwarze Menschen – also Menschen, die Rassismus ausgesetzt sind – und Menschen mit Migrationserfahrung sind Experten/Expertinnen auf diesen Gebieten. Die Kultureinrichtungen benötigen ihre Kompetenzen, um eigene blinde Flecke zu erkennen. Offizielle Texte und Bilder sollten einer Diversity-Prüfung standhalten. Bei Stellenausschreibungen wird bereits ein Migrationshintergrund als erwünscht aufgeführt. Die damit beabsichtigte Förderung Benachteiligter kann so weiterentwickelt werden, dass die spezifischen Kompetenzen der gemeinten Personen anerkannt, angesprochen und honoriert werden. In Entscheidungsgremien sind ihre Kompetenzen zur Wahrnehmung der deutschen Gesellschaft aus einer sehr spezifischen Minderheitenposition heraus und zur Thematisierung des kolonialen Erbes in Geschichte und Gegenwart in Deutschland unterrepräsentiert.

3. *Vernetzung von Kulturszene, Communitys und solidarischen Initiativen*
Der Senator für Kultur hat einen Verteiler mit dem Namen *Kolonialismus und seine Folgen* aufgebaut. Hierüber werden Informationen und Veranstaltungen zu diesem Themenkomplex an Interessierte bekannt gegeben. Zukünftig wird mindestens einmal im Jahr ein Vernetzungstreffen für Kultureinrichtungen, Communitys und solidarische Initiativen organisiert, über das in der Deputation für Kultur öffentlich berichtet wird. Darüber hinaus koordiniert die Referentin für interkulturelle Kulturarbeit beim Senator für Kultur regelmäßig interkulturelle Vernetzungstreffen. Die vier 360°-Referenten/Referentinnen für gesellschaftliche Vielfalt beim Theater Bremen, der Stadtbibliothek, dem Focke-Museum und der Kunsthalle sind daran beteiligt, so dass weitere Einrichtungen und die freie Szene von ihren Erfahrungen profitieren können. Das

Thema *Kolonialismus und seine Folgen* wird von uns als untrennbar von der interkulturellen Kulturarbeit verstanden.

4. *Kolonialismus und seine Folgen als Thema in den Kultureinrichtungen*
Viele Bremer Museen, Theater und Kulturzentren haben sich dem Thema *Kolonialismus und seine Folgen* zugewandt, etwa durch das Tanzfestival *Africtions*. Aus den Erfahrungen wird gelernt und die Projekte werden weiterentwickelt. Bei einzelnen Themen sollten Menschen afrikanischer Herkunft als Experten/Expertinnen gefragt werden, ob sie eine Verbindung zum Kolonialismus bzw. seinen Folgen sehen. Insbesondere Museen haben das Potential, sich als Plattform für neue Perspektiven zu verstehen. Sie können dazu beitragen, die Wurzeln des Alltagsrassismus im Kolonialismus zu erklären und das durch den Kolonialismus geprägte Afrika-Bild in der heutigen Gesellschaft zu verändern.
Die Kunsthalle Bremen ist mit ihrer Sonderausstellung *Der blinde Fleck. Bremen und die Kunst in der Kolonialzeit* (2017) der Verknüpfung der Geschichte des Kunstvereins mit der Handelsgeschichte der Stadt nachgegangen.
Das Focke-Museum hat in seinen Sonderausstellungen *Protest und Neuanfang. Bremen nach ´68* (2017/18) und *Experiment Moderne. Bremen nach 1918* (2018/19) den Kolonialismus und seine Folgen in den jeweiligen Zeitabschnitten thematisiert. In der neuen Dauerausstellung soll dies ebenfalls als untrennbarer Teil der bremischen Stadtgeschichte dargestellt werden.
Das Übersee-Museum wird im Herbst 2019 einen neuen Teil der Dauerausstellung zur Geschichte des Hauses eröffnen. Dafür wurde die Herkunftsgeschichte von Sammlungsgut aus ehemaligen deutschen Kolonialgebieten in besonderer Weise erforscht. Die Ergebnisse und der teilweise noch zu klärende Umgang damit werden Bestandteil der Ausstellung sein.
Bei diesen Projekten werden neue Arten der Zusammenarbeit mit afrikanischen Communitys ausprobiert, die im Anschluss evaluiert und verbessert werden können.
Projektanträge von Künstlern/Künstlerinnen, die sich dem Thema mit künstlerischen Ideen nähern, sind im Rahmen der allgemeinen Projektmittelvergabe durch den Senator für Kultur möglich.

5. *Erforschung der Herkunftsgeschichte von Sammlungsgut*
Über Sammlungsbestände aus kolonialen Kontexten ist Transparenz herzustellen. Mittelfristig sollen sie dokumentiert, digitalisiert und in Datenbanken international zugänglich gemacht werden. Da dies für die Museen sehr viel Arbeit bedeutet und entsprechende Finanzmittel voraussetzt, kann es nur schrittweise und projektbezogen umgesetzt werden.
Provenienzforschung muss ergebnisoffen sein und idealerweise in Abstimmung mit den Herkunftsstaaten bzw. Herkunftsgesellschaften erfolgen. Die Erforschung der Herkunfts- und Entstehungsgeschichte von Sammlungen ist zudem wichtig, um unrechtmäßig Erworbenes an die richtigen Herkunftsstaaten oder Herkunftsgesellschaften zurückgeben zu können. Viele Fragen können heute nicht mehr geklärt werden. Die Grenzen der eigenen Möglichkeiten können aber offen kommuniziert, die Besucher/-innen in diese Fragestellungen miteinbezogen werden.
Im Bereich der Provenienzforschung ist das Übersee-Museum bundesweit führend. Derzeit wird die Geschichte des Lüderitz-Museums erforscht, dessen koloniale Sammlungen sich im Bestand des Übersee-Museums befinden. In Kooperation mit dem Arbeitsbereich Globalgeschichte der Universität Hamburg werden die Sammlungsbestände aus den heutigen Ländern Kamerun, Namibia und Tansania erforscht. Die Ergebnisse werden Teil der neuen Dauerausstellung zur Geschichte des Hauses, die im Herbst 2019 eröffnet wird.

6. *Umgang mit Sammlungsgut aus kolonialen Kontexten*
Unter kolonialen Kontexten ist erheblich mehr zu verstehen als formale Kolonialherrschaft. Im Umgang mit Sammlungsgut aus kolonialen Kontexten und dem Thema *Kolonialismus* insgesamt ist interkulturelle Sensibilität gefragt. Es ist beispielsweise darauf zu achten, dass Objekte ihrem Inhalt entsprechend angemessen präsentiert und vermittelt werden. Es ist immer zu fragen: Sind die Beschreibungen und verwendeten Begriffe für Nachfahren/Nachfahrinnen aus ehemals kolonialisierten Ländern möglicherweise verletzend?
Menschliche Überreste Kolonialisierter gehören nicht in die Ausstellung. Sie sind an die Herkunftsstaaten/Herkunftsgesellschaften zurückzu-

geben, wenn von diesen gewünscht. Andernfalls sind sie würdig aufzubewahren.
Der Senator für Kultur und die Bremer Museen teilen die grundsätzliche Haltung, dass auch unrechtmäßig erworbenes Kulturgut zurückzugeben ist, sofern die Herkunftsstaaten bzw. Herkunftsgesellschaften dies wünschen. Dies gilt ausdrücklich auch für Fälle, in denen nach damaligem Recht juristisch korrekt gehandelt wurde, dies aus heutiger ethischer Sicht – auf der Grundlage der universell gültigen Menschenrechte – aber anders zu bewerten ist.

7. *Gedenken an den Völkermord an den Herero und Nama*
Zukünftig wird jährlich am 11. August eine öffentliche Veranstaltung in Bremen zum Gedenken an den Völkermord an den Herero und Nama durchgeführt, und zwar am Denkmal für die ermordeten Herero und Nama im Nelson-Mandela-Park. Am 11. August 1904 fand die entscheidende Schlacht von Ohamakari am Waterberg statt, infolge des von Generalleutnant Lothar von Trotha erteilten Vernichtungsbefehls. Die Landeszentrale für politische Bildung, das Afrika-Archiv und der Verein Der Elefant! werden diese Veranstaltung gemeinsam durchführen. Weitere Kooperationspartner/-innen sind willkommen!

8. *Orte mit Kolonialbezug als Erinnerungslandschaft gestalten*
Das Landesamt für Denkmalpflege stellte 1993 das Übersee-Museum und 2008 das Anti-Kolonial-Denk-Mal des Elefanten unter Denkmalschutz, als national bedeutende Erinnerungsstätten an die Kolonialzeit. Seit 2013 finden jährlich zum Tag des offenen Denkmals Veranstaltungen am Elefanten statt.
Das Staatsarchiv hat 2017 in Zusammenarbeit mit dem Bündnis Decolonize Bremen und dem Verein Der Elefant! Erklärungstexte für Straßennamen mit Kolonialbezug im Stadtteil Schwachhausen verfasst. Es ist das Ergebnis eines jahrzehntelangen Diskussionsprozesses im Stadtteil. Das Staatsarchiv bietet seine Unterstützung auch anderen interessierten Beiräten an, da Legenden und Umbenennungen von Straßennamen in der Zuständigkeit der einzelnen Stadtteilbeiräte liegen.
Bei der Frage zu Legenden für Straßennamen oder Umbenennungen gehen die Meinungen der Bürger/-innen weit auseinander. Der Senator für Kultur wird in Kooperation mit der Bevollmächtigten beim Bund für

Europa und Entwicklungszusammenarbeit und in Absprache mit der Senatskanzlei und der Beirätekonferenz eine Informationsveranstaltung durchführen, in der Ideen von Schülern/Schülerinnen und Anwohnern/Anwohnerinnen zum Umgang mit Orten und Straßennamen mit Kolonialbezug vorgestellt und diskutiert werden.
Das Staatsarchiv bietet seine Unterstützung an, wenn zu diesem Thema arbeitende gesellschaftliche Bündnisse ihre Erkenntnisse zu Straßennamen und Orten mit direktem oder indirektem Bezug zum Kolonialismus zusammenführen und veröffentlichen möchten. Straßenkarten und Führungen als Apps oder mittels QR-Codes sind denkbar.

9. *Länderübergreifende Kooperation*
Der Senator für Kultur steht in regelmäßigem Austausch mit den entsprechenden Behörden in Berlin und Hamburg, die ebenfalls einen parlamentarischen Auftrag zur Bearbeitung des Themas *Kolonialismus und seine Folgen* haben.
Bremen wird im Gespräch mit der Hamburger Behörde für Kultur und Medien prüfen, inwiefern eine digitale Vernetzung der Erinnerungslandschaften beider Länder sinnvoll ist und zu einer verbesserten regionalen Wahrnehmung des Themas beitragen kann. Ebenfalls wird das Kulturressort in dieser Angelegenheit eine Zusammenarbeit mit der Metropolregion prüfen.

10. *Mitarbeit in der Bund-Länder-Arbeitsgruppe Koloniales Erbe*
Der Senator für Kultur bringt die Erfahrungen im Land Bremen in die Bund-Länder-Arbeitsgruppe *Koloniales Erbe* ein. Dabei vertritt er die hier dargelegte Position eines ganzheitlichen Blicks auf das Thema *Kolonialismus und seine Folgen*. Der Senator für Kultur wird sich dafür einsetzen, dass der begonnene deutschlandweite Auseinandersetzungsprozess weitergeführt wird und für die im Eckpunktepapier genannten Handlungsfelder konkrete Umsetzungsschritte definiert werden.
Es ist eine Aufgabe zukünftiger länderübergreifender Dialoge mit den Herkunftsstaaten bzw. Herkunftsgesellschaften, Ideen zu entwickeln, wie das koloniale Erbe beispielsweise durch zirkulierende Ausstellungen, Dauerleihgaben und Austauschprogramme als gemeinsames globales Thema für die jeweils lokale Bevölkerung erfahrbar gemacht werden kann.

Der Senator für Kultur versteht sich als Moderator des in Bremen begonnenen Prozesses. Er sieht es als seine Aufgabe an, für Kulturinstitutionen und Zivilgesellschaft einen Rahmen für den Dialog zu schaffen, fachliche Anregungen zu geben, den Prozess zu strukturieren, auszuwerten und die Ergebnisse an die Beteiligten zurück zu kommunizieren.

Blickt man in die Geschichte des Themas Kolonialismus und seiner Aufarbeitung, ist festzustellen, dass gerade die Bewertung einzelner Aspekte – wie z.B. das Benutzen bestimmter Begriffe – und das Bevorzugen einzelner Perspektiven – z.B. die gängige Geschichtsschreibung – zu sehr viel Leid geführt haben. Deshalb ist dem Senator für Kultur die gleichwertige Bearbeitung der Aspekte Umgang mit Sammlungsgut aus kolonialen Kontexten, Erinnerungskultur und Abbau von strukturellem Rassismus wichtig.

Der laufende Prozess in Bremen ist die Kernidee eines neuen, postkolonialen Erinnerungskonzeptes: andauerndes Erinnern und multiperspektivisches, aktives Arbeiten vieler Menschen am Thema in der Gegenwart. Es handelt sich um eine generationenübergreifende Aufgabe der Sensibilisierung und des weltweiten Dialogs.

Viele Teilnehmer/-innen des Bürgerdialogs merkten an, dass sie sich eine ressortübergreifende Bearbeitung des Themas wünschen. Insbesondere zum Bildungsbereich wurden viele Ideen geäußert. Die Landeszentrale für politische Bildung hat das Thema in ihr Programm aufgenommen. Der Senator für Kultur macht mit den vorliegenden Leitlinien einen ersten Schritt für den Kulturbereich. Darauf aufbauend könnte ein gesamtstädtisches postkoloniales Erinnerungskonzept verschriftlicht werden. Die Erfahrungen der letzten Jahre zeigen, dass dafür eine strukturelle Verankerung der Zusammenarbeit der Ressorts mit afrikanischen Communitys und solidarischen Initiativen – etwa in Form eines Beirates – zwingend ist, um eine breite gesellschaftliche Akzeptanz des Prozesses zu erreichen.

Beteiligte am Bürgerdialog *Kolonialismus und seine Folgen* seit 2016

Mitgewirkt haben zahlreiche Privatpersonen sowie häufig mehrere Vertreter/-innen folgender Institutionen und Vereinigungen: Afrika-Archiv e.V., Afrika FreundInnen Bremen e.V., Afrika Netzwerk Bremen e.V., BGO/AKA: Betta Gamma Omega Chapter/Alpha Kappa Alpha Sorority, biz – Bremer Informationszentrum für Menschenrechte und Entwicklung, Bras e.V., Die Bevollmächtigte beim Bund, Europa und Entwicklungszusammenarbeit, Decolonize Bremen, Der Elefant e.V., Deutsches Schifffahrtsmuseum,

Focke-Museum, Fountaine Gate Chapel e.V., Fraktion der SPD, Fraktion BÜNDNIS 90/DIE GRÜNEN, Fraktion DIE LINKE, Freiheit für die Westsahara e.V., Gerhard-Marcks-Haus, Gesamtschule Bremen Mitte, Heimatmuseum Schloss Schönebeck, Historisches Museum Bremerhaven, Hochschule für Künste, IDRG Gobal Minds for a Global World, INFOBALT – Redaktion »Baltische Stunde«, Kunsthalle Bremen, Landesinstitut für Schule (LIS), LidiceHaus gem. GmbH, Museen Böttcherstraße, Norddeutsche Mission, Oberschule Findorff, Oberschule Leibnizplatz, Schulmuseum Bremen, Schwankhalle, Senatorin für Kinder und Bildung, Senator für Kultur, Shakespeare Company Bremen, Staatsarchiv Bremen, Städtische Galerie Bremen, Stadtbibliothek Bremen, steptext dance projekt, Stiftung Die Schwelle, Übersee-Museum, Universität Bremen.

Allen danken wir für ihr großes Engagement! Ideen, Kritik, Frustration und Verletzungen wurden ausgesprochen. Das teilweise jahrzehntelange individuelle Kämpfen für das Thema konnte in hoffnungsvolle, gemeinsame Visionen für die Zukunft weiterentwickelt werden.

Ein gemeinsamer Antrag der Fraktionen BÜNDNIS 90/DIE GRÜNEN und der SPD hat den aktuellen Prozess angestoßen (Stadtbürgerschaft, 19. Wahlperiode, Drs. 19/107 S vom 16.2.2016: *Bremisches Erinnerungskonzept Kolonialismus*). Auf Initiative von Staatsrätin Emigholz übernahm der Senator für Kultur in Kooperation mit der Landeszentrale für politische Bildung die Moderation.

Auf der Homepage des Senators für Kultur sind Dokumentationen der einzelnen Gesprächsrunden und Materialien zum Bürgerdialog *Kolonialismus und seine Folgen* zu finden: https://www.kultur.bremen.de/service/kolonialismus-13508.

Kontakt:
Der Senator für Kultur
Altenwall 15/16
28195 Bremen
office@kultur-bremen.de

2. Beteiligungsstruktur runder Tisch *Koloniales Erbe* in Hamburg

Abbildung 26: Vorschlag für eine Beteiligungsstruktur. Siehe hierzu das Kapitel ›Globaldialog‹

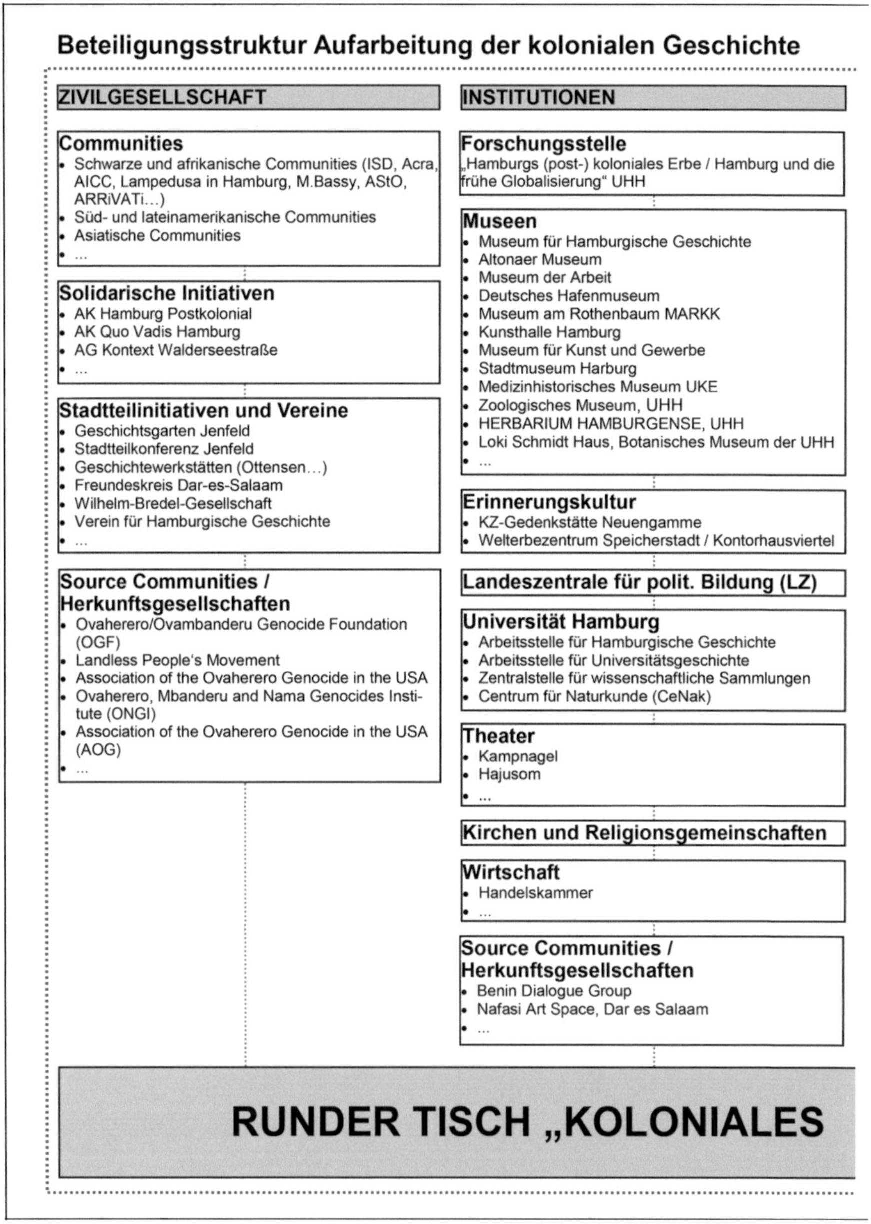

Beteiligungsstruktur Aufarbeitung der kolonialen Geschichte

ZIVILGESELLSCHAFT

Communities
- Schwarze und afrikanische Communities (ISD, Acra, AICC, Lampedusa in Hamburg, M.Bassy, AStO, ARRiVATi…)
- Süd- und lateinamerikanische Communities
- Asiatische Communities
- …

Solidarische Initiativen
- AK Hamburg Postkolonial
- AK Quo Vadis Hamburg
- AG Kontext Walderseestraße
- …

Stadtteilinitiativen und Vereine
- Geschichtsgarten Jenfeld
- Stadtteilkonferenz Jenfeld
- Geschichtewerkstätten (Ottensen…)
- Freundeskreis Dar-es-Salaam
- Wilhelm-Bredel-Gesellschaft
- Verein für Hamburgische Geschichte
- …

Source Communities / Herkunftsgesellschaften
- Ovaherero/Ovambanderu Genocide Foundation (OGF)
- Landless People's Movement
- Association of the Ovaherero Genocide in the USA
- Ovaherero, Mbanderu and Nama Genocides Institute (ONGI)
- Association of the Ovaherero Genocide in the USA (AOG)
- …

INSTITUTIONEN

Forschungsstelle
„Hamburgs (post-) koloniales Erbe / Hamburg und die frühe Globalisierung" UHH

Museen
- Museum für Hamburgische Geschichte
- Altonaer Museum
- Museum der Arbeit
- Deutsches Hafenmuseum
- Museum am Rothenbaum MARKK
- Kunsthalle Hamburg
- Museum für Kunst und Gewerbe
- Stadtmuseum Harburg
- Medizinhistorisches Museum UKE
- Zoologisches Museum, UHH
- HERBARIUM HAMBURGENSE, UHH
- Loki Schmidt Haus, Botanisches Museum der UHH
- …

Erinnerungskultur
- KZ-Gedenkstätte Neuengamme
- Welterbezentrum Speicherstadt / Kontorhausviertel

Landeszentrale für polit. Bildung (LZ)

Universität Hamburg
- Arbeitsstelle für Hamburgische Geschichte
- Arbeitsstelle für Universitätsgeschichte
- Zentralstelle für wissenschaftliche Sammlungen
- Centrum für Naturkunde (CeNak)

Theater
- Kampnagel
- Hajusom
- …

Kirchen und Religionsgemeinschaften

Wirtschaft
- Handelskammer
- …

Source Communities / Herkunftsgesellschaften
- Benin Dialogue Group
- Nafasi Art Space, Dar es Salaam
- …

RUNDER TISCH „KOLONIALES

Hamburgs

POLITIK UND VERWALTUNG

Senatsbeschluss 2014 (Drs. 20/12383)
- Wissenschaftliche Aufarbeitung
- Kontextualisierung NS-Kolonial-Monumente Jenfeld
- Städtische Institutionen
- Zivilgesellschaftliche Beteiligung

Senat

Bürgerschaft
- Kulturausschuss

Behörde für Kultur und Medien (BKM)
- Federführende Behörde
- Kontextualisierung NS-Kolonial-Monumente Jenfeld
- Städtische Institutionen
- Zivilgesellschaftliche Beteiligung

Beteiligt:
- Museumsreferat (Projektkoordination, Museen)
- Staatsarchiv / Benennung von Verkehrsflächen
- Denkmalschutzamt
- Kulturprojekte / Interkulturelle Projekte
- Elbkulturfonds

Integrationsbeirat

Landesinstitut für Lehrerbildung und Schulentwicklung (LI)

Bezirksversammlungen

Source Communities / Herkunftsgesellschaften
- Partnerstadt Dar es Salaam
- Honorarkonsulat der Vereinigten Republik Tansania
- …

BEIRAT ZUR AUFARBEITUNG DER KOLONIALEN GESCHICHTE HAMBURGS (Arbeitstitel)

Der Beirat ist interdisziplinär und ausgewogen mit Expert*innen aus Zivilgesellschaft, Wissenschaft, Kultur, Bildung, Kunst, Medien, Soziales, Wirtschaft und Verwaltung besetzt, die sich in ihrer Arbeit aktiv mit der Dekolonisation der Gesellschaft auseinandersetzen. Um einen Perspektivwechsel sicherzustellen, ist der Beirat mehrheitlich mit migrantisch-diasporischen Expert*innen aus den vom Kolonialismus und seinen Folgen betroffenen Ländern und Gesellschaften besetzt.

ERBE“

Hamburg | Behörde für Kultur und Medien

Stand 13.08.2019

3. Podiumsdiskussion am 16. Mai 2019 in Bremen zum Umgang mit dem kolonialen Erbe mit Dr. Aïssatou Bouba (Universität Bremen), Prof. Dr. Markus Hilgert (Kulturstiftung der Länder) und Prof. Dr. Louis Henri Seukwa (Hochschule für Angewandte Wissenschaften Hamburg)

Der folgende Text ist eine zusammenfassende Verschriftlichung der im Übersee-Museum in Bremen stattgefundenen Podiumsdiskussion zum gesamtgesellschaftlichen Umgang mit dem kolonialen Erbe. Gastgeber war der Senator für Kultur. Ziel der Veranstaltung war es, den in Bremen entwickelten ganzheitlichen Ansatz zu diesem Thema und die sich daraus ergebenden ethischen Grundsätze mit externen Gästen zu diskutieren.[1]

Einführung

Am 30. April 2019 hat die Deputation für Kultur erstmals *Kulturpolitische Leitlinien zum Umgang mit dem kolonialen Erbe* beschlossen.[2] Das einstimmige Votum der Vertreter/-innen von SPD, BÜNDNIS 90/DIE GRÜNEN, CDU, FDP, DIE LINKE ist ein bemerkenswertes Statement und für diesen Themenkomplex erstmalig in Deutschland. Bremen hat damit sein besonderes Engagement zur Anerkennung und Thematisierung des Kolonialismus als systematisches Unrechtsregime fortgesetzt.[3] Die Leitlinien entstanden auf der Grundlage eines Bürgerdialogs, den der Senator für Kultur seit 2016 moderiert hat und an dem sich Vertreter/-innen aus afrikanischen Communitys, solidarischen Initiativen und Kulturinstitutionen beteiligten.

Zu den *Ersten Eckpunkten zum Umgang mit Sammlungsgut aus kolonialen Kontexten der Staatsministerin des Bundes für Kultur und Medien, der Staatsministerin im Auswärtigen Amt für internationale Kulturpolitik, der Kulturministerinnen und Kulturminister der Länder und der kommunalen Spitzenverbände* (13.3.2019) hatte das Land Bremen zusammen mit Berlin, Hamburg, Thürin-

1 Ich danke Dr. Aïssatou Bouba, Prof. Dr. Markus Hilgert und Prof. Dr. Louis Henri Seukwa als Teilnehmer/-in der Podiumsdiskussion für ihr Einverständnis zu der vorliegenden zusammenfassenden Verschriftlichung.

2 Vgl. Vorlage Nr. 164 der Deputation für Kultur am 30.4.2019. Der vollständige Text der Leitlinien ist im vorherigen Kapitel abgedruckt.

3 Zur Tradition der Aufarbeitung des von Bremen ausgehenden Kolonialismus und der damit verbundenen Folgen vgl. das Kapitel *Stadtdialog*.

gen und Brandenburg eine ergänzende Protokollerklärung abgegeben, um deutlich zu machen, dass das koloniale Erbe sehr viel umfassender und der Umgang damit eine gesamtgesellschaftliche Aufgabe ist.[4]

Eine offensive Auseinandersetzung mit Alltagsrassismus, das Aufzeigen seiner Wurzeln im Kolonialismus, der Umgang mit Sammlungsgut aus kolonialen Kontexten, die Förderung erinnerungskultureller Projekte, das Sichtbarmachen kolonialer Spuren im öffentlichen Raum und partnerschaftliche Beziehungen mit den Gesellschaften ehemals kolonialisierter Länder sieht der Senator für Kultur als miteinander verwobene und nicht voneinander zu trennende Aspekte an.

GREVE: Frau Dr. Aïssatou Bouba – Sie haben in Kamerun Germanistik studiert und an der Universität Bremen über deutschsprachige Reiseberichte über Deutsch-Nordkamerun (1850-1919) promoviert. Sie waren Mitglied des wissenschaftlichen Beirats der Ausstellung *Experiment Moderne. Bremen nach 1918* im Focke-Museum. Wie kam es zum deutschen Kolonialismus? Wie endete er?

Entstehungsgeschichte des deutschen Kolonialismus

DR. AÏSSATOU BOUBA (Universität Bremen): Als sich 2003 eine Staatenkoalition unter Führung der USA zum Irakkrieg entschieden hat, verweigerte die deutsche Regierung ihre Beteiligung. Wie wir heute wissen, beteiligte sich der Bundesnachrichtendienst dennoch im Hintergrund, so dass man sagen kann, dass Deutschland doch auch Kriegshilfe leistete. Ähnlich verlief es bei der europäischen Expansion in der frühen Neuzeit. Die vielen kleinen politischen Einheiten im Deutschen Reich waren weder finanziell noch strukturell in der Lage, Kolonialgebiete zu erobern. Einzelne Versuche – etwa des Kurfürsten Friedrich Wilhelm von Brandenburg (1620-1688) – scheiterten. Dennoch beteiligten sich viele Deutsche an den Kolonialunternehmungen der Portugiesen und Spanier in vielfältiger Weise: als Abenteurer, Forscher, Wissenschaftler, Handelsvertreter und nicht zuletzt als Geldgeber. Die deutschen Kaufmannsfamilien der Fugger und Welser sind im Wesentlichen durch den Kolonialhandel reich geworden. Ohne Menschenhandel und Unterjochung wäre das nicht denkbar gewesen.

4 Vgl. hierzu das Kapitel *Globaldialog*.

Trotz dieser Beteiligung hing man in den deutschen Ländern stets dem Traum eigener Kolonien hinterher. In ihrem Buch *Kolonialphantasien im vorkolonialen Deutschland (1770-1870)* von 1999 legt Susanne Zantop dar, wie in Deutschland auf dem Papier eine eigene Kolonialgeschichte erfunden wurde, wobei man sich zugleich als die besseren Kolonialherren definierte. Dies konnte nur in Bezug und mit Kenntnis der tatsächlichen Kolonialgebiete anderer europäischer Mächte geschehen. Mit den Waren Zucker, Kaffee, Baumwolle usw. flossen auch Nachrichten aus den Kolonien nach Deutschland. So wie die Waren revolutionierten die Informationen das Denken der Deutschen. Die wichtigste Textsorte war in diesem Zusammenhang der Reisebericht. Er bot den Daheimgebliebenen die Möglichkeit der Teilhabe am Weltgeschehen. Es gab aber auch die Kunstkammern, in denen Objekte und Wissen aus aller Welt gesammelt wurden und durch die eine Präsenz Afrikas in der Vorstellungswelt der Deutschen befördert wurde. Durch Informationen und Objekte wurde man zum Nachdenken über die eigenen kulturellen Gewohnheiten angeregt. Eine Erschütterung europäischer Selbstverständlichkeiten, aber auch eine klarere Konturierung der eigenen Identität waren die Folge. Philosophische, naturwissenschaftliche, geografische und sprachwissenschaftliche Diskurse der Zeit waren bis ins 19. Jahrhundert wesentlich davon beeinflusst. In der Aufklärungszeit empfahl Immanuel Kant (1724-1804) den Reisebericht als Quelle der Bildung und Erkenntnis. Aber auch die damaligen Diskussionen über den Ursprung der Menschheit, die Klassifikation der Völker und die Entwicklung des Rassebegriffs sind auf den Kolonialismus zurückzuführen. Der Reisebericht war zudem ein Mittel zur Wissenspopularisierung. Nach der Reichsgründung wurden in den 1870er Jahren die Kolonialträume der Deutschen immer realer. Es entstanden handfeste Kolonialprojekte: Siedlungskolonien sollten verarmte Deutsche aufnehmen, um die ›rote Gefahr‹ einer sozialen Revolution abzuwenden. Rohstoffausbeute und Absatzmärkte für eigene Produkte waren weitere gesellschaftliche Motivationen für den Kolonialismus. Als Europäer/-innen fühlten sich die Deutschen den Einheimischen überlegen und sahen es als ihre Pflicht an, sie zu ›zivilisieren‹.

In den meisten Kolonialismusdefinitionen werden die Kolonisierten als passive Opfer dargestellt, deren sämtliche Lebensbereiche vom Kolonialismus beeinflusst wurden. Ihr aktives Handeln als Akteure/Akteurinnen, der Einfluss ihrerseits auf Europa und die Möglichkeit einer wechselseitigen Interaktion werden nicht mitgedacht. Die sogenannte Kongokonferenz von 1884/85 in Berlin legte die Konturen der europäischen Kolonialreiche in Afrika fest. Sie wurden unter Europäern ohne afrikanische Beteiligung verhandelt. Entsprechend stießen sie vor Ort in Afrika auf viel Widerstand.

Es ist wichtig, nicht nur in Opfer und Täter aufzuteilen, sondern den Blick auf ihre Interaktion zu richten. Es entstand eine gemeinsame, vielfältige Geschichte, die es gilt aufzuarbeiten.

GREVE: Liebe Frau Bouba – herzlichen Dank für diesen Einblick in Aspekte, die in der aktuellen Debatte selten genannt werden. Wenn ich das zusammenfassen darf: Sie haben den Blick auf das Rückwirken des Kolonialismus auf Europa gerichtet. Nach dieser historischen Grundlegung möchte ich in die Gegenwart überleiten.

Herr Prof. Dr. Markus Hilgert – Sie haben u.a. vorderasiatische Archäologie in Deutschland studiert und waren Direktor des Vorderasiatischen Museums im Pergamonmuseum der Stiftung Preußischer Kulturbesitz, bevor Sie Generalsekretär der Kulturstiftung der Länder wurden. In dieser Funktion haben Sie die Entstehung der *Ersten Eckpunkte zum Umgang mit Sammlungsgut aus kolonialen Kontexten* begleitet. Wie kam das Eckpunktepapier zustande? Wie geht es jetzt weiter?

Erste Eckpunkte zum Umgang mit Sammlungsgut aus kolonialen Kontexten

PROF. DR. MARKUS HILGERT (Kulturstiftung der Länder): In der Tat ist das ein abrupter Themenwechsel, von dem Gehörten zu aktuellen politischen Diskussionen. Gleichzeitig ist es aber auch gut, beides zu verbinden. Worum geht es? Der Titel *Erste Eckpunkte zum Umgang mit Sammlungsgut aus kolonialen Kontexten* benennt das Thema. Es geht nicht um die Aufarbeitung des Kolonialismus insgesamt, sondern nur um einen Aspekt davon. Absender des Papiers sind die Staatsministerinnen Monika Grütters (Beauftragte für Kultur und Medien) und Michelle Müntefering (Auswärtiges Amt), die Kulturminister/-innen der Bundesländer und die kommunalen Spitzenverbände – also alle, die in der Kulturpolitik in Deutschland Verantwortung tragen. *Erste Eckpunkte* deshalb, weil allen Beteiligten klar ist, dass es sich um einen bescheidenen Anfang auf einem weiteren Weg handelt. Das Papier ist in zwei Bereiche aufgeteilt. Eine Präambel ordnet das spezielle Thema in größere Zusammenhänge ein und ein zweiter Teil definiert Handlungsfelder: *Transparenz und Dokumentation, Provenienzforschung, Präsentation und Vermittlung, Rückführung, Kulturaustausch und internationale Kooperationen, Wissenschaft und Forschung.*

Zuvor war das Thema bereits an mehreren Stellen im Koalitionsvertrag von 2018 benannt worden. Nachdem in einzelnen Ländern wie Bremen, Hamburg und Baden-Württemberg schon länger daran gearbeitet wird, kommt es jetzt in der Bundespolitik an. Die Diskussionen um das Humboldt-Forum haben das ihrige dazu getan. Im kulturpolitischen Spitzengespräch zwischen Bund und Ländern im Oktober 2018 war die Gründung einer Arbeitsgruppe *Koloniales Erbe* beschlossen worden. Bereits im März 2019 konnte die neu gegründete Kultur-Ministerkonferenz das Eckpunktepapier verabschieden. Man will sich der historischen Verantwortung stellen. Einige Formulierungen in dem Papier sind als zu zurückhaltend kritisiert worden. Dazu muss angemerkt werden, dass sie einen Kompromiss unter den Beteiligten darstellen. Wichtig ist, dass der Kolonialismus im Zusammenhang mit den anderen großen Themen zur Erinnerungskultur – Holocaust und SED-Diktatur – als Teil des demokratischen Grundkonsenses genannt wird. Es war im Prozess nie strittig, dass das Thema in Kooperation auf Augenhöhe mit den Herkunftsgesellschaften bearbeitet werden muss. Zudem sollte ein Rahmen für Rückgaben geschaffen werden. Dabei spielte es eine große Rolle, dass nicht damalige, sondern heutige ethische Grundsätze der Maßstab sind. Ohne die Leitfäden des Deutschen Museumsbundes zum Umgang mit menschlichen Überresten und mit Kulturgütern hätte das Eckpunktepapier nicht geschrieben werden können. Unter der Federführung von Frau Prof. Dr. Wiebke Ahrndt waren bereits grundlegende Kategorienbildungen und Begriffsdefinitionen vorgenommen worden. Dies zeigt, dass die Politik auf die fachliche Arbeit der Museen und der Wissenschaft angewiesen ist.

Als nächster Schritt müssen die Handlungsfelder konkretisiert werden. Bund und Länder wollen eine Anlaufstelle konzipieren, die Auskünfte über Bestände, Verfahren, Rückgabefälle und Ansprechpartner geben kann. Das ist in einer föderalen Struktur schwieriger als beispielsweise in Frankreich. Langfristig ist es das Ziel, Transparenz über die Provenienz von Sammlungsgut aus kolonialen Kontexten herzustellen, diese zu inventarisieren und digital der Öffentlichkeit zur Verfügung zu stellen. Es handelt sich um ein wissenschaftlich komplexes Mehrgenerationenprojekt. Eine Konzentration auf Objekte aus formaler deutscher Kolonialherrschaft reicht nicht aus. Zentrale Frage ist es, was diese Objekte in europäischen Sammlungen mit uns machen, welche Rolle sie in unserer Kulturgeschichte spielen und inwiefern sie zu unserer Vorstellung darüber beitragen, wer wir sind. Das ist eine spannende intellektuelle Aufgabe, aus der wir nur Gewinn ziehen können. Das ist für uns als Menschen und unser Denken wichtig.

GREVE: Lieber Herr Hilgert – ich danke Ihnen für den Einblick in den aktuellen Diskussionsstand. Nachdem wir von der Historie in die Gegenwart galoppiert sind, kommen wir nun zu den grundsätzlichen, ethischen Fragen.

Herr Prof. Dr. Louis Henri Seukwa – Sie haben Philosophie mit dem Schwerpunkt *Epistemologie* in Kamerun studiert und haben im Bereich Erziehungswissenschaften an der Universität Hamburg promoviert. An der Hochschule für Angewandte Wissenschaften Hamburg forschen und lehren Sie u.a. mit den Schwerpunkten *Kritische Kompetenz* und *Postkoloniale Ansätze* in der Erziehungswissenschaft. Sie haben als Experte an der Anhörung des Bundestages zum Thema *Koloniales Erbe* Anfang April teilgenommen. Welche gesellschaftliche Relevanz hat die Aufarbeitung des deutschen Kolonialismus? Um welche ethischen Fragen geht es dabei?

Aufarbeitung des deutschen Kolonialismus und Ethik

PROF. DR. LOUIS HENRI SEUKWA (Hochschule für Angewandte Wissenschaften Hamburg): Es ist nicht einfach, als Außenseiter zu Experten/Expertinnen in Museumsangelegenheiten und Geschichte zu sprechen. Aber dadurch, dass das Problem uns alle betrifft und ich seit Jahren den gesellschaftlichen Kampf um Anerkennung des Themas in der Öffentlichkeit begleite, habe ich einige Erkenntnisse gewonnen, die ich gerne teilen würde. Ich möchte hervorheben, dass die Angelegenheit, um die es geht, primär eine politische und erst dann eine technische ist. Wir haben gerade viel über technische Aspekte gehört. Ich glaube, worum es geht, ist eine ethische Entscheidung. Deshalb haben Sie – Herr Hilgert – festgestellt, dass es lange dauert, sich zu einigen, weil man politisch noch nicht so weit ist, wie es zu wünschen wäre. Ethik ist konstitutiv für das Politische, für das politische Handeln. Die Ethik fungiert als Metasprache, sie ist der Kompass und zeigt, wohin die Reise geht. Sie hilft uns, unser Tun zu bewerten. Deshalb möchte ich drei allgemeine Anmerkungen zur Aufarbeitung des deutschen Kolonialismus machen.

Mein erster Punkt: Die Diskussion um die Aufarbeitung des deutschen Kolonialismus ist eine Metonymie: Im Kleinen können wir das diskutieren, was im Großen gilt. Die Debatte ist dadurch gekennzeichnet, dass sie unter Bedingungen einer strukturellen und symbolischen Machtbeziehung und sehr ungleicher Kraftverhältnisse geführt wird. Mit dem Unterschied zu früher, dass – dank der Migration – die ehemals Kolonialisierten Bestandteile der Gesellschaft der ehemaligen Kolonialmächte geworden sind. Sie haben nicht nur mehr Bewusstsein von der Kolonialgeschichte, sondern sind auch moralisch im Vorteil gegenüber den Nachfahren der Kolonisatoren; denn sie wissen, dass der Herrscher nicht die Wahrheit sagt. Seine Überlegenheit gestern und heute fußt nicht auf Werten, sondern der Kraft der Gewalt. Postkoloniale Debatten führen dazu, dass die Nachfahren der ehemals Kolonialisierten auf den guten Willen der Nachfahren der Kolonisatoren angewiesen sind, ob, wann, worüber, wie, mit wem und mit welchem Erfolg verhandelt werden kann. Es geht um die Frage, inwiefern die Involvierten in der Lage sind, sich dem zu entziehen. Wenn dies nicht geschieht, laufen wir Gefahr, Herrschaftsverhältnisse fortzuschreiben.

Zum zweiten Punkt: Wir brauchen eine Ethik der Aufarbeitung. Andernfalls kommt es zu postkolonialen Absurditäten. Die Werte, auf die die Europäer/-innen stolz sind, entscheiden über die Frage, ob wir zivilisierte Menschen oder Barbaren sind. Deshalb ist es notwendig, eine verbindliche politische Ethik der Aufarbeitung zu implementieren. Diese sollte ohne jegliche List dem Vierklang *Entschuldigung – Entschädigung – Transparenz und Partizipation* als Grundlage der Aufarbeitung folgen. Sie sollte auf einer gerechten und nachhaltigen Versöhnung zwischen den Kolonialisierten respektive ihren Nachkommen und den Kolonisatoren respektive ihren Nachkommen aufbauen.

Mein dritter Punkt: Normative Voraussetzung für den beschriebenen Prozess ist Rehabilitation und Versöhnung. Wie kann in diesem Prozess der Aufarbeitung eine Teilhabe der Nachfahren der ehemals Kolonialisierten unter weiterhin herrschenden, machtasymmetrischen Bedingungen erfolgen? Es bietet sich an, dass der Stärkere, der historisch gesehen der Täter ist, die Möglichkeit ergreift, um sich zu rehabilitieren. Nur der Kolonialisierte ist in der Lage, den Kolonisator zu rehabilitieren. Daher muss auf höchster politischer Ebene – ohne jeden Relativierungsversuch – der Kolonialismus als Verbrechen anerkannt werden, müssen Reue und eine Entschuldigung erfolgen. Beispielsweise könnte ein offizieller Versöhnungsgipfel mit allen vom deutschen Kolonialismus betroffenen Ländern in den ehemaligen ›Schutzgebieten‹ stattfinden. Ob diese Rehabilitation gelingt, hängt vom Sieger ab. Der Patient muss sich heilen lassen wollen. Dies geht nur, wenn er auf das, was ihn zum Kranken gemacht hat, verzichtet und sich in neuer Demut partnerschaftlich in eine therapeutische Beziehung bringt. Wie zufriedenstellend und nachhaltig die Aufarbeitung erfolgt, hängt von der Absichtserklärung und der Art und Weise ab, wie der Gesamtprozess ethisch verhandelt und gestaltet wird. Noch wichtiger als die Wahrheit ist die Art und Weise, wie die Menschen dazu gebracht werden, die Wahrheit anzunehmen.

Diskussion

GREVE: Ich danke Ihnen dreien für diese sehr grundlegenden Statements. Von der Historie über die Gegenwart – bei der vor lauter Gegenwärtigkeit häufig die historische Tiefe aus dem Blick gerät – sind wir beim Kern des Themas angekommen. Lieber Herr Seukwa – danke dafür. Nach Kant – der bereits von Frau Bouba genannt wurde – ist Aufklärung der »Ausgang des Menschen aus seiner selbstverschuldeten Unmündigkeit«.[5] Nachdem wir als Gesellschaft kein Alibi mehr haben, zu behaupten, dass wir nicht wüssten, was der Kolonialismus war und angerichtet hat, ist doch jetzt die Frage, was es uns als Menschen so schwierig macht, damit umzugehen – als Gesellschaft, aber auch für jeden Einzelnen bzw. jede Einzelne. Damit würde ich gerne in die Diskussion einsteigen.

BOUBA: Ich glaube nicht, dass alle das wissen. Das Wissen über den Kolonialismus ist bei vielen Menschen nicht vorhanden. Ich lehre an der Universität und mir begegnen immer wieder Studierende, die gar keine Ahnung von dieser Zeit haben. Insofern kann man nicht von einem breiten gesellschaftlichen Wissen sprechen. Vielmehr wäre genau das die Aufgabe, die aus meiner Sicht ansteht: Kenntnisse über die Kolonialgeschichte zu vermitteln und diese kritisch zu analysieren.

---

5 Immanuel Kant: Beantwortung der Frage: Was ist Aufklärung? [1784], in: Werke in zehn Bänden, hg. v. Wilhelm Weischedel, Darmstadt 1983, Bd. 9, S. 53 (5. Aufl.).

GREVE: D.h., Sie sehen eine deutliche Diskrepanz zwischen tiefem Spezialwissen und fehlendem Allgemeinwissen in der gesellschaftlichen Breite?

BOUBA: In den Universitäten wurde viel getan, aber dieses wissenschaftliche Wissen wurde nicht popularisiert. Das ist das Problem. An der Stelle müsste in den Schulen angesetzt werden.

GREVE: Herr Hilgert – an dem Eckpunktepapier haben Menschen mitgearbeitet, die fundiertes Wissen über den Kolonialismus haben. Was hat es bei der Aufgabe für die Akteure/Akteurinnen schwierig gemacht?

HILGERT: Das ist eine schwierige, komplexe Frage. Zwei Dinge scheinen mir zentral zu sein. Zum einen: Wenn 16 Bundesländer und der Bund an einem Tisch sitzen, trifft das in Deutschland vorhandene, sehr unterschiedliche Verständnis und die sehr verschiedene Betroffenheit vom Thema aufeinander. Es gibt Länder wie Bremen, Hamburg und Baden-Württemberg, die sich aufgrund der vorhandenen Museumssammlungen in diesen Ländern bereits sehr viel länger als andere mit dem Thema befassen – wie beispielsweise Hessen oder das Saarland. Aber auch dort gibt es Objekte, die eine Auseinandersetzung erfordern. Es ist unsere Aufgabe, Bewusstseinsbildung für die Dringlichkeit der Aufgabe in die gesellschaftliche Breite zu leisten.

Ein zweiter Punkt macht das Thema schwierig. Wenn konkrete politische Schritte umgesetzt werden sollen, dann kostet das Geld. Aufgrund der föderalen Struktur kann der Bund nicht einfach sagen, was gemacht werden soll. Selbst wenn der Bund einen großen Geldbetrag zur Digitalisierung von Beständen in deutschen Museen zur Verfügung stellen würde, würden sich die Länder vorbehalten, über den Geldeinsatz in ihrem Land selber zu entscheiden. Das ist die Kulturhoheit der Länder. Insofern ist eine gute politische Strukturierung des Themas wichtig. Die Bundesländer sind finanziell sehr unterschiedlich aufgestellt. Für einige könnten Programme, bei denen sie z.B. selbst 500.000 Euro investieren müssten, sehr schmerzhaft sein. Es ist auch eine Frage der Priorisierung. Die Aufarbeitung des Kolonialismus ist nicht das einzige Thema, das die Museen bedrückt. Wir sind immer noch weit davon entfernt, die NS-Vergangenheit der Museen aufgearbeitet zu haben. Weiterhin bestehen auch in diesem Bereich große finanzielle Bedarfe. Es gibt auch noch weitere historische Kontexte von Kulturgutverlusten. Nicht nur die Museen, auch die Archive und Bibliotheken stehen vor großen Herausforderungen. Die anderen Themeninteressen sind – wie die Aufarbeitung des Kolonialismus – ebenfalls politisch stark vertreten. Daher geht es letztendlich darum, eine Balance zu finden. Dies zeigt sich in der Vorläufigkeit, die aus dem Eckpunktepapier spricht. Man hat versucht, sich dem Thema derart vorsichtig zu nähern, dass man nichts verspricht, was dann nicht gehalten werden könnte. Denn das wäre dann tatsächlich erneut ein Schlag ins Gesicht derjenigen, die sich seit Jahrzehnten für das Thema einsetzen.

SEUKWA: Ich würde das von Frau Bouba und Herrn Hilgert Gesagte gerne ergänzen. Wenn wir von der Gesellschaft sprechen, müssen wir differenzieren. Es gibt vielleicht in der Breite der Gesellschaft einige Menschen, die unwissend sind. Die Frage ist, warum? Warum sind sie unwissend? Deutschland ist nicht unerfahren in der Aufarbeitung von geschichtlichen Prozessen, die tragisch verlaufen sind. Würden wir zumindest versuchen, das durch die Aufarbeitung der nationalsozialistischen Geschichte gewonnene Wissen in andere Bereiche zu transferieren, würden wir sehr schnell vorankommen. Vor dem Hintergrund des ganzen vorhandenen Wissens manifestiert sich in dem gleichzeitigen Unwissen eher eine Abwendung vom Thema. Es wird sehr viel gearbeitet und trotzdem geht es nur in sehr kleinen Schritten voran. Für jemanden, der das von außen betrachtet, kann das sehr frustrierend sein. Ich möchte nicht die Intelligenz der Politiker/-innen beleidigen, indem ich ihnen fehlendes Wissen unterstelle. Sie wissen was sie tun sollen: Es ist vielmehr eine Frage des Willens. Wenn wir die Aufarbeitung wollen, werden wir schnell vorankommen. Als Gesellschaft werden wir dabei nur gewinnen, wenn wir proaktiv in den Prozess gehen. Vielleicht ist noch Zeit, letztendlich kann es aber sein, dass die politischen Kräfteverhältnisse auf globaler Ebene kippen, dann wird nicht mehr unter den heutigen Bedingungen mit den kolonisierten Ländern, die Gerechtigkeit fordern, verhandelt werden können und dann wird es noch viel teurer. Ich habe kein Verständnis für das jahrelange Reden. Ich bin kein Museumsexperte, setze mich aber schon lange mit dem Thema auseinander, nehme an Workshops teil, beobachte den Prozess und sehe, wie das läuft.

Es ist beispielsweise offensichtlich, dass bei der viel diskutierten Frage der Provenienzforschung die als Voraussetzung für die Rückgabe von im kolonialen Kontext geraubten Objekte avanciert ist, ›das Pferd von hinten aufgezäumt‹ wird. Die Inventarisierung von Kolonialbeständen ist noch nicht adäquat durchgeführt worden. Die Länder, aus denen Objekte hierherkamen, wissen noch nicht einmal, was sich hier befindet. Dieses Wissen ist notwendig. Allerdings müssen die Herkunftsländer teilhaben an dem Prozess der Inventarisierung. Die Kriterien für die Inventarisierung müssen gemeinsam definiert werden. Es geht nicht nur um das geraubte Sammlungsgut, sondern auch um die Berücksichtigung der Tatsache, dass auch Tauschprozesse unter den Bedingungen des Kolonialismus – in dem die Kolonialisierten keine Souveränität hatten – stattfanden. Die Washingtoner Prinzipien von 1998 bezüglich des NS-verfolgungsbedingt entzogenen Kulturgutes sind ein solcher Versuch, Kriterien zu definieren. Ähnliches benötigen wir in Bezug auf Kulturgüter, die aus dem kolonialen Kontext erworben bzw. geraubt wurden, damit Provenienzforschung, auf einer transparenten und von allen Parteien akzeptierten Grundlage, stattfinden kann und entsprechend – so meine Hoffnung – nicht eine Ewigkeit dauert.

Aber es gibt noch mehr Dinge, die nicht angegangen werden. Die Museen sind nur ein Teil des Themas. Aber es ist gut, dass die aktuellen Museumsdiskussionen den Prozess vorantreiben. Ein anderes Beispiel wäre der Universitätsbereich. Es ist nicht leicht, kritisches Wissen zu vermitteln, da wir es mit der Konstruktion Afrikas als Objekt der Phantasie zu tun haben, wie Frau Bouba in ihrem Impulsreferat darlegte. Ich habe den Eindruck, dass es weiterhin am politischen Willen fehlt, daran etwas zu ändern. Wir müssen damit beginnen, das ist das A und O, dann werden wir auch schnell vorankommen.

BOUBA: Es hängt damit zusammen, dass das Bild von Afrikanern/Afrikanerinnen ein anderes ist als das von den Juden/Jüdinnen. Man muss sich vor Augen führen, dass Afrikaner/Afrikanerinnen immer noch – ich muss es so krass sagen – als im Gegensatz zu anderen Völkern niedrigere Menschen eingeschätzt werden. Solange dieses Bild nicht aufgearbeitet ist, diese Differenz in der Wahrnehmung anerkannt wird, ist es schwer, die Kolonialgeschichte angemessen aufzuarbeiten. Man muss an den Bildern ansetzen. Denn es ist eine Frage des Menschenbildes. Was für ein Menschbild man hat, das sollte sich jeder und jede Einzelne fragen.

SEUKWA: Ja, dem stimme ich absolut zu. Wie macht man das? Es wird sehr schwierig. Das heutige Europa ist eine Konstruktion, die genau vor dem Hintergrund dessen, was Sie angesprochen haben, erfolgte. Stuart Hall (1932-2014) schrieb, dass die Engländer nicht rassistisch sind, weil sie die Schwarzen hassen, sondern weil sie ohne diese nicht wissen, wer sie selber sind. Das ist das Problem. Es gibt diese Konstruktion des *weißen* Mannes, der genau vor der Folie, die Frau Bouba angesprochen hat, seine eigene Identität findet. Wie dekonstruiert man dieses Wissen, wie popularisiert man das dekonstruierte Wissen, und somit auch andere Narrative? Das geht nicht nur von unten. Wir brauchen politische Entscheidungen auf höchster Ebene, um diesen Prozess voranzutreiben.

GREVE: Herr Hilgert – kann so ein Prozess gelingen, wenn im Kreise derjenigen, die das Eckpunktepapier geschrieben haben, selbsterklärend nur diejenigen sitzen, die in einer privilegierten *weißen* Position sind?

HILGERT: Nein, weil das Eckpunktepapier nicht den Anspruch erhebt, den Prozess abzuschließen. Es erhebt aber den Anspruch, sich dieser strukturellen Nachwirkung des Kolonialismus anzunähern. Wir müssen dies aufgreifen, in Zusammenarbeit mit der Zivilgesellschaft hier in Deutschland und mit den Herkunftsgesellschaften. Wir haben es mit einem strukturellen Ungleichgewicht – auch in der Diskussion – zu tun, das sich über Jahrhunderte entwickelt und in den Köpfen festgesetzt hat. Und zwar in jedem Kopf. Es gibt nur sehr wenige Menschen, die nicht von diesen Mustern und Bildern beeinflusst sind. Auch meine Generation ist in der Kindheit noch entsprechend geprägt worden. Daher benötigen wir einen Bewusstseinsbildungsprozess, der sehr lange dauern wird. Man muss akzeptieren, dass das zwei bis drei Generationen dauern wird. Es setzt voraus, dass kontinuierlich daran gearbeitet wird – in den Schulen und vor allem auch in der Lehrer/-innen-Ausbildung. Die Curricula müssen geändert werden, um die Denkstruktur zu ändern. Im Vergleich ist die Frage nach den Sammlungsgütern dagegen nur ein kleiner Bereich. Letztendlich geht es um etwas ganz anderes. Ich glaube, es ist möglich. Ich bin optimistisch. Sie – Herr Seukwa – haben Recht. Dies setzt den Willen zur Veränderung voraus; aber nicht nur der politischen Ebenen, sondern eines jeden Menschen, sich damit auseinanderzusetzen, sich selbst zu hinterfragen, die eigene Sprechweise und das eigene Denkmuster.

GREVE: Vielleicht ist es das, was sich verändert hat. Lange hatte man das Gefühl, dass nichts passiert. Seit 2018 ist eine neue Art von Bewegung in das Thema gekommen. Einerseits auf der höchsten politischen Ebene, anderseits an der Gesellschaftsbasis, wo an verschiedenen Stellen diskutiert wird. Wie in Bremen, gibt es auch in anderen deutschen Städten Bürgerdialoge. Die Frage ist m.E. nun, ob diese Bewegungen zusammenkommen können, von oben und von unten. Was können wir tun?

SEUKWA: Aus dem Publikum kam die Frage, wie man die Aufteilung Afrikas in der Berliner Konferenz 1884 heute Menschen noch erklären könne. Es erscheint nur auf den ersten Blick ungeheuerlich, dass ein ganzer Kontinent ohne Beteiligung der dort lebenden Menschen aufgeteilt wird. Es ist passiert, das ist so. Die Frage ist aus meiner Sicht aber heute, wie wir mit der historischen Tatsache umgehen. Die Kolonialmächte haben damals aus eigenem Interesse gehandelt. Insofern ist für mich eher die Frage, was daraus abgeleitet wird. Wenn sich Deutschland, als Initiator und Gastgeber der Berliner Konferenz weltweit als moralische Instanz geriert, dann würde ich sagen: Nein, ihr habt euch in ethischer Hinsicht disqualifiziert. Und was machen die afrikanischen Länder aus dieser Geschichte? Warum gelten diese künstlich gezogenen und geerbten Grenzen heute noch als unantastbar und werden sogar in den Präambeln der Grundgesetze der jeweiligen kolonialisierten Staaten genannt? Das ist eine postkoloniale Absurdität.

Postkoloniale Fragen berühren auch das europäische Binnenverhältnis. Wir wissen, welche Überwindung es in Deutschland war, die eigene Währung aufzugeben und den Euro zu akzeptieren. Überzeugt hat letztendlich, dass Deutschland von dieser ökonomischen Struktur profitieren würde. Bemerkenswert ist hier die Tatsache, dass Frankreich diesen Schritt mit Rückgriff auf die ehemaligen Kolonialgebiete vollzogen hat, wobei durch die Koppelung des »Franc CFA« an den EURO keine monetäre Souveränität in seinen ehemaligen Kolonien in Afrika ermöglicht wird, mit all den bekannten wirtschaftlichen, politischen und sozialen Folgen für diese Länder. Deutschland hat dieses neokoloniale Verhalten Frankreichs stillschweigend mitgetragen. Hier wäre ein Einspruch möglich und nötig gewesen. Man muss der rechtspopulistischen Regierung Italiens fast dankbar sein, dass sie dies im Zusammenhang mit den Verhandlungen um die Verteilung der ab 2015 nach Europa geflüchteten Menschen denunziert und aufgedeckt hat. Seitdem ist der französische doppelbödige Umgang mit dem Thema etwas bekannter geworden. Alle Euroländer verfügen über dieses Wissen und sagen dennoch nichts dazu, sondern lassen Frankreich sein Spiel weiterspielen. Dafür habe ich kein Verständnis.

Keiner will die Menschen aus Afrika hier haben. Wenn aber auch die Afrikaner/-innen Grenzen ziehen und die traditionelle Zirkulation auf dem Kontinent unterbinden, ist das eine Frage des Überlebens. Früher war grenzüberschreitende Migration eine Selbstverständlichkeit, Nomadismus die Normalität. Aber anstatt sich auf die vorkoloniale Zeit zu beziehen, werden die kolonialen Grenzziehungen hingenommen.

BOUBA: In diesem Punkt bin ich anderer Ansicht. Grenzen hat es in Afrika schon in präkolonialer Zeit gegeben. Man konnte sich nicht ohne Weiteres bewegen. Es gab Regeln. Wenn man reisen wollte, musste man eine Reisegenehmigung einholen. Wenn man die heutigen Grenzen infrage stellt, führt das zu nachhaltigen Veränderungen. Dann gäbe es Kamerun – wie wir es kennen – nicht. Eine Zersplitterung der Länder wäre die Folge. Warum kann man nicht lernen, mit dem, was gegeben ist, umzugehen, ohne weitere Probleme zu verschärfen? Man sollte nicht vergessen, dass die Afrikaner/-innen nicht nur Opfer waren. Das ist gar nicht nötig. Es gab auch Kollaboration, und ohne die Afrikaner/-innen wären die Kolonialmächte gar nicht in der Lage gewesen, ihre Herrschaft einzupflanzen. Das Schema Opfer-Täter muss relativiert werden. Das zeigt auch die postkoloniale Theorie. Es geht um Personen, die im kolonialen Kontext gegenseitig gekämpft oder auch zusammengearbeitet haben, sie standen in vielschichtigen Interaktionen. Dies gilt es zunächst einmal zur Kenntnis zu nehmen. Darauf aufbauend ist es aber wichtig, die damalige Machtasymmetrie zu sehen und in Europa zu lernen, dass Afrikaner/-innen nicht minderwertige Menschen sind. Auch in Afrika haben wir das Problem, dass wir unter Minderwertigkeitsgefühlen leiden. Die Arbeit muss parallel an beiden Enden des Problems geschehen. Wenn nur eine Seite ihre stereotypen Bilder bzw. Komplexe abbaut, wird man zu keiner Lösung kommen.

GREVE: Ich danke Ihnen allen ganz herzlich für dieses nachdenkliche und inspirierende Gespräch. Zum Abschluss würde ich Sie um eine Einschätzung der Entwicklungsperspektive des Themas bitten. Was dürfen wir hoffen?

HILGERT: Bildung ist ein entscheidender Faktor, um einen Wandel herbeizuführen. Damit können wir jetzt anfangen, der Umbauprozess der Denkstruktur wird sich dann aber über drei Generationen ziehen, weil sie so tief in den Köpfen, im Sehen, im Denken und im Sprechen verankert ist. Wir müssen in den Schulen, auch der Zivilgesellschaft und der Politik, anfangen.

Tatsächlich möchte ich einen Hinweis aus dem Publikum aufgreifen. Algorithmen in sozialen Medien sind diskriminierend, häufig auch strukturell rassistisch. Hier hat die Politik Gestaltungsraum. Das kann behoben werden, und zwar jetzt.

Wo wollen wir hin? Sie – Herr Seukwa – haben gesagt, dass die Verhältnisse noch so sind, dass sie verändert werden könnten; diese Dringlichkeit des Themas haben viele noch nicht begriffen. Es handelt sich nicht um ein Nischenthema, sondern um die Frage des zukünftigen Miteinanders, des europäischen Überlebens. Afrika ist der Zukunftskontinent. Wenn wir dem von Ihnen beschriebenen Vierklang von »Entschuldigung – Entschädigung – Transparenz – Partizipation« als Weg der Heilung folgen wollen, können wir jetzt damit anfangen. Starke Partner/-innen für die Zukunft sehe ich vor allem in Afrika. Ich sehe sie nicht in China, Russland und auch nicht in den USA. Ich sehe sie in Afrika. Deshalb tun wir gut daran, alles daranzusetzen, zu einer Versöhnung und einem Dialog auf Augenhöhe zu kommen.

BOUBA: Vielleicht bin ich etwas rückwärtsgewandt. Aber wenn ich nicht weiß, woher ich komme, kann ich auch nicht sagen, wohin ich möchte. Deshalb erscheint mir die Aufarbeitung der Vergangenheit so wichtig. Von dort aus können wir viel erreichen.

SEUKWA: Ich möchte noch etwas zu dem vorhin angesprochenen Aspekt der *geteilten Geschichte* sagen. Wir dürfen den von Ihnen – Frau Bouba – erwähnten Aspekt der Kollaboration nicht derart missverstehen, dass er als Erklärungsprinzip für den Kolonialismus dargestellt wird. Die historische Kausalitätskette muss ich richtigstellen. Die Reaktion kann niemals das Phänomen erklären. Auch im Nationalsozialismus gab es Kollaboration, ohne dass damit das Nazisystem natürlich erklärt werden könnte.

BOUBA: Mir war es wichtig, die Vielschichtigkeit der Geschichte zu betonen.

SEUKWA: Ich möchte noch einen Gedanken aus dem Publikum aufgreifen: Warum tut Deutschland sich diese Debatte, die Aufarbeitung der eigenen Kolonialvergangenheit, an? Weil es das muss. Deutschland ist eine Migrationsgesellschaft, eine plurale Gesellschaft, eine hybride Gesellschaft geworden. Menschen, die hier geboren und aufgewachsen sind, lesen das Grundgesetz. Sie fragen nach seiner Anwendung und fordern seine Gültigkeit für alle hier lebenden Menschen ein. Sie stellen eine Kluft zwischen Theorie und Praxis fest. Es geht bei dieser Debatte um Deutschland. Bei der Bildung anzusetzen ist wichtig. Es gibt eine Schulpflicht. D.h., alle Mitglieder der Gesellschaft durchlaufen dieses System und können so von der Vorschule bis zum tertiären Bereich gebildet werden. Voraussetzung ist allerdings, dass die Curricula dekolonialisiert werden.

Wenn Sie mich nach meiner Vision fragen, muss ich an Helmut Schmidt denken. Ich komme aus Hamburg. Er sagte, wer Visionen hat, sollte zum Arzt gehen. Aber auf unser Thema bezogen kann ich selbstverständlich ein Ziel nennen. Das ist eine gerechte Versöhnung. Darum geht es letztendlich in einer globalisierten Welt, in der wir zueinander exponiert sind. Es gibt kein innen und außen. Wir stehen in unserer Zerbrechlichkeit zueinander und müssen sehen, wie wir damit klarkommen; sowohl individuell als auch als Planet. Es handelt sich um ein planetäres Problem, das nicht lokal zu lösen ist. Es ist ein dialektischer Prozess, mit einer Phase der These, einer Phase der Antithese und einer Synthese. Daher ist eine Differenzierung zwischen Tätern und Opfern wichtig. Das Ziel ist jedoch die Synthese. Das Leben in Brüderlichkeit, globaler Solidarität. Wir müssen miteinander aushandeln, wie wir in einer Welt, die wir miteinander teilen, so leben können, dass es für alle gut sein kann.

GREVE: Herzlichen Dank. Das war ein perfektes Schlusswort. Daher möchte ich ans Ende der Veranstaltung nur ein Zitat stellen. Wir haben heute vor dem Hintergrund der in der Aufklärungszeit definierten Gesellschaftswerte Freiheit, Gleichheit und Solidarität diskutiert, die heute die Grundlage unseres demokratischen Gemeinwesens sind. Zu Beginn des Aufsatzes von Kant (1724-1804) zur Definition dessen, was Aufklärung ist, heißt es: »Habe Mut, dich deines e i g e n e n [Herv. i.O.] Verstandes zu bedienen!«[6] Das kennen wir alle. Weniger bekannt ist, dass er sich damit auf Horaz (65-8 v. Chr.) bezog,

6 Ebd., S. 53.

der noch das Wort *incipe* folgen ließ.[7] Also: »Fang an!« Dies möchte ich auf uns alle beziehen und ich wünsche Ihnen in diesem Sinne einen schönen Abend!

7 Im Deutschen: »Fange an!« (*incipe* [lat.] ist der Imperativ von *incipere: beginnen, anfangen*). Vollständig heißt der Satz bei Horaz: »Dimidium facti, qui coepit, habet: sapere aude, incipe.« Übersetzt: »Wer beginnt, besitzt bereits die Hälfte des ganzen Werkes: Wage es, weise zu sein, fange an!« Quintus Horatius Flaccus: Epistulae/Briefe. Lateinisch/Deutsch, übers.u. hg. v. Bernhard Kytzler, Stuttgart 1986, Buch 1, Brief 2, Vers 40-41. Ohne Horaz selbst explizit zu zitieren, bezeichnete Immanuel Kant gleich zu Beginn seines berühmten Aufsatzes das Horaz-Diktum »*Sapere aude*« als den »Wahlspruch der Aufklärung« – wobei er die Horazische Aufforderung des *incipe* nicht wiederholte. Immanuel Kant: Beantwortung der Frage: Was ist Aufklärung? [1784] in: Werke in zehn Bänden, hg. v. Wilhelm Weischedel, Darmstadt 1983, Bd. 9, S. 53 (5. Aufl.).

Glossar

Bürgerwissenschaft

Übersetzung des international üblichen Begriffs *citizen science.* Gemeint ist eine Form der Wissensgenerierung durch interessierte und kundige Laien. Im Museumsbereich erfolgt dies beispielsweise in partizipativen Projekten zur Stadtgeschichte. Zunehmend wird diese Arbeitsform aber auch zum Erheben von Daten, für Messungen und zur Objektinventarisierung eingesetzt.

Deakzession

Fachbegriff für das Aussondern oder die Abgabe von Beständen bzw. Sammlungsteilen aus Archiven, Bibliotheken und Museen – im Gegensatz zur Akzession (Erwerbung).

Dekolonialisierung

Im Ursprung meint der Begriff die Ablösungsprozesse aus formaler Kolonialherrschaft zur Erlangung staatlicher Unabhängigkeit. Umstritten ist daher die üblich gewordene Verwendung des Begriffs für Prozesse des Sichtbarmachens kolonialer Spuren im öffentlichen Raum in Deutschland (›Dekolonialisierung des Stadtraumes‹).

Diversität

Gemeint ist gesellschaftliche Vielfalt hinsichtlich der Kategorien *Kultur, Geschlecht, Alter, körperliche und geistige Beeinträchtigung* sowie *unterschiedliche individuelle Lebensentwürfe* im Allgemeinen. Dem liegt die Tatsache zugrunde, dass sich die Gesellschaft immer mehr ausdifferenziert. Insbesondere im Bereich der interkulturellen Kulturarbeit hat sich aus der Praxis heraus ein verändertes Kulturverständnis von Multikulturalität über Interkulturalität und Transkulturalität – als etwas aus Vernetzung und Vermischung neu entstandenes Drittes – hin zu Superdiversität als Ausdruck eines gemeinsamen Kulturverständnisses frei von Abgrenzung entwickelt.

Geteilte Geschichte

Übersetzung des international üblichen Begriffs *shared history*. Gemeint ist die Tatsache, dass die Nachfahren/Nachfahrinnen versklavter Menschen und die Nachfahren/Nachfahrinnen einstiger ›Sklavenbesitzer/-innen‹ grundlegend verschiedene, durch eine deutliche Machtasymmetrie geprägte, getrennte Geschichten haben, die wiederum als solche eine gemeinsame Geschichte bilden. Häufig wird daher auch der Begriff *entangled history* (im Sinne von »verstrickt«, »verwickelt«) verwendet.

Inkarnat

Der sich aus der europäischen Kunstgeschichte heraus entwickelte Fachbegriff ist vom lateinischen *carnis* als »Fleisch« abgeleitet und bezeichnet die malerische Darstellung von Haut. Gemeint sind damit die vom Künstler bzw. der Künstlerin verwendeten Farbtöne zur Wiedergabe nackter Körperpartien des Menschen und damit nicht nur Oberfläche als ›Hautfarbe‹. Entlang der Epochen veränderten sich die dafür üblichen Konventionen. Seit der Renaissance galt es als besonderes Qualitätsmerkmal, die Illusion von Lebendigkeit zu erzeugen. Implizit war mit Inkarnat immer helle Haut gemeint.

Körperfarbe

Dieser Begriff wird in Anlehung an den mittelalterlichen *comlexio*-Begriff verwendet. Gemeint ist eine farbliche Markierung der nackten Körperpartien des Menschen, mit dem Ziel einer Markierung als ›Anderer‹ oder einer Zuschreibung eines – nicht sichtbaren – inneren, individuellen Zustandes. Damit erfolgt eine bewusste Absetzung gegenüber dem Begriff ›Hautfarbe‹, der noch viel stärker durch den Kolonialismus und die Vorstellung von ›Rassen‹, als Hierarchisierung von Menschen unterschiedlichen Aussehens, geprägt ist.

Koloniales Erbe

Übersetzung des international üblichen Begriffs *colonial heritage*. Damit sind Alltagsgegenstände, Kunstwerke und auch menschliche Überreste in Museen, aber auch politische Systeme, Traditionen und die Art zu denken gemeint, die auf die Zeit des Kolonialismus zurückgehen. Diese kolonialen

Spuren wirken bis heute fort – in den ehemals kolonialisierten Ländern, aber auch in europäischen Ländern. Ihre Geschichten sind durch eine strukturelle Machtasymmetrie geprägt und miteinander verstrickt (*entangled history*). Ausdrücklich nicht gemeint ist ein Erbe im juristischen Sinne, das auch ausgeschlagen werden könnte.

Koloniale Kontexte

Unter kolonialen Kontexten ist erheblich mehr zu verstehen als formale Kolonialherrschaft. Sie »enden also weder 1918/19, als das Deutsche Reich seine Kolonien verlor, noch in den 1960er Jahren mit der Dekolonisierung weiter Teile Afrikas. Auch ist der Anfang nicht erst 1884 zu sehen, sondern fließend seit etwa dem 15. Jahrhundert, als die Europäer die Welt entdeckten und z.B. die spanische Kolonialherrschaft in Amerika begann. Als diese dort Anfang des 19. Jahrhunderts endete, hatte sie in anderen Teilen der Welt noch nicht einmal begonnen« (vgl. Deutscher Museumsbund: Leitfaden 2018, S. 14).

Kolonialismus

Der von Europa ausgehende Kolonialismus im 19. und 20. Jahrhundert war eine staatlich geförderte Inbesitznahme fremder außereuropäischer Territorien, insbesondere, aber nicht ausschließlich in Afrika. Der damit verbundene Widerstand der ortsansässigen Bevölkerung, ihre gewaltvolle Unterwerfung und Vertreibung, teilweise bis zum Völkermord, aber auch die kulturelle und wirtschaftliche Ausbeutung wirken bis heute in Afrika und in Europa in verschiedener Weise nach.

Kulturelle Bildung

Mit kultureller Bildung ist die Befähigung des Menschen zur kulturellen Teilhabe gemeint, d.h. das Erlernen des selbständigen Umgangs mit künstlerischen Techniken aller Sparten und Gattungen ebenso wie die Möglichkeit, sich künstlerische Ausdrucksformen zu erschließen. Dazu zählt auch die ästhetische Bildung als Geschmacks- und Beurteilungsentwicklung. Ziel ist die Teilhabe am künstlerischen und kulturellen Geschehen in der Gesellschaft. Im Museumsbereich stellt das Konzept der kulturellen Bildung als umfassendes, lebenslanges Lernen eine Weiterentwicklung der stark auf Kinder und Jugendliche ausgerichteten Museumspädagogik oder Vermittlungsarbeit dar, bei der einzelne künstlerische Techniken erlernt oder Kunstwerke erklärt werden.

Kritische Weißseinsforschung

Analysemethode, die die menschliche helle Haut und die damit verbundene Vorstellung von *weiß* als Schlüsselkategorie von Rassismus untersucht. *Weiße* Menschen beschreiben sich über Alter, Geschlecht, Beruf, Religion, nicht aber in Bezug auf ihr Weißsein. Wenn sie betonen, das habe keinen Einfluss auf ihre Person, dann suggerieren sie Neutralität und setzen zugleich Weißsein als universelle, neutrale Norm, während ›Rasse‹ als nur Schwarze Menschen betreffendes Problem definiert wird. Durch die Negierung des Unterschieds – aus Unwissen oder in wohlmeinender Absicht – werden einerseits die eigenen strukturellen Privilegierungen und andererseits die alltäglichen Ausgrenzungs- und Diskriminierungserfahrungen von Schwarzen Menschen geleugnet.

Menschliche Überreste

Übersetzung des international üblichen Begriffs *human remains*. Gemeint sind Schädel, Skelette, einzelne Knochen, aber z.B. auch Haare. Umfasst sind auch Objekte, in die Körperteile eingearbeitet wurden. Zum großen Teil stammen die *human remains* aus Graböffnungen. In einigen Weltgegenden wurde in der Kolonialzeit aber auch damit gehandelt. Eine gründliche Provenienzforschung für einen differenzierten und den jeweiligen Herkunftsgesellschaften angemessenen Umgang ist daher besonders wichtig.

Museum

»Ein Museum ist eine dauerhafte Einrichtung, die keinen Gewinn erzielen will, öffentlich zugänglich ist und im Dienst der Gesellschaft und deren Entwicklung steht. Sie erwirbt, bewahrt, beforscht, präsentiert und vermittelt das materielle und immaterielle Erbe der Menschheit und deren Umwelt zum Zweck von Studien, der Bildung und des Genusses.« Definition des internationalen Museumsrates ICOM: www.icom-deutschland.de/schwerpunkte-museumsdefinition.php (2.4.2019).

Outreach

Das Verb *to outreach* bedeutet »hinausreichen« oder auch »überwinden«. Im Museumsbereich ist damit das Zugänglichmachen des Museums als Institution und das Überwinden der Barriere, es zu besuchen, gemeint. Outreach ist häufig eine Mischung aus Vermittlungsarbeit und Marketing. Es werden Strategien entwickelt, um museumsferne – häufig ökonomisch schwache und bildungsbenachteiligte – Gesellschaftsgruppen, insbesondere an den Stadträndern, an ihrem Lebensort zu erreichen und ins Museum zu bringen. Durch die systematische Einbeziehung der Projektteilnehmer/-innen in die Evaluation des Prozesses erfolgen zugleich Anstöße zur Veränderung der Institution im Inneren hinsichtlich Programmgestaltung und Kommunikation. Outreach intendiert also eine noch stärkere wechselseitige Entwicklung von Publikum und Institution als das *Audience Development* (als »Publikumsentwicklung«). Gleichermaßen ist es das Ziel, einer diverser werdenden Gesellschaft als Museum gerechter zu werden.

Partizipation

Seit 2012 wird unter dem Schlagwort Partizipation in der Museumswelt verstärkt diskutiert, dass es nicht mehr nur um das Vermitteln von wissenschaftlichen Inhalten geht, sondern auch, wie über die Teilhabe als Möglichkeit des Zugangs hinaus die Besucher/-innen zu Nutzer/-innen werden können: Auf der niedrigsten Stufe, in dem sie sich selber z.B. mittels Medienstationen Inhalte erschließen. Auf der weitestgehenden Stufe, in dem sie selber Ausstellungen kuratieren. Die Bürger/-innen sollen aktiv in die Weiterentwicklung der Museen miteinbezogen werden.

Postkolonialismus

Geistige Strömung seit der Mitte des 20. Jahrhunderts. Das Präfix *Post* meint die Phase nach dem expliziten Kolonialismus; untersucht werden dessen Langzeiteffekte, die bis heute nachwirken. Viele globale Krisen sowie eurozentrische und rassistische Denkweisen gehen auf die Zeit des Kolonialismus zurück. Postkolonialismus untersucht kulturelle Zeugnisse im Kontext einer umfassend ineinander verflochtenen Weltkulturgeschichte. Dadurch werden neue Identitätsbildungen jenseits der Dichotomie wir/die Anderen eröffnet.

Postkoloniale Museologie

Die Postkoloniale Museologie nimmt Museen im Kontext einer verflochtenen Weltkulturgeschichte in den Blick. Dabei geht es nicht nur um Objekte aus außereuropäischen Gegenden oder interkulturelle Ansätze, sondern auch um veränderte Perspektiven auf den klassischen Kanon der europäischen Kunst- und Kulturgeschichte.

Postmigrantische Gesellschaft

Wie im Fall von Postkolonialismus meint das *Post* in diesem Fall nicht ein »danach«, sondern gerade die Kontinuität der andauernden Erfahrung mit Migration, die die gegenwärtige Gesellschaftsordnung prägt. Durch Einwanderung ist es zu einem demografischen Wandel gekommen, der zu kulturellen, sozialen und politischen Veränderungen führt.

Provenienzforschung

Erforschung der Herkunfts- und Entstehungsgeschichte von Sammlungsgut. »Provenienzforschung beschäftigt sich mit der Untersuchung der Besitz- und Eigentumsverhältnisse eines Objekts von seiner Entstehung bis zur Gegenwart. Provenienzforschung gehört zu den Grundaufgaben eines Museums – unabhängig davon, ob eine Rückgabeforderung zu Sammlungsobjekten vorliegt oder nicht« (vgl. Deutscher Museumsbund: Leitfaden 2018, S. 57).

Rassismus

Rassismus meint Gruppenbezogene Menschenfeindlichkeit, die aus dem Konglomerat von Ängsten, Fantasien, Handlungen und Strategien aus einer hegemonialen *weißen* Position heraus entsteht und Schwarze Menschen diskursiv und strukturell als anders definiert und einem breiten Spektrum von Gewalt aussetzt. Menschliche ›Rassen‹ sind ein Produkt klassifikatorischer Anstrengungen von Biologen/Biologinnen und Philosophen/Philosophinnen. Einige äußere Eigenschaften wurden auf der Basis ihrer Sichtbarkeit herausgegriffen und von *weißen* ›Rassen‹-Theoretikern/-Theoretikerinnen mit ideologisch motivierten Wertigkeiten verknüpft.

Repatriierung

Im Ursprung ist mit diesem Begriff die Rückführung von Kriegsgefangenen in ihr Heimatland gemeint. Im Museumskontext setzt sich die Verwendung des Begriffs für die Forderungen von Herkunftsgesellschaften zur umfassenden Rückgabe ihres kulturellen Erbes durch. In diesem Zusammenhang entstehen derzeit neue Projekte unter der Überschrift *Digitale Repatriierung*, durch die ganze Sammlungen international zugänglich gemacht und an unterschiedlichen Standorten bearbeitet werden können.

Restitution

Im Allgemeinen die »Wiederherstellung«. Im Kontext des Themas *Koloniales Erbe* ist die Rückgabe von unrechtmäßig erworbenem Sammlungsgut gemeint. Im Völkerrecht ist mit dem Begriff die Wiedergutmachung oder der Schadensersatz für einen Schaden, der einem Staat von einem anderen zugefügt wurde, gemeint.

Solidarische Initiativen

Zivilgesellschaftliche Bündnisse und Vereine, die im Bereich Antirassismusarbeit aktiv sind und/oder sich von den Ansätzen der postkolonialen Theorie und der Kritischen Weißseinsforschung aus mit dem Thema *Koloniales Erbe* befassen.

Struktureller Rassismus

Benachteiligung von Menschen nur aufgrund ihres Aussehens durch Institutionen und Systeme. Insbesondere gegenüber Schwarzen Menschen afrikanischer Herkunft besteht häufig das Vorurteil, sie seien nicht Deutsch, weniger qualifiziert oder einfach nur ›anders‹. Dieses im Kolonialismus verwurzelte Denken ist vielen *weißen* Menschen nicht bewusst.

Subalterität

Ursprünglich wurde der vom lateinischen *subalternus* als »untergeordnet« abgeleitete Begriff in den Sozial- und Kulturwissenschaften zur Beschreibung gesellschaftlicher Gruppen verwendet, denen der Zugang zu hegemonialen Teilen der Gesellschaft verschlossen ist, wodurch sie in ihren Möglichkeiten der politischen Artikulation stark eingeschränkt sind. Der marxistische Philosoph Antonio Gramsci sah dies weniger durch Gewaltausübung der herrschenden Klassen denn durch die ökonomische Ungleichheit begründet. Die Literaturwissenschaftlerin Gayatri Chakravorty Spivak stellte heraus, dass Subalterität ein Ergebnis hegemonialer Diskurse sei und durch die Praxis sozialer Ausgrenzung gesellschaftlich hergestellt werde.

Literatur

Die einzelnen Kapitel dieses Bandes sind als in sich abgeschlossene Aufsätze zu verstehen. Daher wurden die verwendete Literatur sowie Dokumente, Zeitungsartikel und Internetquellen in den jeweiligen Fußnoten angegeben. Bei der ersten Nennung sind sie vollständig aufgeführt, im Folgenden durch Kurztitel identifizierbar.

Auf ein klassisches Literaturverzeichnis am Ende des Buches wurde verzichtet, zugunsten einer Auswahl hauptsächlich deutschsprachiger Literatur jüngeren Datums zu einzelnen Themenblöcken, die sich für ein vertiefendes Studium einzelner Aspekte des kolonialen Erbes in deutschen Museen besonders eignet. Zudem werden Hinweise gegeben, wie man sich über diese Thematik hinaus mit dem methodischen Zugang der Kritischen Weißseinsforschung weiterführend beschäftigen kann.

Die nachfolgende Gruppierung dient dem Ziel, bei kunsthistorischen und museumswissenschaftlichen Fragestellungen eine erste Orientierung zu bieten, um sich spezielle Kontexte zu erarbeiten:

- Weißsein als expliziter Gegenstand
- Museum und Partizipation
- Postkoloniale Museologie
- Kolonialismus und seine Folgen
- Hautdarstellung in der europäischen Kunstgeschichte
- Rassismus und der Diskurs um ›Rasse‹
- Kulturgeschichte und Globalisierung

1. Weißsein als expliziter Gegenstand

AntiDiskriminierungsBüro/cyberNomads (Hg.): TheBlackBook. Deutschlands Häutungen, Frankfurt a.M. 2004.

Arndt, Susan: Weißsein – zur Genese eines Konzepts: von der griechischen Antike zum postkolonialen »racial turn«, in: Theorie und Praxis der Kulturwissenschaften, hg. v. Jan Standke/Thomas Düllo, Berlin 2008.

Arndt, Susan/Hornscheid, Antje (Hg.): Afrika und die deutsche Sprache. Ein kritisches Nachschlagewerk, Münster 2004.

Binter, Julia: Begegnungen mit dem Fremden in der Kunst. »Wie Rassismus aus Wörtern [und Bildern] spricht«, in: Der blinde Fleck. Bremen und die Kunst in der Kolonialzeit, hg. v. ders.: Ausst.-Kat. Kunsthalle Bremen, Berlin 2017, S. 72-85.

Bosch, Mineke/Hecker, Hanna (Hg.): L'Homme. Europäische Zeitschrift für Feministische Geschichtswissenschaft 16 (2005), H. 2: whiteness.

Eggers, Maureen Maisha et al. (Hg.): Mythen, Masken und Subjekte. Kritische Weißseinsforschung in Deutschland, Münster 2005.

Greve, Anna: Ein Schwarzer als Repräsentant der *weißen* Stadt Dresden?, in: Bildwissenschaft und Visual Culture Studies in der Diskussion (= Jahrbuch Kunst und Politik, 10), hg. v. Andrew Hemingway/Norbert Schneider, Göttingen 2008, S. 157-164.

Greve, Anna: Weiße Blicke: Schwarze in der europäischen Malerei. Eine Ausstellung von Studierenden am Institut für Kunstgeschichte, Karlsruhe 2009.

Greve, Anna: Der Europa-Mythos: Ein weißer Stier und eine hellhäutige Europa, in: Techniken des Bildes, hg. v. Martin Schulz/Beat Wyss, München 2010, S. 313-328.

Greve, Anna: Farbe – Macht – Körper. Kritische Weißseinsforschung in der europäischen Kunstgeschichte, Karlsruhe 2013.

Greve, Anna (Hg.): Kunst und Weißsein. Neue Analysemethoden (= Jahrbuch Kunst und Politik, 17), Göttingen 2015.

Greve, Anna: Farbe – Sprache – Blicke. Topoi im Umgang mit Weißsein, in: Der blinde Fleck. Bremen und die Kunst in der Kolonialzeit, Ausst.-Kat. Kunsthalle Bremen, hg. v. Julia Binter, Berlin 2017, S. 58-71.

Lauré al-Samarai, Nicola/Ha, Kien Nghi/Mysorekar, Sheila (Hg.): re/visionen. Postkoloniale Perspektiven von People of Color auf Rassismus, Kulturpolitik und Widerstand in Deutschland, Münster 2016.

Prabha Nising, Lena/Mörsch, Carmen: Statt »Transkulturalität« und »Diversität«: Diskriminierungskritik und Bekämpfung von strukturellem Rassismus, in: Jahrbuch für Kulturpolitik, 16 (2017/18): Welt. Kultur. Politik. Kulturpolitik in Zeiten der Globalisierung, hg. v. Institut für Kulturpolitik der Kulturpolitischen Gesellschaft, Bielefeld 2018, S. 139-149.

Röggla, Katharina: Critical Whiteness Studies und ihre politischen Handlungsmöglichkeiten für Weiße AntirassistInnen, Wien 2012.

Tißberger, Martina/Dietze, Gabriele/Hrzán, Daniela/Husmann-Kastein, Jana (Hg.): Weiß – Weißsein – Whiteness. Kritische Studien zu Gender und Rassismus, Frankfurt a.M. 2006.

Ullrich, Wolfgang/Vogel, Juliane (Hg.): Weiß, Frankfurt a.M. 2003.

Wiedemann, Charlotte: Vom Versuch, nicht weiß zu schreiben. Oder: Wie Journalismus unser Weltbild prägt, Köln 2012.

Wollrad, Eske: Weißsein im Widerspruch. Feministische Perspektiven auf Rassismus, Kultur und Religion, Königstein/Ts. 2005.

2. Museum und Partizipation

Allmanritter, Vera: Audience Development in der Migrationsgesellschaft. Neue Strategien für Kulturinstitutionen, Bielefeld 2017.

Gander, Robert/Rudigier, Andreas/Winkler, Bruno (Hg.): Museum und Gegenwart. Verhandlungsorte und Aktionsfelder für soziale Verantwortung und gesellschaftlichen Wandel, Bielefeld 2015.

Gesser, Susanne et al. (Hg.): Das partizipative Museum. Zwischen Teilhabe und User Generated Content. Neue Anforderungen an kulturhistorische Ausstellungen, Bielefeld 2012.

Hoins, Katharina/Mallinckrodt, Felicitas von (Hg.): Macht. Wissen. Teilhabe. Sammlungsinstitutionen im 21. Jahrhundert, Bielefeld 2015.

Jannelli, Angela: Wilde Museen. Zur Museologie des Amateurmuseums, Bielefeld 2012.

Mandel, Birgit (Hg.): Teilhabeorientierte Kulturvermittlung. Diskurse und Konzepte für eine Neuausrichtung des öffentlich geförderten Kulturlebens, Bielefeld 2016.

Mörsch, Carmen: Sich selbst widersprechen. Kunstvermittlung als kritische Praxis innerhalb des »educational turn in curating«, in: educational turn. Handlungsräume der Kunst- und Kulturvermittlung, hg. v. Beatrice Jaschke/Nora Sternfeld, Wien 2012, S. 55-77.

Mörsch, Carmen/Sachs, Angeli/Sieber, Thomas (Hg.): Ausstellen und Vermitteln im Museum der Gegenwart, Bielefeld 2017.

Piontek, Anja: Museum und Partizipation. Theorie und Praxis kooperativer Ausstellungsprojekte und Beteiligungsangebote, Bielefeld 2017.

Scharf, Ivana/Wunderlich, Dagmar/Heisig, Julia: Museen und Outreach: Outreach als strategisches Diversity-Instrument, Münster 2018.

Sternfeld, Nora: Das radikaldemokratische Museum, Berlin 2018.

Ziese, Maren/Gritschke, Caroline (Hg.): Geflüchtete und Kulturelle Bildung. Formate und Konzepte für ein neues Praxisfeld, Bielefeld 2016.

3. Postkoloniale Museologie

Bayer, Natalie/Terkessidis, Mark: Antirassistisches Kuratieren im Museum der Vielfalt, in: Postmigrantische Perspektiven. Ordnungssysteme, Repräsentationen, Kritik, hg. v. Naika Foroutan, Juliane Karakayali, Riem Spielhaus, Frankfurt a.M. 2018, S. 191-205.

Bayer, Natalie/Kazeem-Kamiński, Belinda/Sternfeld, Nora (Hg.): Kuratieren als antirassistische Praxis, Berlin 2017.

Blom, Philipp/Kos, Wolfgang (Hg.): Angelo Soliman. Ein Afrikaner in Wien, Ausst.-Kat. Historisches Museum Wien, Wien 2011.

Bujok, Elke: Neue Welten in europäischen Sammlungen. Africana und Americana in Kunstkammern bis 1670, Berlin 2004.

Chapuis, Julien/Fine, Jonathan/Ivanow, Paola (Hg.): Unvergleichlich. Kunst aus Afrika im Bode-Museum. Ausst.-Kat. Bode-Museum Berlin, Berlin 2017.

Chikukwa, Raphael et al. (Hg.): Kabbo ka Muwala – The Girl's Basket. Migration and Mobility in Contemporary Art in Southern and Eastern Africa, Ausst.-Kat. Wanderausstellung, Berlin 2016.

Collet, Dominik: Die Welt in der Stube. Begegnungen mit Außereuropa in Kunstkammern der Frühen Neuzeit, Göttingen 2007.

Deutscher Museumsbund (Hg.): Empfehlungen zum Umgang mit menschlichen Überresten in Museen und Sammlungen, Berlin 2013: https://www.museumsbund.de/wp-content/uploads/2017/04/2013-empfehlungen-zum-umgang-mit-menschl-ueberresten.pdf (1.4.2019).

Deutscher Museumsbund (Hg.): Leitfaden zum Umgang mit Sammlungsgut aus kolonialen Kontexten, Berlin 2018: https://www.museumsbund.e/wp-content/uploads/2018/05/dmb-leitfaden-kolonialismus.pdf (1.4.2019).

Friedrich, Annegret (Hg.): Die Freiheit der Anderen. Festschrift für Viktoria Schmidt-Linsenhoff, Marburg 2004.

Gaensheimer, Susanne et al. (Hg.): museum global: Mikrogeschichten einer ex-zentrischen Moderne, Ausst.-Kat. Stiftung Kultursammlung Nordrhein-Westfalen, Köln 2018.

Greve, Anna: Das Grüne Gewölbe in Amerika – Amerika im Grünen Gewölbe?, in: Dresdener Kunstblätter (2005), Nr. 1, S. 39-46.

Greve, Anna: Das europäische Verlangen nach Exotik: Die afrikanischen Krieger im Grünen Gewölbe, in: Dresdener Kunstblätter (2006), Nr. 2, S. 81-86.

Greve, Anna: Die Kolonisation Brasiliens auf einer Nuss, in: Dresdener Kunstblätter (2006), Nr. 4, S. 205-210.

Greve, Anna: Von Vegesack in die Welt. Themenrundgang durch das Heimatmuseum Schloss Schönebeck, Bremen 2015.

Greve, Anna: Ein Olifant aus Sierra Leone in der Dresdner Kunstkammer mit Bezug zum Oldenburger Horn?!, in: Jahrbuch Oldenburg (2016), S. 157-162.

Grießer, Martina et al. (Hg.): Gegen den Stand der Dinge: Objekte in Museen und Ausstellungen, Berlin 2016.

Jaschke, Beatrice/Martinz-Turek, Charlotte/Sternfeld, Nora (Hg.): Wer spricht? Autorität und Autorschaft in Ausstellungen, Wien 2005.

Johannsen, Martina (Hg.): Schwarzweißheiten. Vom Umgang mit fremden Menschen. Ausst.-Kat. Landesmuseum Oldenburg, Oldenburg 2001.

Kazeem, Belinda/Martinz-Turek, Charlotte/Sternfeld, Nora (Hg.): Das Unbehagen im Museum. Postkoloniale Museologien, Wien 2009.

Kazeem, Belinda/Lauré al-Samarai, Nicola/Piesche, Peggy: Museum. Raum. Geschichte. Neue Orte politischer Tektonik. Ein virtueller Gedankenaustausch, in: Museum und Politik – Allianzen und Konflikte (= Jahrbuch Kunst und Politik, 13), hg. v. Anna Greve, Göttingen 2011, S. 85-95.

Kittelmann, Udo (Hg.): Hello World: Revision einer Sammlung. Ausst.-Kat. Nationalgalerie Berlin, München 2018.

Kraus, Michael/Ottomeyer, Hans (Hg.): Novos Mundos – Neue Welten. Portugal und das Zeitalter der Entdeckungen. Ausst.-Kat. Deutsches Historisches Museum Berlin, Dresden 2007.

Mutumba, Yvette/Ngcobo, Gabi (Hg.): A Labour of Love. Kunst aus Südafrika. Die 80er jetzt, Ausst.-Kat. Weltkulturen Museum Frankfurt, Bielefeld 2016.

Muttenthaler, Roswitha/Wonisch, Regina: Gesten des Zeigens: Zur Repräsentation von Gender und Race in Ausstellungen, Bielefeld 2007.

Poser, Alexis von/Baumann, Bianca (Hg.): heikles erbe. Koloniale Spuren bis in die Gegenwart, Ausst.-Kat. Landesmuseum Hannover, Dresden 2016.

Sarr, Felwine/Savoy, Benedict: The Restitution of African Cultural Heritage. Toward a New Relational Ethics, November 2018: http://restitutionreport2018.com/sarr_savoy_en.pdf (1.4.2019).

Savoy, Bénédicte: Die Provenienz der Kultur: Von der Trauer des Verlusts zum universalen Menschheitserbe, Berlin 2018.

Schmidt-Linsenhoff, Viktoria (Hg.): Postkolonialismus (= Jahrbuch Kunst und Politik, 4), Osnabrück 2002.

Schmidt-Linsenhoff, Viktoria/Hölz, Karl/Uerlings, Herbert (Hg.): Weiße Blicke. Geschlechtermythen des Kolonialismus, Marburg 2004.

Schmidt-Linsenhoff, Viktoria: Ästhetik der Differenz. Postkoloniale Perspektiven vom 16. bis 21. Jahrhundert, Marburg 2010, 2 Bde.

Schreuder, Esther (Hg.): Black is Beautiful. Rubens to Dumas, Ausst.-Kat. De Nieuwe Kerk Amsterdam, Amsterdam 2008.

Seipel, Wilfried (Hg.): Exotica: Portugals Entdeckungen im Spiegel fürstlicher Kunst- und Wunderkammern der Renaissance. Ausst.-Kat. Kunsthistorisches Museum Wien, Milan 2000.

Weiss, Judith Elisabeth: Der gebrochene Blick. Primitivismus – Kunst – Grenzverwirrungen, Berlin 2007.

Wienand, Kea: Nach dem Primitivismus? Künstlerische Verhandlungen kultureller Differenz in der Bundesrepublik Deutschland. 1960-1990. Eine postkoloniale Relektüre, Bielefeld 2015.

Wienand, Kea: »Deutsche« Kolonialgeschichte als Thema postkolonialer Kunst, in: Deutschland postkolonial? Die Gegenwart der imperialen Vergangenheit, hg. v. Marianne Bechhaus-Gerst/Joachim Zeller, Berlin 2018, S. 432-453.

4. Kolonialismus und seine Folgen

Archivführer Deutsche Kolonialgeschichte: https://archivfuehrer-kolonialzeit.de/index.php/informationobject/browse?showAdvanced=1&topLod=0 (1.4.2019).

Bahl, Eva et al. (Hg.): DECOLONIZE MÜNCHEN. Dokumentation und Debatte. Ausst.-Kat. Stadtmuseum München, München 2015.

Bechhaus-Gerst, Marianne/Zeller, Joachim (Hg.): Deutschland postkolonial? Die Gegenwart der imperialen Vergangenheit, Berlin 2018.

Bouba, Aïssatou/Quintern, Detlev (Hg.): Das Bild von Afrika. Von kolonialer Einbildung zu transkultureller Verständigung. Interdisziplinäre Beiträge zum Afrikabild in den Wissenschaften, Berlin 2010.

Bürger, Christiane: Deutsche Kolonialgeschichte(n). Der Genozid in Namibia und die Geschichtsschreibung der DDR und BRD, Bielefeld 2019.

Deutsches Historisches Museum (Hg.): Deutscher Kolonialismus. Fragmente seiner Geschichte und Gegenwart, Ausst.-Kat. Deutsches Historisches Museum Berlin, Darmstadt 2016.

Digitale Sammlung Deutscher Kolonialismus: http://brema.suub.uni-bremen.de/dsdk (1.4.2019).

Grill, Bartholomäus: Wir Herrenmenschen: Unser rassistisches Erbe: Eine Reise in die deutsche Kolonialgeschichte, München 2019.

Gründer, Horst/Hiery, Hermann (Hg.): Die Deutschen und ihre Kolonien. Ein Überblick, Berlin 2017.

Hall, Stuard: Das verhängnisvolle Dreieck. Rasse, Ethnie, Nation, hg. v. Kobena Mercer, Frankfurt a.M. 2018 (1. engl. Aufl. 2017).

Lauré al Samarai, Nicola für Berlin Postkolonial: Grenzgänger*innen. Schwarze und osmanische Präsenz in der Metropole Berlin um 1700, Berlin 2019, 2 Bde.

Mamzer, Anna/Schöck-Quinteros, Eva/Witkowski, Mareike (Hg.): Bremen – eine Stadt der Kolonien? Szenische Lesung mit der bremer shakespeare company. Texteinrichtung und Regie von Peter Lüchinger (= Aus den Akten auf die Bühne, Bd. 10), Bremen 2016.

Zimmerer, Jürgen (Hg.): Kein Platz an der Sonne. Erinnerungsorte der deutschen Kolonialgeschichte, Frankfurt a.M. 2013.

Zwischenraum Kollektiv (Hg.): Decolonize the City! Zur Kolonialität der Stadt. Gespräche, Aushandlungen, Perspektiven, Münster 2017.

5. Hautdarstellung in der europäischen Kunstgeschichte

Bode, Daniela/Fend, Mechthild (Hg.): Weder Haut noch Fleisch. Das Inkarnat in der Kunstgeschichte, Berlin 2007.

Helas, Philine: Schwarz unter Weißen. Zur Repräsentation von Afrikanern in der italienischen Kunst des 15. Jahrhunderts, in: Fremde in der Stadt. Ordnungen, Repräsentation und soziale Praktiken (13.-15. Jahrhundert), hg. v. Peter Bell, Dirk Suckow, Gerhard Wolf, Frankfurt a.M. 2010, S. 301-331.

Koos, Marianne: Die Haut der Bilder. Oberfläche und Geschlecht in der Kunst des 18. Jahrhunderts, in: Zeitschrift für Geschlechterforschung und visuelle Kultur 44 (2007), S. 74-85.

Kruse, Christiane: Fleisch werden – Fleisch malen. Malerei als »incarnazione«. Mediale Verfahren des Bildwerdens im Libro dell'Arte von Cennino Cennini, in: Zeitschrift für Kunstgeschichte, 63 (2000), S. 305-325.

Lehmann, Ann-Sophie: Hautfarben. Zur Maltechnik des Inkarnats und der Illusion des lebendigen Körpers in der europäischen Malerei der Neuzeit, in: Gesichter der Haut, hg. v. Christoph Geissmar-Brandi et al., Frankfurt a.M. 2002, S. 93-128.

6. Rassismus und der Diskurs um ›Rasse‹

Arndt, Susan (Hg.): AfrikaBilder. Studien zu Rassismus in Deutschland, Münster 2001.

Eddo-Lodge, Reni: Warum ich nicht länger mit Weißen über Hautfarbe spreche, Stuttgart 2019 (1. engl. Aufl. 2017).

Ege, Moritz: Schwarz werden. »Afroamerikanophilie« in den 1960er und 1970er Jahren, Bielefeld 2007.

El-Tayeb, Fatima: Schwarze Deutsche. Der Diskurs um »Rasse« und nationale Identität 1890-1933, Frankfurt a.M. 2001.

Foroutan, Naika et al. (Hg.): Das Phantom »Rasse«. Zur Geschichte und Wirkungsmacht von Rassismus (= Schriften des Deutschen Hygiene-Museums Dresden, Bd. 13), Köln 2018.

Groebner, Valentin: Mit dem Feind schlafen. Nachdenken über Hautfarben, Sex und »Rasse« im spätmittelalterlichen Europa, in: Historische Anthropologie (2007), H. 2, S. 327-338.

Hamann, Ulrike: Prekäre koloniale Ordnung. Rassistische Konjunkturen im Widerspruch. Deutsches Kolonialregime 1884-1914, Bielefeld 2015.

Initiative Schwarzer Menschen in Deutschland (Hg.): Homestory Deutschland. Schwarze Biografien in Geschichte und Gegenwart. Ausst.-Kat. Wanderausstellung, Bonn 2008.

Lauré al-Samarai, Nicola: Diasporisches Denken, ex-zentrisches Kartografieren: Grundlagen der Wechselausstellung »Homestory Deutschland – Schwarze Biografien in Geschichte und Gegenwart«, in: Museum und

Politik – Allianzen und Konflikte (= Jahrbuch Kunst und Politik, 13), hg. v. Anna Greve, Göttingen 2011, S. 97-113.
Martin, Peter: Schwarze Teufel, edle Mohren. Afrikaner in Geschichte und Bewusstsein der Deutschen, Hamburg 2001.
McCarthy, Thomas: Rassismus, Imperialismus und die Idee menschlicher Entwicklung, Berlin 2015 (1. engl. Aufl. 2009).
Priester, Karin: Rassismus. Eine Sozialgeschichte, Leipzig 2003.
Sow, Noah: Deutschland Schwarz Weiß. Der alltägliche Rassismus, München 2009.
Wernsing, Susanne/Geulen, Christian/Vogel, Klaus (Hg.): Rassismus. Die Erfindung von Menschenrassen. Ausst.-Kat. Deutsches Hygiene-Museum Dresden, Göttingen 2018.

7. Kulturgeschichte und Globalisierung

Beyme, Klaus von: Die Faszination des Exotischen. Exotismus, Rassismus und Sexismus in der Kunst, München 2008.
Below, Irene/Bismarck, Beatrice von (Hg.): Globalisierung/Hierarchisierung. Kulturelle Dominanzen in Kunst und Kulturgeschichte, Marburg 2005.
Bhabha, Homi K.: Die Verortung der Kultur, Tübingen 2000 (1. engl. Aufl. 1994).
Chakrabarty, Dipesh: Europa als Provinz. Perspektiven postkolonialer Geschichtsschreibung, Frankfurt a.M. 2010 (1. engl. Aufl. 2000).
Dübgen, Franziska/Skupien, Stefan (Hg.): Afrikanische politische Philosophie. Postkoloniale Positionen, Berlin 2015.
El-Tayeb, Fatima: Anders Europäisch. Rassismus, Identität und Widerstand im vereinten Europa, Münster 2011.
Fukuyama, Francis: Identität. Wie der Verlust der Würde unsere Demokratie gefährdet, Hamburg 2019 (1. engl. Aufl. 2018).
Mbembe, Joseph-Achille: Kritik der Schwarzen Vernunft, Berlin 2014 (1. franz. Aufl. 2013).
Mbembe, Joseph-Achille: Politik der Feindschaft, Berlin 2017 (1. franz. Aufl. 2016).
Sarr, Felwine: Afrotopia, Berlin 2019.
Spivak, Gayatri Chakravorty: Kritik der postkolonialen Vernunft. Hin zu einer Geschichte der verrinnenden Gegenwart, Stuttgart 2014 (1. engl. Aufl. 1999).

Stockhammer, Robert (Hg.): Afrikanische Philologie, Berlin 2016.

Uerlings, Herbert/Hölz, Karl/Schmidt-Linsenhoff, Viktoria (Hg.): Das Subjekt und die Anderen. Interkulturalität und Geschlechterdifferenz vom 18. Jahrhundert bis zur Gegenwart, Berlin 2001.

Welsch, Wolfgang: Was ist eigentlich Transkulturalität?, in: Hochschule als transkultureller Raum? Kultur, Bildung und Differenz in der Universität, hg. v. Lucyna Darowska et al., Bielefeld 2010, S. 39-66.

Abbildungsverzeichnis

14. Tropenhelm, Deutschland?, um 1900. Kork mit Stoffüberzug, H. 18,5 x 25,5 x 34,5 cm. Focke-Museum, Bremen.
15. Schragen der Schwarzen Häupter zu Riga, Riga?, 1416. Museen Böttcherstraße, Ludwig Roselius Museum, Bremen. Dauerleihgabe der Compagnie der Schwarzen Häupter aus Riga.
16. Hans Jakob Meier: Prunkkanne, Augsburg, um 1665. H. 41 cm, Silber, getrieben, gegossen, punziert, graviert, teilvergoldet, kalt bemalt. Museen Böttcherstraße, Ludwig Roselius Museum, Bremen. Dauerleihgabe der Compagnie der Schwarzen Häupter aus Riga.
17. Pokal, Riga?, 1909. H. 16,8 cm, Silber, getrieben, graviert, innen vergoldet. Museen Böttcherstraße, Ludwig Roselius Museum, Bremen. Dauerleihgabe der Compagnie der Schwarzen Häupter aus Riga.
18. Tizian: *Raub der Europa*, 1556-62. Öl/Lw., 185 x 205 cm. Boston, Isabella Stuart Gardner Museum Boston. Nachweis: Günter Brucher: Geschichte der venezianischen Malerei, Wien 2015, Abb. Nr. 103, S. 194. Foto: Christoph Engel, Archiv des Fachbereichs Kunstgeschichte am Karlsruher Institut für Technologie (KIT).
19. Peter Paul Rubens: *Vier Temperamente*, um 1613/14. Öl/Lw., 51 x 66 cm. Brüssel, Musées Royaux des Beaux-Arts de Belgique. Nachweis: Musées Royaux des Beaux-Arts de Belgique 2007, Kat. Abb. 52, S. 178. Foto: Christoph Engel, Archiv des Fachbereichs Kunstgeschichte am Karlsruher Institut für Technologie (KIT).
20. Julius Schnorr von Carolsfeld: *Der Sechskampf auf der Insel Lipadusa*, 1816. Öl/Lw., 102 x 170 cm. Kunsthalle Bremen, Inv. Nr. 272-1904/18. Foto: Lars Lohrisch.
21. Ernst Ludwig Kirchner: *Schlafende Milli*, 1909/11. Öl/Lw., beidseitig bemalt, 64 x 92 cm. Kunsthalle Bremen, Inv. Nr. 838-1961/9. Foto: Marcus Meyer.
22. Heinrich Wilhelm Trübner: *Politische Studien*, 1872/73. Öl/Lw., 63 x 51 cm. Frankfurt a.M., Städel Museum, Inv. Nr. 1352. Foto: Bild Nr. 21198 © Städel Museum – U. Edelmann – ARTOTHEK.
23. Fritz Behn: Elefant, 1932. Backstein. 1987 umgewidmet: Anti-Kolonial-Denk-Mal. Nelson-Mandela-Park, Bremen. Foto: Anna Greve.
24. Thomas Gatter: Mahnmal für die Opfer des Völkermords an den Herero und Nama, 2009. Steine vom Waterberg. Nelson-Mandela-Park, Bremen. Foto: Anna Greve.

Personenregister

Ortsregister

Stichwortregister

Dank

Ein Buch ist niemals das Werk einer einzelnen Person. Vielmehr spiegelt es Gedankenprozesse, die erst in der Auseinandersetzung mit anderen Menschen entstanden sind. Alle hier vorliegenden Texte sind aus der Wahrnehmung und Beobachtung, dem Dialog und dem Ringen um Positionen entstanden. Insbesondere das grundlegende Hinterfragen meiner ersten Setzungen sowie kritische, andere Standpunkte haben mich inspiriert und zum Schreiben und Überarbeiten motiviert.

So gilt mein Dank an erster Stelle Johannes Dimpfl. Seine sprachliche Präzision und sein philosophisches Denken fordern mich täglich heraus. Mit dem ersten Satz der Metaphysik des Aristoteles »Alle Menschen streben von Natur nach Wissen« spricht er immer wieder einen nicht unwesentlichen Teil meines Seins an und verhilft ihm zu größerer Entfaltung.

Kulturstaatsrätin Carmen Emigholz ist es zu verdanken, dass die Verbindung von Praxis und Theorie gedeihen konnte. Sie gab mir die Möglichkeit, neben der Tätigkeit als Referatsleiterin beim Senator für Kultur der Freien Hansestadt Bremen als Privatdozentin in Forschung und Lehre zu wirken.

Die folgenden Kollegen/Kolleginnen in Museen und Verwaltung in Berlin, Bremen, Dresden und Stuttgart waren mir in verschiedenen Entstehungsphasen des Buches Gesprächspartner, Projektpartner und/oder kritisches Gegenüber: Prof. Dr. Wiebke Ahrndt, Dr. Bora Akşen, Prof. Dr. Inés de Castro, Jonathan Fine, Prof. Dr. Christoph Grunenberg, Dr. Frauke von der Haar, Dr. Arie Hartog, Dr. Frank Laukötter, Petra Lutz, Prof. Dr. Gilbert Lupfer, Dr. Thomas Overdieck, Dr. Peter Plassmeyer, Dr. Christine Regus, Holger Schleider, Dr. Frank Schmidt, Dr. Jan Werquet, Verena Westermann.

Für anregende Gespräche und fachliche Hinweise im Kontext des Bremer Bürgerdialogs *Kolonialismus und seine Folgen* danke ich außerdem: Katrin Altena-Ceesay, Dr. Aïssatou Bouba, Julia Binter, Elombo Bolayela MdBB, Gudrun Eickelberg, Thomas Gatter, Ilona Herbrig, Senatsrat a.D. Gunther

Hilliges, Prof. Dr. Manfred O. Hinz, Virginie Kamche, Dr. Thomas Köcher, Nadja Ofuatey-Alazard, Anna-Igho Priester, Kim Ronacher, Ralph Saxe MdBB, Ngozi Schommers, Olan Scott-Pinto, Johanna Reimers.

Auch die Studierenden der Universitäten Oldenburg und Bremen trugen mit ihren Blickwinkeln, Diskussionsbeiträgen und Texten wesentlich zur Genese dieses Buches bei. Teilnehmer/-innen der Seminare *Rassismus im Museum? Museen Böttcherstraße* (WS 2013/14), *Postkolonialismus im Heimatmuseum Schloss Schönebeck?* (SS 2015), *Kritische Weißseinsforschung in der Kunstwissenschaft* (WS 2015/16), *Koloniales Erbe im Focke-Museum* (SS 2016), *Koloniales Erbe in der Kunsthalle Bremen* (SS 2017); *Koloniales Erbe: Die aktuelle kulturpolitische Debatte in Deutschland* (SS 2019) waren: Annalena Albers, Franziska Aschenbach, Lilly Assmann, Leonie Auer, Lesley Bahmann, Banu Bayantemür, Lia Bethmann, Charlotte Blumenthal, Marieke Boettcher, Nadine Böttcher, Hülya Bozan, Tabea Brinkmann, Tamara Canto Benevides, Swantje Cieplik, Josina Dehn, Sevgi Demir, Alisa Döscher, Pia Dohrmann, Helena Dornieden, Verena-Irene Dziallas, Miray Efe, Franziska Elmers, Elena Eremin, Laura Fiebig, Nafisa Fislage, Theresa Flößler, Kim Katja Fritsche, Lilli Funke, Julia Geier, Stalla Geiger, Sedef Groenegreß-Kilic, Tessa Hamann, Michaela Helms, Nadine Hilker, Marieke Höper, Viktoria Hochstein, Yu Chuan Huang, Ertunc Ilknur, Lara Jedzig, Lilia Jungmann, Moritz Juhnke, Yasemin Karadag, Canan Kaya, Özge Keles, Steven Keller, Demet Kilic, Eugenia Kriwoscheja, Judith Kühne, Insa Lenz, Julia Lohmann, Louisa May, Veronika Mehlhart, Dorothee Mensel, Miriam Meyer, Kyria Noatzke, Elisabeth Nöfer, Gamze Öztürk-Gümüs, Sarah Pfeiffer, Laura Pölloth, Julia Pohl, Moritz Rabenstein, Freya Rother, Estefania Sanchez Zamora, Birthe Schalinski, Johanna Schlockwerder, Malte Schrader, Ulrike Schroer, Vlérian de Sieter, Jessica Siemon, Julia Song, Elisabeth Sow, Kathleen Spaude, Kristina Steiger, Ramona Strauß, Rosanna Umbach, Lura Voigt, Lena Wagschal, Annabell Wegener, Yasar Wentz, Anna-Lena Witthohn, Antonia Würdemann, Celina Zebarth.

Allen hier genannten Personen danke ich von Herzen! – Was gut gelungen ist, geht auf das Konto des Kollektivs. Alle sich eingeschlichenen Fehler und nicht zu Ende gedachten Stränge habe ich dagegen alleine zu verantworten. Ein dickes Dankeschön auch an meinen Sohn Daniel Greve, der als ›Juniormanager‹ für Ordnung in unserem Alltag sorgt.

Es war die Idee des transcript Verlages – in Gestalt von Johanna Tönsing und Dr. Karin Werner – aus einer wissenschaftlichen Aufsatzsammlung ein Buch für die praktische Museumsarbeit zu machen. Ihr großes Interesse an dem Projekt hat mich zur Umsetzung motiviert. Ohne die Finanzierung durch den Verlag gäbe es dieses Buch nicht. Mein besonderer Dank gilt Ngozi Schommers: Für ihren künstlerischen Blick auf das Thema, ihre gedanklichen Anregungen und das Zurverfügungstellen ihres Werkes als Titelbild. Die Installation *(Un)Framed Narratives 2017* bringt das emotional und kognitiv so komplexe Thema ästhetisch auf den Punkt: *weiße* Menschen sind aufgefordert, die über Jahrhunderte gewachsenen stereotypen Vorstellungen von Schwarzen Menschen zu überwinden, um in Kontakt mit den individuellen Persönlichkeiten dahinter zu kommen. Erst dann kann ein ebenbürtiger Dialog beginnen!

Museum

Ann Davis, Kerstin Smeds (eds.)
Visiting the Visitor
An Enquiry Into the Visitor Business in Museums

2016, 250 p., pb., numerous ill.
39,99 € (DE), 978-3-8376-3289-7
E-Book: 39,99 € (DE), ISBN 978-3-8394-3289-1

Bernadette Collenberg-Plotnikov (Hg.)
Das Museum als Provokation der Philosophie
Beiträge zu einer aktuellen Debatte

Januar 2018, 286 S., kart., zahlr. Abb.
29,99 € (DE), 978-3-8376-4060-1
E-Book: 26,99 € (DE), ISBN 978-3-8394-4060-5

Andrea Kramper
Storytelling für Museen
Herausforderungen und Chancen

2017, 140 S., kart., zahlr. Abb.
19,99 € (DE), 978-3-8376-4017-5
E-Book
PDF: 17,99 € (DE), ISBN 978-3-8394-4017-9
EPUB: 17,99 € (DE), ISBN 978-3-7328-4017-5

Leseproben, weitere Informationen und Bestellmöglichkeiten finden Sie unter www.transcript-verlag.de